Volkswirtschaftslehre

Bernd Woeckener

Volkswirtschaftslehre

Eine Einführung

3., überarbeitete und ergänzte Auflage

 Springer Gabler

Bernd Woeckener
Abteilung für Mikroökonomik und Räumliche
Ökonomik, Universität Stuttgart
Stuttgart, Deutschland

ISBN 978-3-662-59221-2   ISBN 978-3-662-59222-9   (eBook)
https://doi.org/10.1007/978-3-662-59222-9

Die Deutsche Nationalbibliothek verzeichnet diese Publikation in der Deutschen Nationalbibliografie; detail-
lierte bibliografische Daten sind im Internet über http://dnb.d-nb.de abrufbar.

Springer Gabler

Springer Gabler ist ein Imprint der eingetragenen Gesellschaft Springer-Verlag GmbH, DE und ist ein Teil von
Springer Nature
Die Anschrift der Gesellschaft ist: Heidelberger Platz 3, 14197 Berlin, Germany

Vorwort zur dritten Auflage

Diese Neuauflage meiner Einführung in die Volkswirtschaftslehre ist für Vorlesungen im ersten Jahr eines wirtschaftswissenschaftlichen Bachelorstudiengangs geeignet. Die Gliederung folgt dem bewährten Vorgehen der letzten Auflage: Die ersten sieben Kapitel befassen sich mit den Grundlagen der Mikroökonomik, die sich anschließenden vier Kapitel mit den Grundlagen der Makroökonomik. Im Vergleich zur zweiten Auflage sind im mikroökonomischen Teil einige Unterkapitel neu gefasst und ergänzt worden. Im makroökonomischen Teil wurden insbesondere das Kapitel neun zu den makroökonomischen Zielen des Staates und das Kapitel zehn zur Volkswirtschaftlichen Gesamtrechnung und zur Zahlungsbilanz aktualisiert.

Stuttgart   Bernd Woeckener
im Februar 2019

Inhaltsverzeichnis

Symbolverzeichnis

Variablen und Parameter

a	Niveauparameter der Güternachfragefunktion
c	Niveauparameter der Cobb-Douglas-Produktionsfunktion
f	Niveauparameter der Güterangebotsfunktion
g	Umlaufgeschwindigkeit des Geldes
h	Kassenhaltungskoeffizient
i	Zinssatz
k	Niveauparameter der Kostenfunktion
n	Skala (Niveau) des Faktoreinsatzes
p	Güterpreis
q	Faktorpreis
r	Konsumentenrente
s	Grenzrate der Substitution
u	Nutzenindex
v	Faktormenge
w	Lohnsatz
x	Gütermenge
z	maximale Zahlungsbereitschaft

A	Arbeitsmenge
C	Konsumsumme
E	Erlöse
Ex	Exporte
G	Gewinne
H	Anzahl der Nachfrager
I	Investitionen
Im	Importe
K	(Produktions-)Kosten

L	Geldnachfrage
M	Geldangebot
N	Anzahl der Anbieter
P	Güterpreisindex
R	Kapitalgütermenge
S	Sparen
T	Steuern
V	Gegenwartswert von Kapitalgütern
WF	Wohlfahrt
X	Gütermengenindex
Y	Einkommen
Z	Subventionen und Sozialtransfers
α	Parameter der Cobb-Douglas-Produktions- und Nutzenindexfunktion
β	Parameter der Cobb-Douglas-Produktions- und Nutzenindexfunktion
ε	Elastizität

Indizes tiefgestellt

Aus	Ausland
f	fixe Größe
H	(private) Haushalte
Sp	Zu Spekulationszwecken
St	Staat
T	Zeitindex
Tr	zu Transaktionszwecken
U	Unternehmen
v	variable Größe

Indizes hochgestellt

a	autonom
A	aggregierte Angebotsgröße
dir	direkt
ind	indirekt
N	aggregierte Nachfragegröße
r	real

Knappheit, Kosten und Arbeitsteilung: das Allokationsproblem

1

1.1   Überblick

Das Ziel dieses ersten Kapitels ist es, den Leser an das zentrale Thema der Volkswirtschaftslehre heranzuführen: das so genannte Allokationsproblem und seine Lösung durch
den Marktmechanismus. Hinter diesem Allokationsproblem steht eine ganze Reihe von
Fragen, die sich jeder entwickelten arbeitsteiligen Volkswirtschaft stellen. Insbesondere
geht es dabei um die Fragen, wer welche Güter mit welchen Produktionsmitteln in
welchen Mengen produzieren soll. Etwas salopp könnte man „Allokationsproblem"
mit „Zuordnungsproblem" übersetzen. Wir werden sehen, dass es sich im Kern um ein
gesamtgesellschaftliches Koordinationsproblem handelt. Im Unterkapitel 1.2 wollen wir
zunächst am Beispiel einer denkbar einfachen Zwei-Bauern-Wirtschaft darauf eingehen,
wie bzw. unter welchen Umständen dieses Koordinationsproblem überhaupt entsteht.
Die unmittelbare Ursache des Allokationsproblems ist offensichtlich die Herausbildung

einer gesamtwirtschaftlichen Arbeitsteilung. Denn ohne eine solche Arbeitsteilung gibt es keinen Tausch bzw. Handel und damit kein gesellschaftliches Allokationsproblem. Hinter der Herausbildung einer Arbeitsteilung wiederum steht der Umstand, dass eine Arbeitsteilung bei Vorliegen von Produktivitätsunterschieden zwischen den Wirtschaftssubjekten die Wohlfahrt der Beteiligten erhöhen kann. Im Unterkapitel 1.3 werden wir deutlich machen, welche Ausmaße das Allokationsproblem in entwickelten Volkswirtschaften annimmt und warum man es dann – anders als im Falle unserer kleinen Zwei-Bauern-Modellökonomie des Unterkapitels 1.2 – nicht mehr mittels einer zentralen gesamtwirtschaftlichen Planung lösen kann. Das Unterkapitel 1.4 schließlich soll einen ersten Eindruck davon geben, wie der Marktmechanismus, also das durch den Preismechanismus koordinierte Aufeinandertreffen von Angebot und Nachfrage, zur Lösung des Allokationsproblems führen kann. Damit stellt dieses letzte Unterkapitel einen Ausblick auf die folgenden drei Kapitel zu Marktangebot, Marktnachfrage und Marktgleichgewicht dar.

1.2   Knappheit, Kosten und Arbeitsteilung

Die Ökonomik ist die Lehre vom vernünftigen (rationalen) Umgang mit knappen Gütern. Dabei gilt ein Gut als knapp, wenn die Bedürfnisse der Menschen nach diesem Gut das vorliegende Güteraufkommen überschreitet, sodass es zu einer Verwendungskonkurrenz kommt. Dies ist bei produzierten Gütern wie Autos und Häusern meist offensichtlich der Fall. Eine so verstandene Knappheit ergibt sich mit zunehmender Bevölkerung auch für vormals nicht knappe Umweltgüter wie Boden, sauberes Wasser und saubere Luft. Knappheit ist also keine Eigenschaft eines Gutes an sich, sondern entsteht durch konkurrierende menschliche (Verwendungs-)Wünsche.

Das Phänomen der Knappheit führt sowohl auf der individuellen als auch auf der gesamtgesellschaftlichen Ebene zu ganz grundlegenden Konsequenzen:

- Auf der Ebene des Individuums schlägt sich die Knappheit darin nieder, dass der Einzelne Entscheidungen zwischen Alternativen zu treffen hat. Jede Wahl eines knappen Gutes bzw. einer weiteren Einheit eines knappen Gutes bedeutet den Verzicht auf eine Alternative, bringt also (Alternativ-)Kosten mit sich. Will sich beispielsweise jemand ein Haus kaufen, so muss er dafür vielleicht zwanzig Jahre lang auf den Zweitwagen und auf jede Urlaubsreise verzichten. Das sind die Kosten seines Hauses bemessen in den Alternativgütern. Verfügt ein Bauer über eine bestimmte Ausstattung an Produktionsfaktoren wie Arbeitskraft, Boden, Maschinen usw. und kann damit sowohl Getreide als auch Wein anbauen, so wird er für jeden zusätzlich produzierten Hektoliter Wein auf eine bestimmte Menge Getreideanbau verzichten müssen. Dies sind die Produktionskosten des Weins gemessen im Alternativgut Getreide.
- Auf der Ebene einer Volkswirtschaft bedeutet diese Knappheit, dass ein Mechanismus gefunden werden muss, der darüber entscheidet, wer welche Güter in welchen

Mengen unter Einsatz welcher Produktionsfaktoren wo produziert und wem sie anschließend zur Verfügung gestellt werden. Diese Fragen umreißen das Allokationsproblem. Dabei besteht das Problem nicht darin, irgendwelche Antworten auf diese Fragen zu geben, sondern darin, jene Antworten zu finden, die zu einer möglichst hohen Wohlfahrt der Menschen führen.

Das Allokationsproblem stellt sich nur in Gesellschaften mit Arbeitsteilung, also wenn sich verschiedene Individuen auf die Produktion verschiedener Güter spezialisieren. Hinter der gesamtgesellschaftlichen Arbeitsteilung wiederum stehen individuelle Unterschiede in den Alternativkosten von Entscheidungen, insbesondere individuelle Unterschiede in den Produktionskosten von Produktionsentscheidungen. Bevor wir uns mit den möglichen Lösungen des Allokationsproblems beschäftigen, wollen wir daher erst einmal einen Blick auf das Phänomen der Kostenunterschiede als eigentliche Ursache des Allokationsproblems werfen.

1.2.1   Knappheit und Produktionskosten

Stellen wir uns vor, wir lebten in einer „Gesellschaft" völlig isolierter Subsistenzbauern. Alle Güter werden mit natürlichen Ressourcen wie beispielsweise Boden und Wasser sowie mit Arbeit produziert. Dabei sei die Bevölkerungsdichte so gering, dass alle natürlichen Ressourcen im Überfluss vorhanden sind. Eine Knappheit produzierter Güter resultiert dann ausschließlich aus der Knappheit des Produktionsfaktors Arbeit. Nehmen wir als Beispiel einen Subsistenzbauern B, der unter Berücksichtigung seiner physischen Konstitution 2100 h im Jahr arbeiten kann. Es gebe nur zwei mögliche Anbauprodukte: Getreide und Wein. Für eine Tonne Getreide muss der Bauer B 200 h arbeiten, für einen Hektoliter Wein 100 h. Das sind die Produktionsstückkosten gemessen in Einheiten des Produktionsfaktors Arbeit. Seine Arbeitsproduktivität gemessen an der Produktionsmenge pro Arbeitsstunde beträgt also 0,005 t pro Stunde in der Getreideproduktion und 0,01 Hektoliter pro Stunde in der Weinproduktion. Diese Arbeitsproduktivitäten seien vom Produktionsniveau unabhängig: Mit 200 h Arbeitseinsatz produziert der Bauer eine Tonne Getreide, mit 400 h Arbeitseinsatz zwei Tonnen usw. Dies ist keine völlig unplausible Annahme, solange die natürlichen Ressourcen nicht knapp sind. Denn dann kann er bei einer Verdoppelung des knappen Faktors Arbeit problemlos stets die nicht knappen Ressourcen mit verdoppeln. Unter dieser Annahme sind die Produktionstechnologien unseres Bauern für Getreide und Wein mit den beiden genannten Arbeitsproduktivitäten erschöpfend beschrieben. Sei A die aufgewendete Arbeitsmenge in Stunden, x_G die Menge produzierten Getreides in Tonnen und x_W die Menge produzierten Weins in Hektolitern. Dann kann man die Beziehungen zwischen der produzierten Getreidemenge und der eingesetzten Arbeitsmenge formulieren als

$$x_G = 0{,}005A.$$

Für die Weinproduktion gilt entsprechend

$$x_W = 0{,}01A.$$

Derartige Beziehungen zwischen Produktionsmenge und Faktoreinsatzmenge bezeichnet man als Produktionsfunktionen. Die beiden obigen Produktionsfunktionen des Bauern B sind denkbar einfach. Meist gibt es mehr als einen knappen und damit ökonomisch relevanten Produktionsfaktor und ist die Beziehung zwischen den Produktionsfaktoren und der Produktionshöhe nicht linear.

Der Bauer muss sich nun entscheiden, wie viel Getreide und wie viel Wein er anbauen will. Gegeben seine beiden Produktionsfunktionen kann er beispielsweise 10,5 t Getreide produzieren und gar keinen Wein. Er kann aber auch 21 Hektoliter Wein und gar kein Getreide produzieren. Oder er entscheidet sich für 10 t Getreide und einen Hektoliter Wein oder für 5 t Getreide und 11 Hektoliter Wein usw. usf. Die Produktionsstückkosten gemessen in Einheiten des jeweils anderen Gutes betragen 2 Hektoliter Wein für eine Tonne Getreide bzw. umgekehrt 0,5 t Getreide für einen Hektoliter Wein. Für das Folgende wollen wir das Getreide zur Recheneinheit machen mit einer Tonne Getreide als Getreideeinheit GE. Damit rechnen wie sozusagen in einer realen Getreidewährung. (Multipliziert mit dem Preis einer Tonne Getreide z. B. in Euro wären wir bei einer monetären Währung.) Die Produktionsstückkosten eines Hektoliter Weins betragen dann also 0,5 GE. Die Produktionsmöglichkeiten unseres mit 2100 Arbeitsstunden ausgestatteten Bauern B können wir mit Hilfe der Gleichung

$$200x_G + 100x_W = 2100$$

formulieren. Dies ist eine so genannte Produktionsmöglichkeitenfunktion. Nach der Getreidemenge aufgelöst lautet sie

$$x_G = -0{,}5x_W + 10{,}5.$$

In der Abb. 1.1 ist diese Produktionsmöglichkeitenfunktion des Bauern B abgetragen. Ihre Steigung entspricht betragsmäßig den Weinproduktionsstückkosten von 0,5 GE. Ihr Ordinatenabschnitt entspricht jener Menge Getreide, die der Bauer bei Spezialisierung allein auf die Getreideproduktion produzieren könnte (10,5 t). Der Abszissenabschnitt zeigt, wie viel Wein er als spezialisierter Weinbauer erzeugen könnte (21 Hektoliter).

Als Subsistenzbauer muss sich der Bauer B nun entscheiden, welchen Punkt auf seiner Produktionsmöglichkeitenfunktion er realisieren will. Dies hängt von seinen Präferenzen ab, also davon, welchen Nutzen bzw. Genuss er aus dem Brot- bzw. Weinkonsum zieht. Wir wollen hier speziell annehmen, dass die beiden Güter in dem Sinne in seiner Präferenzstruktur gleich wichtig sind, dass er sie in gleichen Mengen konsumieren will. Dann wird er als Subsistenzbauer 7 t Getreide (in 1400 h) und 7 Hektoliter Wein (in 700 h) produzieren. Das lässt sich leicht zeigen: Einsetzen von $x_G = x_W = x$ in die Produktionsmöglichkeitenfunktion und Auflösen nach x ergibt $x = 7$.

Abb. 1.1 Produktions-
möglichkeitenfunktion
des Subsistenzbauern B

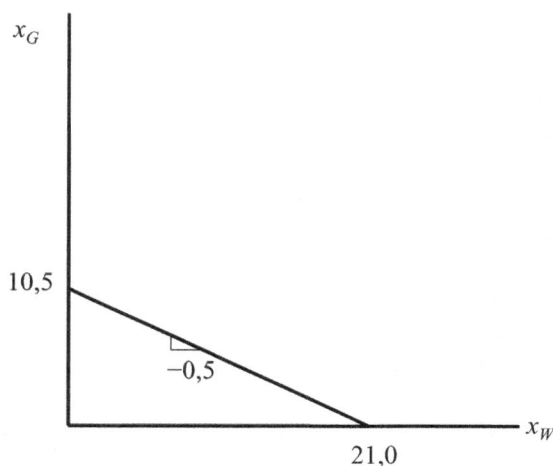

1.2.2 Arbeitsteilung I: wechselseitige absolute Stückkostenvorteile

Neue Möglichkeiten ergeben sich nun, wenn es noch einen zweiten Bauern D gibt und dieser nicht genau dieselben Produktionsstückkosten gemessen in Einheiten des jeweiligen Alternativgutes hat wie der Bauer B. Denn dann können sich beide durch eine Spezialisierung (Arbeitsteilung) und anschließenden Tausch verbessern. Wir wollen annehmen, dass auch der Bauer D über 2100 h vom knappen Faktor Arbeit zur Produktion der beiden Güter Getreide und Wein sowie über beliebig viele kostenlose natürliche Ressourcen verfügt. Mit Blick auf die Produktionsstückkostenvorteile wollen wir zunächst jenen Fall betrachten, in dem jeder Bauer in der Produktion jeweils eines Gutes einen Produktivitätsvorteil – also einen Stückkostenvorteil gemessen in Arbeitseinheiten – gegenüber seinem Nachbarn hat. Da ein Produktivitätsvorteil ein absoluter Stückkostenvorteil ist, ist dies der Fall wechselseitiger absoluter Stückkostenvorteile. Beispielsweise brauche der Bauer D für die Produktion einer Tonne Getreide nur halb so viel Zeit wie sein Nachbar, also 100 h, aber doppelt so viel, also 200 h, für die Produktion eines Hektoliters Wein. Seine Produktionsfunktionen für Getreide und Wein lauten damit

$$x_G = 0{,}01A$$

und

$$x_W = 0{,}005A.$$

Die Produktionsstückkosten eines Hektoliters Wein belaufen sich für ihn auf 2 GE (beim Bauern B waren es 0,5 GE). Die Produktionsmöglichkeitenfunktion des Bauern D ergibt sich als

$$100x_G + 200x_W = 2100$$

bzw.

$$x_G = -2x_W + 21.$$

Die Steigung der Produktionsmöglichkeitenfunktion entspricht wieder den Produktionsstückkosten des Weins in GE und ist jetzt betragsmäßig viermal so hoch wie beim Bauern B (2 GE statt 0,5 GE). Dies zeigt die Abb. 1.2, in der die Produktionsmöglichkeitenfunktionen der beiden Bauern einander gegenübergestellt sind.

Auch die Präferenzstruktur des Bauern D sei derart, dass er beide Güter in gleichen Mengen konsumieren will. Als Subsistenzbauer würde er dann wie sein Nachbar von beiden Gütern 7 Einheiten produzieren, jetzt allerdings mit 700 Arbeitsstunden in der Getreideproduktion und 1400 Arbeitsstunden in der Weinproduktion. (Die Herleitung dieses Ergebnisses bei Subsistenzwirtschaft des Bauern D ist analog zu jener im Falle des Bauern B im Vorabschnitt.)

Die Tab. 1.1 gibt einen Überblick über die jeweils zwei Produktivitäten (Produktionsstückkosten in Arbeitseinheiten) und die Weinproduktionsstückkosten in GE unserer beiden Bauern. Die erste Spalte zeigt den absoluten Stückkostenvorteil (Produktivitätsvorteil) des Bauern D in der Getreideproduktion und die zweite Spalte jenen des Bauern B in der Weinproduktion. Die dritte Spalte macht deutlich, dass Bauer B damit insgesamt gesehen über einen erheblichen Stückkostenvorteil gemessen in GE (also gemessen in Einheiten des Alternativgutes) in der Weinproduktion verfügt. Für den Bauern D gilt entsprechendes mit Blick auf die Getreideproduktion. Einen solchen Stückkostenvorteil gemessen in Einheiten des Alternativgutes bezeichnet man auch als komparativen (relativen) Stückkostenvorteil. In unserem Beispiel mit einem absoluten Stückkostenvorteil (Stückkostenvorteil gemessen

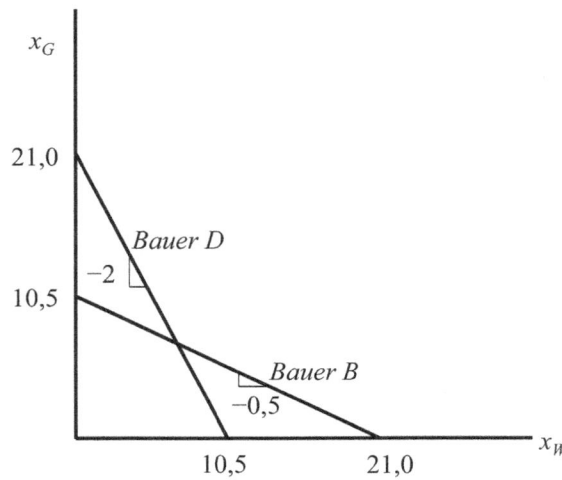

Abb. 1.2 Produktionsmöglichkeitenfunktionen bei wechselseitigen absoluten Stückkostenvorteilen

Tab. 1.1   Ein Beispiel für wechselseitige absolute Stückkostenvorteile

	Getreideproduktionsstückkosten in Arbeitsstunden	Weinproduktionsstückkosten in Arbeitsstunden	Weinproduktionsstückkosten in Getreideeinheiten
Bauer B	200	100	0,5
Bauer D	100	200	2

in Arbeitseinheiten bzw. Produktivitätsvorteil) des Bauern D in der Getreideproduktion und des Bauern B in der Weinproduktion ergeben sich zwingend gleichgerichtete komparative Stückkostenvorteile (Stückkostenvorteile gemessen in Einheiten des Alternativgutes).

Somit ist es in diesem Beispiel offensichtlich, dass sich eine Spezialisierung des Bauern B auf die Weinproduktion und des Bauern D auf die Getreideproduktion insgesamt gesehen lohnt. Statt insgesamt 14 Einheiten Wein und 14 Einheiten Getreide, dem Ergebnis bei isolierter Subsistenzwirtschaft, ergeben sich bei Spezialisierung auf das Gut, bei dem man jeweils die höhere Produktivität hat, für beide Güter jeweils 21 Einheiten. Der Bauer B produziert mit 2100 h Arbeitseinsatz 21 Hektoliter Wein, der Bauer D produziert mit 2100 h Arbeitseinsatz 21 t Getreide. Das bedeutet einen Ertrag aus der Arbeitsteilung von 7 Einheiten für jedes Gut. Das ist eine Produktionssteigerung von fünfzig Prozent, ohne dass einer der beiden Bauern auch nur eine Minute mehr arbeiten müsste.

Wie sich die Steigerung der Gesamtproduktion bei Spezialisierung von B auf den Weinanbau und von D auf den Getreideanbau auf die beiden Bauern verteilt, hängt vom Tauschverhältnis ab. Naheliegenderweise formulieren wir auch das Tauschverhältnis zwischen den Bauern als Tonnen Getreide pro Hektoliter Wein, also als Weinpreis in Getreideeinheiten GE. Dieser Weinpreis muss zwischen den Produktionsstückkosten des Weins von 0,5 GE bei Bauer B und von 2 GE bei Bauer D liegen. Denn bei einem Weinpreis von unter 0,5 GE wird der potentielle Weinbauer B seinen Wein nicht gegen Getreide tauschen wollen, weil er Getreide dann selbst billiger produzieren kann. Läge der Weinpreis beispielsweise bei 0,25 GE, so würde er für vier Hektoliter Wein eine Tonne Getreide bekommen. Für diese vier Hektoliter Wein müsste er 400 h arbeiten. In dieser Zeit könnte er aber selbst zwei Tonnen Getreide produzieren (statt nur eine). Bei einem Weinpreis von über 2 GE wird der potentielle Getreidebauer D sein Getreide nicht gegen Wein tauschen wollen, weil er dann Wein selbst billiger produzieren kann. Läge der Weinpreis beispielsweise bei 4 GE, so würde er für vier Tonnen Getreide einen Hektoliter Wein bekommen. Für diese vier Tonnen Getreide müsste er 400 h arbeiten. In dieser Zeit könnte er aber selbst zwei Hektoliter Wein produzieren (statt nur einen). Damit sollte deutlich sein, dass der sich beim Handel ergebende Weinpreis nur zwischen den Stückkosten der Beteiligten (gemessen in Einheiten des Alternativgutes) liegen kann. Wo innerhalb dieser Grenzen das tatsächliche Tauschverhältnis liegt, ist eine Frage der Verhandlungsmacht und des Verhandlungsgeschicks. Sind die Verhältnisse diesbezüglich ausgeglichen, so werden die spezialisierten Bauern 10,5 t Getreide gegen 10,5 Hektoliter

Wein tauschen – also mit einem Tauschverhältnis von eins zu eins. Nach Spezialisierung und Tausch verfügen beide Bauern dann über 10,5 Einheiten von jedem Gut statt nur über 7.

Diesen durch eine Arbeitsteilung möglichen Erträgen in Form einer verbesserten Güterversorgung sind in der Realität allerdings eine ganze Reihe von durch die Arbeitsteilung entstehenden Kosten gegenüberzustellen (von denen wir in unserem kleinen Zwei-Bauern-Beispiel absehen). Diese Kosten der Arbeitsteilung entstehen durch den Tauschakt, also die Gütertransaktion zwischen den Beteiligten, und werden daher als Transaktionskosten bezeichnet. Die beiden wichtigsten Arten von Transaktionskosten im engeren Sinne sind die Transportkosten sowie die Verhandlungs- und Vertragsabschlusskosten.

1.2.3 Arbeitsteilung II: einseitige absolute Stückkostenvorteile

Der eben behandelte Fall wechselseitiger absoluter Stückkostenvorteile macht die Vorteile von Arbeitsteilung und Tausch für die daran Beteiligten sehr deutlich. Er ist dadurch gekennzeichnet, dass jeweils einer der Beteiligten einen absoluten Stückkostenvorteil (Produktivitätsvorteil) bei einem der zwei Güter hat. Das Potenzial zur Wohlfahrtssteigerung durch gesellschaftliche Arbeitsteilung und Handel ist jedoch nicht auf diesen Fall wechselseitiger absoluter Stückkostenvorteile beschränkt. Arbeitsteilung und Handel lohnen vielmehr auch dann, wenn einer alle Güter mit weniger Arbeitseinsatz pro Stück produzieren kann als der andere, wenn also einseitige absolute Stückkostenvorteile vorliegen. Bedingung einer (vor Abzug von Transaktionskosten) lohnenden Arbeitsteilung ist es lediglich, dass die Produktionsstückkosten gemessen in Einheiten des Alternativgutes bei den beiden Beteiligten unterschiedlich sind – also dass ein komparativer (relativer) Stückkostenvorteil (und damit spiegelbildlich auch -nachteil) vorliegt. Denn dann hat auch der Bauer mit den absoluten Stückkostennachteilen in der Produktion beider Güter einen komparativen Stückkostenvorteil bei einem der beiden Güter.

Nehmen wir beispielsweise an, der Bauer D habe nun Arbeitsproduktivitäten von 0,01 in der Getreideproduktion und 0,0133 in der Weinproduktion. Seine Produktionsfunktion lautet also in der Getreideproduktion wie gehabt

$$x_G = 0{,}01A,$$

in der Weinproduktion gilt jetzt aber

$$x_W = 0{,}0133A.$$

Er braucht damit für eine Tonne Getreide wie bisher 100 h, für einen Hektoliter Wein jetzt aber nur 75 h (vorher waren es 200). Damit ist er in beiden Produktionen produktiver als der Bauer B, hat also bei beiden Gütern einen absoluten Stückkostenvorteil. Die Produktionsstückkosten des Weins belaufen sich bei ihm nun auf 0,75 GE (vorher beliefen sie sich auf 2 GE). Beim Bauern B belaufen sie sich unverändert auf 0,5 GE.

Als Subsistenzbauer kann der Bauer D nun in 2100 Arbeitsstunden beispielsweise 21 t Getreide produzieren und gar keinen Wein. Er kann aber auch 28 Hektoliter Wein und gar kein Getreide produzieren. Oder er produziert 20 t Getreide und 1,25 Hektoliter Wein usw. usf. Seine neue Produktionsmöglichkeitenfunktion lautet

$$100x_G + 75x_W = 2100$$

bzw.

$$x_G = -0{,}75x_W + 21.$$

Diese neue Produktionsmöglichkeitenfunktion des Bauern D ist in der Abb. 1.3 abgetragen. Ihre im Vergleich zur Abb. 1.2 veränderte Steigung entspricht betragsmäßig den neuen Weinproduktionsstückkosten in Höhe von 0,75 GE. Da der Bauer D jetzt in beiden Güterproduktionen produktiver als der Bauer B ist, liegt seine Produktionsmöglichkeitenfunktion nunmehr durchweg über jener des Bauern B.

Die Tab. 1.2 gibt für dieses Beispiel mit einseitigen Produktivitätsvorteilen einen Überblick über die insgesamt vier Produktivitäten und die Weinproduktionsstückkosten in GE. Die ersten beiden Spalten machen deutlich, dass Bauer D nun einen absoluten Stückkostenvorteil nicht nur bei Getreide (wie im ersten Beispiel auch schon), sondern jetzt auch bei Wein hat. Die dritte Spalte zeigt, dass dennoch eine Arbeitsteilung lohnt, da Bauer B weiterhin einen komparativen (relativen) Stückkostenvorteil in der Weinproduktion hat: Die Weinproduktionsstückkosten in GE sind beim Bauern B mit 0,5 GE geringer als beim Bauern D mit 0,75 GE. Die Produktion eines Hektoliters Wein erfordert beim Bauern B also nur den Verzicht auf 0,5 t Getreide, der Bauer D dagegen müsste für die Produktion eines Hektoliters Wein auf 0,75 t Getreide verzichten. Damit

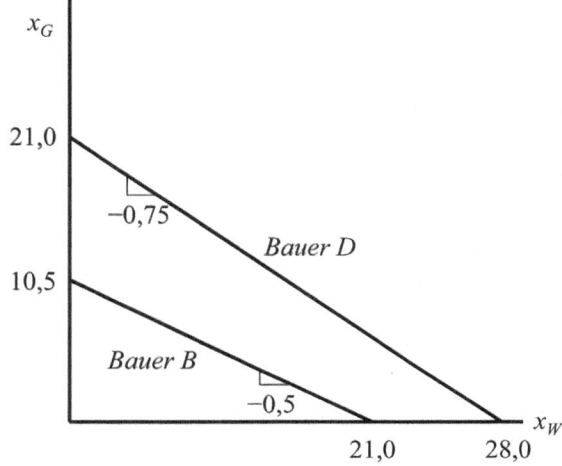

Abb. 1.3 Produktionsmöglichkeitenfunktionen bei einseitigen absoluten Stückkostenvorteilen

Tab. 1.2 Ein Beispiel für einseitige absolute Stückkostenvorteile

	Getreideproduktionsstück-kosten in Arbeitsstunden	Weinproduktionsstück-kosten in Arbeitsstunden	Weinproduktionsstück-kosten in Getreideeinheiten
Bauer B	200	100	0,5
Bauer D	100	75	0,75

ist klar, dass sich insgesamt wieder eine Produktionserhöhung ergeben wird, wenn der Bauer B zum spezialisierten Weinbauern wird und der Bauer D zum reinen Getreide-bauern.

Die Präferenzen des Bauern D seien weiterhin derart, dass er beide Güter in gleichen Mengen konsumieren will. Dann würde er als Subsistenzbauer 12 t Getreide (in 1200 h) und 12 Hektoliter Wein (in 900 h) produzieren. Sein Nachbar kommt unverändert als Subsistenzbauer auf jeweils 7 Einheiten. Auch hieran sieht man das Potenzial für Wohl-fahrtssteigerungen durch Arbeitsteilung und Handel. Als Subsistenzbauern erzeugen beide zusammen 19 Einheiten von jedem Gut. Als spezialisierte Bauern kommt Bauer B dagegen wieder auf 21 Hektoliter Wein und Bauer D wieder auf 21 t Getreide.

Fassen wir das Tauschverhältnis wie zuvor als Tonnen Getreide pro Hektoliter Wein, so muss dieser Weinpreis nun zwischen 0,5 GE und 0,75 GE liegen, wenn beide am Tausch Interesse haben sollen. Das kann man sich an Gegenbeispielen analog zu den obigen im Fall wechselseitiger absoluter Stückkostenvorteile leicht überlegen. Liegt nun der Weinpreis beispielsweise bei 0,6 GE, so werden 13,125 Hektoliter Wein gegen 7,875 t Getreide getauscht. Dies ergibt sich aus Sicht des Weinbauern B wie folgt: Nach spezialisierter Produktion aber vor Tausch verfügt er über 21 Hektoliter Wein. Von die-ser produzierten Menge will er so viel zum Tauschverhältnis ein Hektoliter Wein gegen 0,6 t Getreide tauschen, dass er nach dem Tausch beide Güter in gleicher Menge hat. Mit x als von ihm im Tausch abgegebener Weinmenge gilt also $21 - x = 0,6x$ und damit $x = 13,125$ Hektoliter Wein. Dies multipliziert mit dem Weinpreis von 0,6 GE ergibt die vom Bauern D an ihn im Gegenzug gelieferte Getreidemenge von 7,875. Der Bauer B hat dann von beiden Gütern 7,875 Einheiten statt der 7 ohne Spezialisierung und Tausch. Der Bauer D hat jeweils 13,125 Einheiten von beiden Gütern statt 12. Beide Bauern profitieren also von Arbeitsteilung und Handel, obwohl der Bauer D bei beiden Gütern produktiver ist.

Anders als der vergleichsweise spezielle Fall wechselseitiger absoluter Stückkosten-vorteile macht der Fall einseitiger absoluter Stückkostenvorteile deutlich, dass einer Wohlfahrtssteigerung durch eine immer weitergehende Arbeitsteilung (und immer mehr Handel) nur durch die Transaktionskosten Grenzen gesetzt sind. Damit zeigen unsere Beispiele zur Arbeitsteilung indirekt auch eine wichtige Quelle des Wohlstands auf: Senkungen dieser Transaktionskosten können über die induzierte Zunahme der Arbeits-teilung die Wohlfahrt genauso erhöhen wie vermehrter Faktoreinsatz und effizienz-steigernde Innovationen.

1.3 Das Allokationsproblem

Der Vorabschnitt sollte deutlich machen, wie es durch Knappheit zu Kosten und durch unterschiedliche Stückkosten zu Arbeitsteilung und Handel kommt. Mit Blick auf die Arbeitsteilung ist zu klären, wer welche Güter mit welchen Produktionsfaktoren in welchen Mengen produziert. Mit Blick auf den Handel stellt sich die Frage des Tauschverhältnisses, also des Preises der Güter. Bei gegebenen Anfangsausstattungen mit Produktionsfaktoren und gegebenen Produktivitäten und Präferenzen der Beteiligten entscheiden die Preise darüber, wer letztlich wie viel vom gesamten Güteraufkommen bekommt. Diese beiden Fragenkomplexe umreißen das Allokationsproblem.

1.3.1 Das Allokationsproblem unter realistischen Bedingungen

Im Rahmen unseres Zwei-Bauern-Beispiels stellte sich das Allokationsproblem nur in einer sehr rudimentären Variante. Einen Teil des Problems haben wir durch entsprechende Annahmen einfach ausgeblendet, beispielsweise durch die Annahmen, jeder Bauer arbeite 2100 h und Arbeit sei der einzige knappe Produktionsfaktor. Andere Teile des Allokationsproblems haben wir durch vereinfachende Annahmen entschärft. Beispielsweise gab es nur zwei produzierte Güter und nur zwei Produzenten. Außerdem hatten die beiden Bauern identische Präferenzen derart, dass sie unabhängig von den Produktionsstückkosten und unabhängig vom Tauschverhältnis immer beide Güter in gleicher Menge konsumieren wollten. Und schließlich waren die Arbeitsproduktivitäten und damit die Produktionsstückkosten von den Produktionsniveaus unabhängig. Unter solchen Umständen ist offensichtlich, wer sich auf welche Produktion spezialisieren sollte und wie viel er mit welchen Faktoren produziert. Bei nur zwei Beteiligten dürfte auch das Aushandeln eines für beide vorteilhaften Tauschverhältnisses nicht allzu schwierig sein.

Die Realität setzt der Lösung des Allokationsproblems allerdings andere Rahmenbedingungen:

- Es gibt sehr viele (in der globalisierten Ökonomie: Milliarden) beteiligte Wirtschaftssubjekte.
- Diese produzieren sehr viele Güter mit sehr vielen Varianten von Produktionsfaktoren und sehr vielen vorproduzierten Inputs.
- Die Wirtschaftssubjekte unterscheiden sich typischerweise in ihren Produktionsfaktorausstattungen.
- Sie unterscheiden sich typischerweise auch in ihren Produktionstechnologien (Produktionsfunktionen).
- Sie unterscheiden sich zudem typischerweise in ihren Präferenzen.
- Außerdem sind die Höhe der einzelwirtschaftlichen Arbeitsproduktivitäten und damit die Höhe der Produktionsstückkosten in der Regel vom Produktionsniveau abhängig.

Typischerweise steigt der zur Produktion einer weiteren Gütereinheit notwendige Arbeitsaufwand mit zunehmendem Produktionsniveau tendenziell an. In unserem Beispiel könnte das derart aussehen, dass der Bauer D für die erste Tonne Getreide 100 Arbeitsstunden aufwenden muss, für die zweite Tonne 120 Arbeitsstunden, für die dritte Tonne 140 Arbeitsstunden usw. Dies könnte hier mit der zunehmenden Erschöpfung des Faktors Arbeit zusammenhängen. Mit steigender Produktionshöhe steigende Mehrkosten für eine weitere produzierte Einheit sind ein generelles Phänomen insbesondere auch in der industriellen Produktion. Verursacht werden sie u. a. durch die Existenz nicht beliebig vermehrbarer anderer Produktionsfaktoren. In unserem Beispiel war angenommen worden, die benötigten natürlichen Ressourcen seien stets im Überfluss vorhanden. Nun könnte man das Beispiel dahingehend modifizieren, dass jeder Bauer ein Feld bzw. einen Weinberg von fest vorgegebener und eng begrenzter, also knapper Größe hat. Dann wird früher oder später eine Verdoppelung des Arbeitseinsatzes zu weniger als einer Verdoppelung der Produktion führen bzw. eine Verdoppelung der Produktion mehr als eine Verdoppelung der Arbeit erfordern – die Mehrkosten einer Produktionsmengenerhöhung werden also steigen. Die zusätzlichen Kosten einer weiteren Tonne Getreide (hier gemessen in Arbeitseinheiten) bezeichnet man als Grenzkosten der Produktion. Der Begriff Grenzkosten ist also im Sinne von Mehrkosten durch die Produktion einer weiteren Einheit zu verstehen. Die Grenzkosten sind die zur Niveaugröße Kosten gehörige Veränderungsgröße. Oft steigen die Grenzkosten bei nur schwach ausgelasteter Produktionskapazität zunächst nicht mit steigendem Produktionsniveau. Ist die Feldgröße noch lange kein Engpass, wird die Produktion einer weiteren Tonne Getreide zunächst immer den Einsatz einer bestimmten zusätzlichen Arbeitsmenge erfordern. Je intensiver aber der Boden in der Ausgangssituation schon genutzt wird, desto aufwendiger wird es, eine weitere Tonne Getreide zu produzieren. Nähert man sich der Kapazitätsgrenze, werden die Mehrarbeit und damit die Mehrkosten für eine weitere produzierte Einheit immer höher. Die Abb. 1.4 zeigt drei typische stilisierte Grenzkostenverläufe

Abb. 1.4 Stilisierte Grenzkostenverläufe

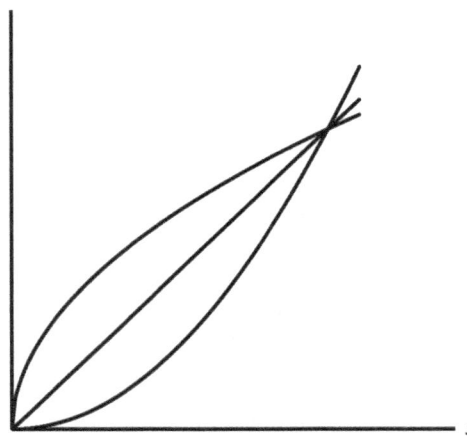

mit x_i als der von einem i-ten Anbieter produzierten Menge. Je nach betrachtetem Gut können die Grenzkosten linear, überlinear oder unterlinear zunehmen. In der Abbildung wurde angenommen, die Grenzkosten stiegen schon bei niedrigen Produktionsniveaus. Darüber hinaus sind die abgebildeten Verläufe auch insofern stilisiert, als die Mehrkosten jeder weiteren produzierten Einheit immer höher sind als jene der vorangegangenen Einheit. In Wirklichkeit nehmen die Grenzkosten meist einen treppenartigen Verlauf: Mehrere aufeinander folgende Gütereinheiten werden zu gleichen Grenzkosten produziert, danach gibt es einen Sprung in den Grenzkosten nach oben, dem dann wieder eine Grenzkostenkonstanz über mehrere Einheiten folgt usw. Die Grenzkosten darf man nicht mit den Stückkosten der Produktion verwechseln. Nur wenn lediglich eine Einheit produziert wird, fallen Grenz- und Stückkosten zusammen. Ansonsten müssen die Stückkosten bei mit steigendem Produktionsniveau steigenden Grenzkosten geringer als die Grenzkosten sein. Dies folgt zwingend aus der Durchschnittsbildung (bei der Stückkostenermittlung) über eine progressiv steigende Wertereihe für die Kosten. Die Abhängigkeit der in Arbeitseinheiten gemessenen Grenz- und Stückkosten von den Produktionsniveaus impliziert eine ebensolche Abhängigkeit der in Einheiten eines Alternativgutes gemessenen Grenz- und Stückkosten. Dies bedeutet für das Allokationsproblem, dass der numerische Bereich denkbarer Tauschverhältnisse ebenfalls von den Produktionsniveaus der betreffenden Güter abhängt.

- Schließlich sind in der Realität die Präferenzen weder unter den Wirtschaftssubjekten identisch noch für ein Wirtschaftssubjekt von der Art, dass es unabhängig von den Kostenverhältnissen immer alle Güter im gleichen Mengenverhältnis konsumieren will. Mit Blick auf die einzelwirtschaftlichen Präferenzen ist vielmehr ein Fallen der Wertschätzung einer weiteren Einheit eines Gutes mit steigendem Konsumniveau dieses Gutes typisch. Dabei wird die Wertschätzung für eine Einheit eines Konsumgutes an der maximalen Zahlungsbereitschaft für diese Einheit gemessen. Hat man ein bestimmtes Gut noch gar nicht oder nur in geringer Menge, so wird die maximale Zahlungsbereitschaft für eine weitere Einheit noch relativ hoch sein. Je mehr man aber von dem betreffenden Gut schon hat, desto geringer wird die maximale Zahlungsbereitschaft für eine weitere Einheit ausfallen. Nehmen wir beispielsweise an, in unserem Beispiel habe ein Bauer 21 t Getreide, aber gar keinen Wein. Dann wird ihm ein Hektoliter Wein relativ viel Getreide wert sein. Seine so genannte maximale Zahlungsbereitschaft für den ersten Hektoliter Wein (gemessen in Getreideeinheiten) dürfte also recht hoch sein. Hat er aber beispielsweise schon fünf Hektoliter Wein, so wird seine maximale Zahlungsbereitschaft für den sechsten Hektoliter nicht mehr so hoch sein wie für den ersten. Die maximale Zahlungsbereitschaft für eine weitere Einheit eines Gutes bezeichnet man als maximale Grenzzahlungsbereitschaft. Die Grenzzahlungsbereitschaft ist also als Mehrzahlungsbereitschaft für eine weitere konsumierte Einheit zu verstehen. Sie fällt in der Regel mit steigendem Konsumniveau des betreffenden Gutes. Die Abb. 1.5 zeigt drei stilisierte Verläufe der maximalen Grenzzahlungsbereitschaft mit x_j als der von einem j-ten Nachfrager konsumierten

Abb. 1.5 Stilisierte
Verläufe der maximalen
Grenzzahlungsbereitschaft

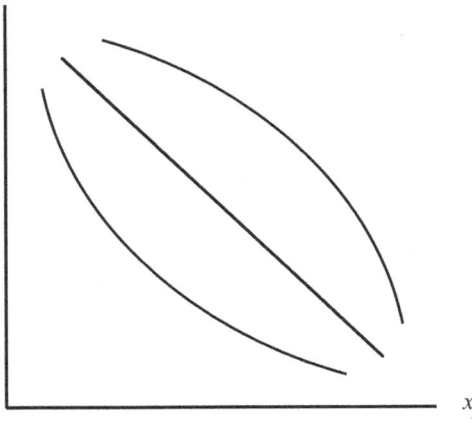

Menge. Je nach den Präferenzen des betrachteten Nachfragers kann die maximale Grenzzahlungsbereitschaft linear, überlinear oder unterlinear abnehmen. Dabei sind die abgebildeten Verläufe wieder insofern stilisiert, als dass die tatsächlichen Verläufe meist treppenartig sind und die Grenzzahlungsbereitschaften oft bei niedrigen Konsumniveaus des betreffenden Gutes (noch) nicht fallen.

1.3.2   Die Idee von der zentralen volkswirtschaftlichen Planung

Nimmt die Arbeitsteilung in einer sich aus dem Stadium einer archaischen Bauernwirtschaft heraus entwickelnden Volkswirtschaft zu, so wird die Lösung des Allokationsproblems zunehmend komplexer. Ein naheliegender Gedanke ist es nun, zur Lösung dieses Problems einige Bauern von der Güterproduktion freizustellen, damit diese die optimale Allokation der Faktoren und Güter ausrechnen können – ganz so wie wir das im einführenden Zwei-Bauern-Beispiel gemacht haben. Das ist die Idee von der zentralen volkswirtschaftlichen Planung. In der Reinform der zentralen volkswirtschaftlichen Planung melden alle Wirtschaftssubjekte ihre Faktorausstattungen, ihre Produktivitäten in Form der Grenzkostenfunktionen für alle möglichen Güter sowie ihre Präferenzen in Form ihrer Grenzzahlungsbereitschaftsfunktionen für alle möglichen Güter an die zentrale Planungsbehörde. Diese errechnet dann daraus, wer was unter Einsatz welcher Faktormengen produziert und wie die optimalen Tauschverhältnisse aussehen. Dabei sind zwei Probleme zu lösen:

- Das Informationsverarbeitungsproblem: Dieses besteht darin, aus den an die Planungszentrale gemeldeten Faktorbeständen, Produktionsmöglichkeiten und Präferenzen die richtigen Tauschverhältnisse zu ermitteln. Stattet man die Planungsbürokratie einer einfachen Bauernwirtschaft mit digitaler Informationsverarbeitung aus, dürfte diese Aufgabe lösbar sein. Gegeben den zu einem bestimmten Stand der Arbeitsteilung einer Gesellschaft gehörenden Stand ihrer Informationsverarbeitungstechnologie war eine

Lösung des Informationsverarbeitungsproblems im Rahmen einer zentralen Planung bisher jedoch nicht möglich.

- Das Anreizproblem: Dies ist das eigentliche Problem der zentralen Planung auf volkswirtschaftlicher Ebene. Fast jeder Mensch will möglichst viel konsumieren dürfen und dafür möglichst wenig produzieren müssen. Daher hat der Einzelne wenig Anreiz, der Planungsbehörde Einblick in die tatsächlichen Verhältnisse zu geben. Für jeden Einzelnen ist es vielmehr günstiger, seine Produktionsfaktorausstattung und seine Produktivitäten zu niedrig und seine Bedürfnisse zu hoch anzugeben. Die zentrale Planung setzt als solche keine Anreize zur Enthüllung der wahren Fähigkeiten und Präferenzen. Stattdessen haben die Wirtschaftssubjekte hier den Anreiz, die zentralen Planer systematisch falsch zu informieren.

Gesucht ist daher ein Allokationsmechanismus, der die Anreize für die Individuen so setzt, dass sie ihre Fähigkeiten und Präferenzen aus eigenem Interesse wahrheitsgemäß in ihn einbringen. Außerdem sollte die vom Einzelnen zu leistende Informationsverarbeitung machbar bleiben. Ein solcher Allokationsmechanismus ist der so genannte Marktmechanismus. Er setzt an die Stelle der zentralen Planung die dezentrale Koordination der Wirtschaftssubjekte durch den Preismechanismus. Damit löst er das Anreizproblem und lässt das Informationsverarbeitungsproblem gar nicht erst entstehen. Hier ist wichtig zu verstehen, dass der gleich näher zu erörternde Preismechanismus auf den Konsumplänen und den Produktionsplänen der einzelnen Wirtschaftssubjekte beruht. Den Vergleich der Allokationsmechanismen sollte man daher nicht als Plan versus Markt verstehen, sondern als zentrale Planung versus dezentrale (einzelwirtschaftliche) Planung. Vergleicht man eine Marktwirtschaft mit einer Zentralplanwirtschaft gleicher Komplexität, so wird in der so genannten Planwirtschaft viel weniger geplant als in der Marktwirtschaft.

1.4   Die Lösung des Allokationsproblems durch den Markt

Das Funktionieren des Marktmechanismus kann man anhand einer arbeitsteiligen Bauernwirtschaft leicht verdeutlichen. Wir wollen annehmen, dass sich die Bauern zu festgelegten Zeiten auf einem Platz – dem „Marktplatz" – in der Mitte des Landes treffen und für jedes Gut einen der ihren zum so genannten Marktmacher ernennen. Um Interessenkonflikte zu vermeiden, sollte der Marktmacher eines Gutes nicht zu den Produzenten dieses Gutes gehören. Jeder Marktmacher ruft für „sein" Gut einige Tauschverhältnisse aus. Da es nun insgesamt mehr als nur zwei Güter geben soll, ist es sinnvoll, sich vorab darauf zu einigen, in Einheiten welchen Gutes man die Tauschverhältnisse formulieren will. Beispielsweise könnte man wieder alle Güter in Getreideeinheiten GE bewerten, also wie in unseren Zwei-Bauern-Beispielen eine Getreidewährung einführen. (Am Anfang der Entwicklung arbeitsteiliger Ökonomien standen tatsächlich derartige Naturalwährungen, die später von Edelmetallwährungen und dann von Münz- und

Papierwährungen ohne direkten materiellen Wert abgelöst wurden.) Den Preis des Gutes unseres Marktmachers notieren wir mit p. Nachdem der Marktmacher einige alternative Preise bekanntgegeben hat, lassen die Bauern ihn wissen, wie viel von dem Gut sie zum jeweiligen Preis anbieten oder nachfragen würden.

Dabei wird sich ein Bauer, der das Gut produziert und anbietet, bei der Wahl seiner zu den alternativen Preisen jeweils von ihm anzubietenden Menge von seinem Gewinn – also der Differenz zwischen Erlösen px_i und Produktionskosten – leiten lassen. Seine Erlöse steigen mit jeder weiteren produzierten und angebotenen Einheit um die Höhe des jeweiligen Preises. Seine Produktionskosten steigen mit jeder weiteren produzierten und angebotenen Einheit nach Maßgabe des Verlaufs seiner Grenzkostenfunktion. Diese verläuft tendenziell steigend, siehe noch einmal die stilisierten Verläufe in der Abb. 1.4. Für den Bauern lohnt die Produktion all jener Einheiten, für welche die Grenzkosten unter dem Preis bleiben. Er wird also seine Produktionsmenge bis zu jenem Niveau ausdehnen, bei dem die Grenzkosten gerade noch unter dem Preis bleiben (oder diesem gerade entsprechen). Mehr wird er nicht produzieren wollen, denn jede weitere produzierte Einheit würde Mehrkosten in der Produktion erfordern, die über dem Preis beim Verkauf dieser Einheit liegen. Weniger wird er auch nicht produzieren wollen, denn dies hieße auf die Produktion einer Einheit zu verzichten, deren Mehrkosten in der Produktion noch unter dem Preis liegen – er würde dann sein Gewinnpotential nicht ausnutzen. Will man dem Bauern eine Handlungsmaxime zur Bestimmung seiner Produktionsmenge vorgeben, so könnte man formulieren: Produziere jene Menge, bei der die Grenzkosten in der Produktion auf die Höhe des Preises gestiegen sind.

Damit ist auch klar, wie ein Bauer reagieren wird, wenn er mit sukzessive höheren Preisen konfrontiert wird: Je höher der Verkaufspreis seines Gutes ist, desto mehr wird er anbieten – denn desto weiter muss er seine Produktionsmenge ausdehnen bis die Grenzkosten auf das Niveau des Preises gestiegen sind. Es ergibt sich also eine mit steigendem Preis steigende Angebotsmenge. Diese gleichgerichtete Beziehung $x_i = x_i(p)$ bezeichnet man als einzelwirtschaftliche Angebotsfunktion. Addiert man für jeden Preis die von allen Anbietern produzierten Mengen, so erhält man die Marktangebotsfunktion für das betreffende Gut. Eine solche Marktangebotsfunktion ist in der Abb. 1.6 in stilisierter Form eingezeichnet und mit x^A bezeichnet. Dabei steht das „A" für „Angebot". Dass es sich jeweils für jeden vorgegebenen Preis um die Summe aller individuellen Angebotsmengen handelt kommt im Fehlen des Index i zum Ausdruck.

Ein Bauernhaushalt, der das Gut konsumiert und nachfragt, wird sich bei der Wahl seiner zu den alternativen Preisen jeweils von ihm nachzufragenden Menge vom Verhältnis seiner maximalen Grenzzahlungsbereitschaften zum Preis leiten lassen. Dabei können wir von mit zunehmender Konsummenge x_j abnehmender maximaler Grenzzahlungsbereitschaft ausgehen, siehe dazu noch einmal die stilisierten Verläufe der Abb. 1.5. Solange diese maximale Zahlungsbereitschaft für eine weitere Einheit noch über dem Preis liegt, wird der Haushalt seine Nachfragemenge ausdehnen. Dies hört erst auf, wenn der zunehmende Konsum die maximale Grenzzahlungsbereitschaft der nächsten Einheit unter den Preis gedrückt hat. Die Handlungsmaxime für einen das Gut

Abb. 1.6 Das
Marktgleichgewicht

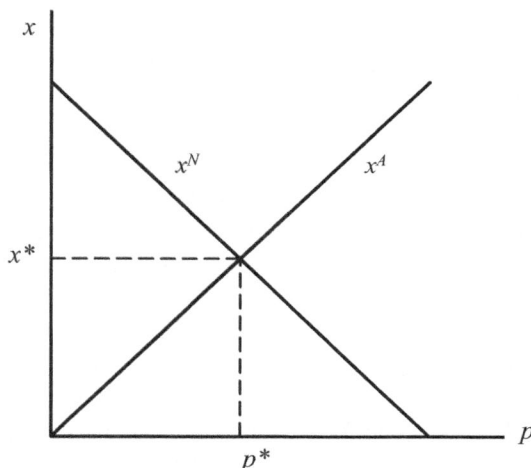

nachfragenden Bauernhaushalt lautet also: Frage jene Menge nach, bei der die maximale Grenzzahlungsbereitschaft auf die Höhe des Preises gefallen ist.

Gibt der Marktmacher nun sukzessive höhere Preise vor, so wird der Nachfrager seinen Konsum jeweils soweit zurückfahren, bis die maximale Grenzzahlungsbereitschaft auf die Höhe des jeweiligen Preises gestiegen ist. Zwischen Nachfragemenge und Preis besteht also eine gegenläufige Beziehung. Diese gegenläufige Beziehung $x_j = x_j(p)$ bezeichnet man als einzelwirtschaftliche Nachfragefunktion. Addiert man für jeden Preis die von allen Nachfragern nachgefragten Mengen, so erhält man die Marktnachfragefunktion. Eine solche Marktnachfragefunktion ist in stilisierter Form in der Abb. 1.6 eingezeichnet und mit x^N bezeichnet. Dabei steht das „N" für „Nachfrage" und das Fehlen eines Index j zeigt an, dass es sich um die Gesamtnachfrage nach dem betrachteten Gut handelt.

Bei steigender Angebots- und fallender Nachfragefunktion gibt es nun genau einen Preis, bei dem sich Angebots- und Nachfragepläne entsprechen. Dieser Preis ist der so genannte Gleichgewichtspreis p^*. Da der Marktmacher erfragt hat, welche Mengen zu den verschiedenen Preisen jeweils angeboten und nachgefragt würden, kann er den Gleichgewichtspreis leicht ermitteln. Er gibt ihn den Bauern als den gültigen Preis bekannt und diese werden daraufhin die entsprechende Gleichgewichtsmenge x^* produzieren bzw. nachfragen. Im Marktgleichgewicht sind alle individuellen Angebots- und Nachfragepläne miteinander kompatibel. Es kommt zu keiner Rationierung in dem Sinne, dass ein Bauer zum herrschenden Preis kaufen oder verkaufen will und dies nicht kann. Kein Bauer hat einen Anreiz, falsche Kauf- oder Verkaufspläne zu melden. Damit würde er sich nur selber schaden. Die sich bei dieser einfachen Prozedur ergebenden Marktpreise entsprechen denen, die ein zentraler Planer bei voller Information als Tauschverhältnisse setzen würde. Der Unterschied ist aber, dass diese Tauschverhältnisse als Marktpreise tatsächlich leicht feststellbar sind. Denn ganz im Gegensatz zu einem zentralen Planer muss ein Marktmacher fast gar nichts wissen. Er muss weder die Faktorausstattungen und Produktivitäten der einzelnen Anbieter noch die Präferenzen der Nachfrager kennen. Er muss vielmehr lediglich Angebots- und Nachfragemengen für verschiedene Preise ermitteln. Diese ihm zu offenbaren liegt im Eigeninteresse jedes einzelnen Marktteilnehmers. Jeder Marktteilnehmer muss seinerseits jeweils nur seine eigenen Faktorausstattungen, Produktivitäten und Präferenzen kennen sowie den Preis. In den Marktpreisen der Güter sind die Informationen über die Ausstattungen, Produktivitäten und Präferenzen aller anderen Teilnehmer sozusagen enthalten. Mit der Ermittlung und Bekanntgabe der Gleichgewichtspreise sorgt der Marktmacher also für die vollständige Transparenz des Marktes in dem Sinne, dass jeder weiß, was er für seine Entscheidung wissen muss. Damit ist gezeigt, dass der Marktmechanismus eine Allokation herbeiführen kann, bei der – gegeben die Technologien (Produktionsfunktionen), Präferenzen und Anfangsausstattungen mit Produktionsfaktoren – jeder bekommt, was er bei Gültigkeit der sich einstellenden Gleichgewichtspreise will. Der Marktmechanismus löst das Anreizproblem durch Instrumentalisierung des Eigeninteresses. Er lässt unlösbare Informationsverarbeitungsprobleme gar nicht erst entstehen, weil er keine Zentralisierung der Informationen erfordert.

1.5   Zusammenfassung

1. Die Ökonomie ist die Lehre vom vernünftigen Umgang mit Gütern, die gemessen an den Bedürfnissen knapp sind, sodass eine Verwendungskonkurrenz besteht.
2. Die bei knappen Gütern bestehende Verwendungskonkurrenz schlägt sich in (Alternativ-)Kosten nieder. In einer realen (im Sinne von nicht monetären) Recheneinheit formuliert kann man die Produktionsstückkosten eines Gutes mit den Mengen der für ein Stück dieses Gutes benötigten knappen Produktionsfaktoren quantifizieren. Alternativ kann man die Produktionsstückkosten eines Gutes mit der Menge eines bei Verzicht auf ein Stück dieses Gutes mit den freiwerdenden Produktionsfaktormengen alternativ produzierbaren Gutes quantifizieren.
3. Eine Arbeitsteilung erhöht die gesamtwirtschaftlichen Produktionsmöglichkeiten nicht nur bei Vorliegen wechselseitiger absoluter Stückkostenvorteile (verschiedenen Beteiligte haben bei verschiedenen Gütern Produktivitätsvorteile), sondern auch im Falle einseitiger absoluter Stückkostenvorteile (wenn also z. B. ein Beteiligter bei allen Gütern einen Produktivitätsvorteil hat). Notwendig für die Erhöhung der gesamtwirtschaftlichen Produktionsmöglichkeiten durch eine Arbeitsteilung ist lediglich die Existenz komparativer (relativer) Stückkostenvorteile.
4. Dabei ist allerdings vorausgesetzt, dass das bei Arbeitsteilung entstehende so genannte Allokationsproblem gut gelöst wird: Es müssen möglichst gute Antworten auf die Fragen gefunden werden, wer welche Güter in welchen Mengen unter Verwendung welcher Produktionsfaktoren wo und für wen produzieren soll.

5. Eine Lösung dieses Allokationsproblems muss u. a. berücksichtigen, dass sich die Wirtschaftssubjekte nicht nur in ihren Grenzkostenverläufen für die verschiedenen Güter (also ihren Produktionstechnologien), sondern auch in den Verläufen ihrer maximalen Grenzzahlungsbereitschaften für diese Güter (also ihren Präferenzen) sowie in ihren anfänglichen Ausstattungen mit Produktionsfaktoren unterscheiden.

6. Die Lösung des Allokationsproblems erfordert die Lösung zweier zentraler Teilprobleme: Zum einen müssen die Wirtschaftssubjekte den Anreiz haben, ihre Produktionstechnologien, Präferenzen und Produktionsfaktorausstattungen wahrheitsgemäß in den Allokationsmechanismus einzubringen. Dies ist das Anreizproblem. Zum zweiten muss der Allokationsmechanismus in der Lage sein, alle diese Informationen derart zu verarbeiten, dass daraus eine möglichst hohe Wohlfahrt resultiert. Dies ist das Informationsverarbeitungsproblem.

7. Ein Mechanismus, der das Allokationsproblem in optimaler Weise lösen kann, ist der Markt- bzw. Preismechanismus. In optimaler Weise funktioniert dieser Mechanismus, wenn der Markt von einem Marktmacher organisiert wird. Dieser ermittelt zunächst die Angebots- und die Nachfragefunktion und setzt anschließend den Gleichgewichtspreis fest. Bei diesem Gleichgewichtspreis sind alle Kauf- und Verkaufspläne realisierbar.

8. Da bei einer Allokation mittels des Marktmechanismus alle Wirtschaftssubjekte ihrem Eigeninteresse folgen, gibt es kein Anreizproblem im obigen Sinne. Das Informationsverarbeitungsproblem bleibt infolge der dezentralen Entscheidungsfindung lösbar. Jeder Anbieter muss lediglich den Preis für sein Gut sowie seine Technologie kennen. Jeder Nachfrager muss lediglich die Preise der von ihm konsumierten Güter sowie seine Präferenzen für diese kennen.

1.6 Leseempfehlung

Eine Diskussion der grundlegenden ökonomischen Konzepte und der Funktionsprinzipien des Marktes findet sich in jedem einführenden VWL-Lehrbuch. Verwiesen sei hier mit Blick auf die grundlegenden ökonomischen Konzepte auf das zweite Kapitel in Woll (2011) und mit Blick auf die Funktionsprinzipien des Marktes auf das zweite Kapitel in Pindyck und Rubinfeld (2015). Wer an einer ausführlicheren Darstellung interessiert ist, dem kann das Einführungsbuch von Bofinger (2015) empfohlen werden: Im dritten Kapitel geht es hier um die Arbeitsteilung, im vierten und fünften Kapitel um den Marktmechanismus – u. a. auch im Vergleich mit der zentralen Planung.

Literatur

Bofinger, P.: Grundzüge der Volkswirtschaftslehre, 4. Aufl. Pearson, München (2015)
Pindyck, R., Rubinfeld, D.: Mikroökonomie, 8. Aufl. Pearson, München (2015)
Woll, A.: Volkswirtschaftslehre, 16. Aufl. Vahlen, München (2011)

Bestimmungsgründe des Marktangebots

2

Inhaltsverzeichnis

2.1 Überblick

In diesem Kapitel wollen wir uns mit den Determinanten des Marktangebots beschäftigen. Dabei schauen wir hier zunächst auf das Angebot der Unternehmen auf einem Gütermarkt. Eine Analyse des Marktangebots für die Produktionsfaktoren Arbeit

© Springer-Verlag GmbH Deutschland, ein Teil von Springer Nature 2019

B. Woeckener, *Volkswirtschaftslehre*, https://doi.org/10.1007/978-3-662-59222-9_2

und Kapital wird im fünften Kapitel folgen. Wir betrachten Gütermarktanbieter, die sich bei der Wahl ihrer Angebotsmenge von dem Ziel leiten lassen, einen möglichst hohen Gewinn zu erlangen. Daher entsprechen die Bestimmungsgründe der Marktangebotsmenge im Wesentlichen den Bestimmungsgründen des einzelwirtschaftlichen Gewinns und damit den Bestimmungsgründen von Produktionskosten einerseits und Verkaufserlösen andererseits. Die Produktionskosten wiederum hängen von der Produktionstechnologie und von den Faktorpreisen ab. Damit sind die zentralen Bestimmungsgründe des Gütermarktangebots genannt: Der Verkaufspreis des produzierten Gutes, die Preise der zu seiner Produktion notwendigen Produktionsfaktoren und die Produktionstechnologie.

Im nächsten Unterkapitel wollen wir mit einem näheren Blick auf die Produktionstechnologie beginnen. Diese werden wir mittels des Konzepts der Produktionsfunktion operationalisieren und darauf aufbauend mittels fünf zentraler Kenngrößen charakterisieren: den Grenz- und Durchschnittsproduktivitäten, den Produktions- und Skalenelastizitäten sowie den Grenzraten der Faktorsubstitution. Wir werden zeigen, wie man zusammen mit den Faktorpreisen aus den Produktionsfunktionen die Kostenfunktionen (und damit die Grenzkostenfunktionen) ableitet. Dies ist im Regelfall nicht so einfach wie in unseren Bauernbeispielen des ersten Kapitels, in denen es nur einen knappen Produktionsfaktor gab. Denn in aller Regel braucht man mehrere knappe Faktoren zur Produktion, beispielsweise neben Arbeit auch knappen Boden, knappes Wasser und knappe Kapitalgüter. Dabei ist dann eine bestimmte vorgegebene Produktionsmenge mit verschiedenen Faktormengenkombinationen produzierbar. Beispielsweise lässt sich eine Tonne Getreide mit viel Arbeit und wenig Kapital produzieren, aber auch mit weniger Arbeit und dafür mehr Kapital. Daher ist vor der Herleitung einer Kostenfunktion erst einmal zu klären, welche Mengenkombinationen der Faktoren die Kosten für eine jeweils vorgegebene Produktionsmenge minimieren. Mit der Lösung dieses Problems der Kostenminimierung bei vorgegebener Produktionshöhe und der darauf aufbauenden Herleitung der Kostenfunktion beschäftigt sich das dritte Unterkapitel.

Anschließend werden wir auf die Erlösseite schauen. Dort ist der Güterpreis die zentrale Determinante. Wie im Vorkapitel werden wir den Güterpreis als für den einzelnen Anbieter nicht beeinflussbar betrachten. Dies ist immer dann zutreffend, wenn der einzelne Anbieter einen so kleinen Marktanteil hat, dass seine Angebotsmengenentscheidung keinen merklichen Einfluss auf den Marktpreis hat. Man spricht dann von der Abwesenheit von Marktmacht. Auf den Fall marktmächtiger Unternehmen, die den Marktpreis beeinflussen können, werden wir im sechsten Kapitel eingehen. Liegt auf der Angebotsseite keine Marktmacht vor, so findet der Anbieter seine optimale Menge durch den Abgleich von Verkaufspreis und Grenzkosten der Produktion. Dies werden wir im Abschn. 2.5 detailliert diskutieren. Aus diesem Entscheidungsverhalten lässt sich die einzelwirtschaftliche Angebotsfunktion ableiten. Aggregation aller einzelwirtschaftlichen Angebotsfunktionen führt schließlich zur Marktangebotsfunktion.

2.2 Produktionstechnologie

Die Produktionstechnologie eines Betriebes kann man mittels einer mikroökonomischen Produktionsfunktion formalisieren und dann mit Hilfe einer statistischen Regressionsanalyse empirisch konkretisieren. Eine solche Produktionsfunktion gibt den mit Blick auf diesen Betrieb gültigen funktionalen Zusammenhang zwischen den Einsatzmengen der Produktionsfaktoren einerseits und der damit erreichbaren Produktionsmenge andererseits wieder. Man beachte, dass es sich bei der mikroökonomischen Produktionsfunktion um kein rein technisches, sondern um ein auch ökonomisches Konzept handelt. Denn die konkrete funktionale Form einer Produktionsfunktion hängt z. B. auch von der Betriebsorganisation und dem Entlohnungsschema ab. Ein Bauer, der durch eine Aufgabenverteilung eine Arbeitsteilung unter seinen Arbeitern organisiert und ihnen durch eine von der Produktionsmenge abhängige Entlohnung Leistungsanreize setzt, wird vermutlich mit einer bestimmten Produktionsfaktorausstattung eine höhere Produktionsmenge erreichen als ein Bauer, der seine Arbeiter unorganisiert auf das Feld schickt und ihnen eine ausschließlich von der Zahl der Arbeitsstunden abhängige Entlohnung bietet. Was in den Betrieben im Einzelnen vor sich geht, also das Wie der Transformation von Produktionsfaktoren zu fertigen Produkten, wird im Folgenden allerdings nicht explizit betrachtet. Die interne Betriebsorganisation und die internen Betriebsabläufe sind Gegenstand der Betriebswirtschaftslehre.

2.2.1 Produktionsfaktoren und Produktionsfunktionen

Mit Blick auf die Produktionsfaktoren kann man zunächst einmal die drei großen Gruppen natürliche Ressourcen, Arbeit und Realkapital unterscheiden. Diese bezeichnet man auch als die primären Produktionsfaktoren oder als Produktionsfaktoren im engeren Sinne. Dabei fallen unter die natürlichen Ressourcen auch die Faktoren Boden und Klima. Beim Faktor Realkapital muss man zwei Aspekte unterscheiden: die Kapitalgüter an sich einerseits und die Nutzung dieser Kapitalgüter andererseits. Unter Kapitalgütern versteht man alle produzierten Produktionsmittel, die überjährig genutzt werden. Die amtliche Statistik unterscheidet hier in Anlagen, Bauten und Sonstiges. Zu letzterem zählen Fahrzeuge sowie Hard- und Software. Produzierte Produktionsmittel, die unterjährig in der Produktion aufgehen, stellen dagegen kein Kapitalgut dar, sondern sind Vorleistungen. Wird ein Kapitalgut von einem Produzenten nicht gekauft, sondern unterjährig geleast, so liegt aus Sicht des Leasingnehmers eine Kapitalnutzung vor. Diese hat für ihn den Charakter einer Vorleistung. Vorleistungen in Form vorproduzierter Inputs sind Produktionsfaktoren im weiteren Sinne. Sofern im Folgenden nicht ausdrücklich anders angemerkt, sind alle Produktionsfaktoren als Stromgrößen zu interpretieren. Wenn beispielsweise vom Faktor Arbeit gesprochen wird, so ist damit nicht der Bestand an Arbeitern, sondern der Strom der in die Produktion eingehenden Arbeitsleistungen, z. B. gemessen in Arbeiterstunden, gemeint.

Wichtig für das Konzept der Produktionsfunktion ist die Unterscheidung in variable Produktionsfaktoren einerseits und fixe Produktionsfaktoren andererseits. Während die variablen Produktionsfaktoren die expliziten erklärenden Variablen der Produktionsfunktion sind, sind die fixen Faktoren mitverantwortlich für die konkrete funktionale Spezifizierung der Produktionsfunktion. Sei als Beispiel ein Bauer betrachtet, der Getreide mittels Boden, Arbeit und Maschinennutzung produziert. Sind hier die Einsatzmengen an Arbeit und Kapital mittelfristig wählbar, jene an Boden dagegen langfristig fest vorgegeben, so sind in der mittelfristigen Betrachtung Arbeit und Kapital die variablen Faktoren und der Faktor Boden ist der fixe Faktor. Mit v_1 als Arbeitseinsatzmenge und v_2 als Kapitaleinsatzmenge lässt sich dann die Produktionsfunktion

$$x = x(v_1, v_2) \tag{2.1}$$

für eine bestimmte gegebene Bodeneinsatzmenge numerisch konkretisieren. Für eine höhere gegebene Bodeneinsatzmenge würde sich ein anderer numerischer Funktionszusammenhang ergeben, bei dem die Werte der produzierten Getreidemenge generell höher lägen. Welche Faktoren als fix und welche als variabel behandelt werden, hängt von der jeweiligen Fragestellung ab. Ein anderer Bauer will vielleicht nur zusammen mit seinen Söhnen produzieren und niemanden einstellen. Gegeben die Höhe des fixen Faktors Arbeit überlegt er sich, wie viel Kapital und wie viel Boden er nutzen soll. In seiner Überlegung ist der Boden ein variabler Faktor.

Eine weitere wichtige Unterscheidung ist jene in Produktionsfunktionen mit substituierbaren Faktoren, so genannten substitutionalen Produktionsfunktionen, und solchen, bei denen die Faktoren in einem bestimmten festen Verhältnis zueinander eingesetzt werden müssen, so genannten limitationalen Produktionsfunktionen. Letztere sind allerdings nur von größerer Relevanz, wenn man das Konzept der Produktionsfunktion auf ein rein technisches verengt. Dann ist beispielsweise die Herstellung eines Medikaments aus verschiedenen chemischen Substanzen gemäß einer festen Formel mittels einer solchen limitationalen Produktionsfunktion zu beschreiben. Versteht man dagegen die Produktionsfunktion als weiter gefasstes ökonomisches Konzept, so sind z. B. die beiden Faktoren Arbeit und Kapital fast immer substituierbar. Fast alle Güter sind mit mehr oder weniger Kapital und weniger oder mehr Arbeit, also eher kapitalintensiv oder eher arbeitsintensiv produzierbar. Eine empirisch bewährte Variante der substitutionalen Produktionsfunktionen ist die so genannte Cobb-Douglas-Produktionsfunktion. Diese wird uns später als Beispiel dienen. Formuliert für zwei variable Faktoren und mit c als einem Niveauparameter sowie den Exponenten als zwei weiteren Parametern, auf deren Bedeutung wir noch eingehen werden, lautet sie ganz allgemein

$$x = c v_1^{\alpha} v_2^{\beta}.$$

Für einen konkreten Betrieb kann man die drei Parameter über eine Regressionsanalyse numerisch bestimmen. Dazu braucht man als Datengrundlage Wertereihen – z. B. eine Folge von Monatswerten – für die Einsatzmengen der beiden Faktoren v_1 und v_2 sowie für die daraus jeweils resultierende Produktionshöhe x. Damit ergibt sich dann eine konkrete Cobb-Douglas-Produktionsfunktion wie beispielsweise

$$x = 100 v_1^{0,3} v_2^{0,4}.$$

2.2.2 Grenz- und Durchschnittsproduktivitäten

Produktionstechnologien lassen sich u. a. durch die Grenz- und Durchschnittsproduktivitäten der einzelnen verwendeten Produktionsfaktoren charakterisieren. Synonym sind hier die Begriffe Grenzerträge bzw. Durchschnittserträge.

Eine Grenzproduktivität gibt jene Produktionssteigerung an, welche durch den Einsatz einer zusätzlichen Einheit des betrachteten Produktionsfaktors ermöglicht wird. Ist der betrachtete Faktor beispielsweise der Arbeitseinsatz in Stunden, so gibt die Grenzproduktivität der Arbeit an, wie viel zusätzliche Produktion entsteht wenn man eine Stunde mehr Arbeit einsetzt. (Die Einsätze der anderen Faktoren bleiben bei dieser Überlegung annahmegemäß unverändert.) Eine Grenzproduktivität lässt sich durch die erste Ableitung der Produktionsfunktion nach dem betreffenden Faktor erfassen und ist im Regelfall positiv. Für einen Faktor 1 kann man bei Existenz eines zweiten variablen Faktors notieren

$$\frac{\partial x}{\partial v_1} = \frac{\partial x}{\partial v_1}(v_1, v_2). \tag{2.2}$$

Die Grenzproduktivität eines Faktors ist in der Regel keine Konstante, sondern hängt sowohl vom (Ausgangs-)Einsatzniveau des betrachteten Faktors als auch von den Einsatzniveaus der anderen Faktoren ab. Typischerweise ist die Grenzproduktivität eines Faktors umso niedriger, je mehr von ihm schon eingesetzt wird. Es liegen dann mit zunehmender eigener Einsatzmenge dieses Faktors abnehmende Grenzerträge vor. Setzt man beispielsweise in der Landwirtschaft oder in der industriellen Produktion bei gegebener Höhe aller anderen Faktoren sukzessive eine weitere Einheit vom Faktor Arbeit ein, so wird die Produktionsmenge jedes Mal steigen, aber tendenziell wird die Höhe des durch eine weitere Arbeitseinheit erreichten Produktionszuwachses zunehmend geringer ausfallen, je höher der Arbeitseinsatz im Niveau schon ist. Dagegen liegen die Grenzproduktivitäten eines Faktors in der Regel umso höher, je mehr von einem anderen Faktor eingesetzt wird. Es liegen also mit zunehmender Einsatzmenge der anderen Faktoren zunehmende Grenzerträge des betrachteten Faktors vor. So ist beispielsweise die Grenzproduktivität der Arbeit (für gegebenes eigenes Einsatzniveau) sowohl in der Landwirtschaft als auch in der Industrie typischerweise umso höher, je höher der Realkapitaleinsatz ist. Die Abb. 2.1 und 2.2 illustrieren diese Abhängigkeiten der Grenzproduktivität eines Faktors 1 von der eigenen Einsatzhöhe sowie von der Einsatzhöhe eines Faktors 2. Dabei zeigt die erste Abbildung den Zusammenhang zwischen der Produktionshöhe und dem Einsatzniveau des Faktors 1 für zwei ausgewählte Einsatzmengen des Faktors 2. (Da auf der Abszisse die Faktoreinsatzmenge v_1 abgetragen ist,

Abb. 2.1 Partielle
Produktionsfunktionen

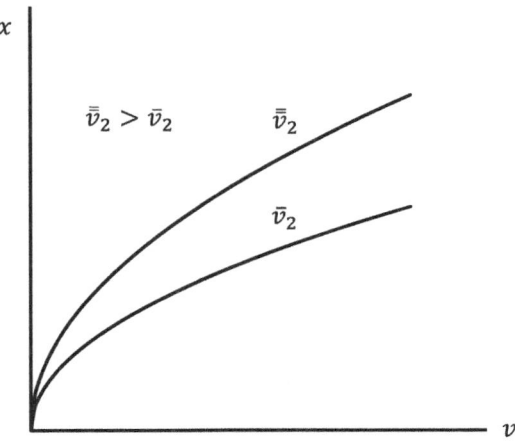

Abb. 2.2 Grenzertragsfunk-
tionen

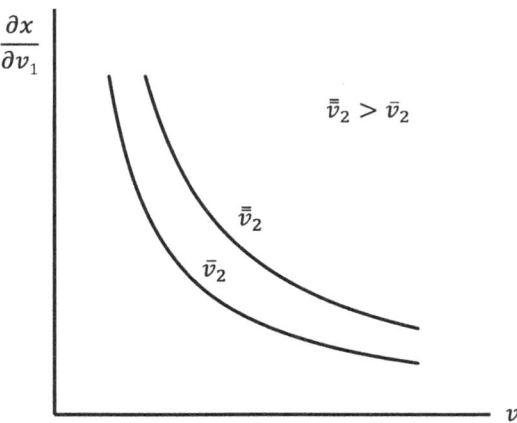

zeigt die Bewegung auf einer der beiden abgetragenen Funktionen den Zusammenhang zwischen v_1 und der Produktionshöhe x für eine bestimmte Menge des anderen
Faktors 2. Verändert man die Menge des anderen Faktors v_2, so bedeutet dies eine Verschiebung der Funktion $x = x(v_1)$. Überstriche über eine Variable bedeuten im Folgenden
stets, dass hier ein bestimmter fester Wert angenommen wurde.) Eine solche Funktion
zwischen der Produktionsmenge und einer Faktormenge für bestimmte vorgegebene
Mengen der anderen Faktoren bezeichnet man als partielle Produktionsfunktion. Die
Grenzproduktivitäten des Faktors 1 sind definitionsgemäß die Steigungswerte der partiellen Produktionsfunktion. Ist der Einsatz des zweiten Faktors höher, so ist die Steigung der partiellen Produktionsfunktion für jede Menge der Faktors 1 höher (sodass die
gesamte partielle Produktionsfunktion $x = x(v_1)$ höher liegt). Die beiden Funktionen in
der zweiten Abbildung zeigen direkt die Grenzerträge des Faktors 1 in Abhängigkeit

vom eigenen Einsatzniveau. Diese beiden Funktionen der Abb. 2.2 sind die ersten Ableitungen der beiden partiellen Produktionsfunktionen der Abb. 2.1. In der Abb. 2.2 sieht man im Vergleich beider Funktionen noch deutlicher die positive Wirkung eines vermehrten Einsatzes eines anderen Faktors 2 auf die Grenzproduktivitäten des betrachteten Faktors 1.

Im Unterschied zu den Grenzproduktivitäten eines Faktors geben seine Durchschnittsproduktivitäten die Produktion pro Faktoreinheit an. Sie entsprechen also dem Quotienten aus der produzierten Menge und der dafür insgesamt eingesetzten Menge des betrachteten Faktors. Auch die Durchschnittsproduktivitäten sind in ihrer Höhe typischerweise sowohl vom Einsatzniveau des betrachteten Faktors als auch vom Einsatzniveau der anderen Faktoren abhängig. Für die Durchschnittsproduktivität des Faktors 1 gilt also beispielsweise

$$\frac{x}{v_1} = \frac{x}{v_1}(v_1, v_2). \tag{2.3}$$

Bei (mit der Höhe des eigenen Einsatzniveaus) abnehmenden Grenzerträgen des betrachteten Faktors liegt sein Durchschnittsertrag stets über seinem zu den gleichen Faktoreinsatzniveaus gehörenden Grenzertrag. Dies folgt zwingend aus dem Umstand, dass in die Durchschnittsertragsberechnung definitionsgemäß die Erträge aller eingesetzten Faktoreinheiten eingehen, in die Grenzertragsberechnung dagegen nur jeweils der Ertrag aus der letzten eingesetzten Faktoreinheit. Außerdem fallen angesichts fallender Grenzerträge auch die Durchschnittserträge eines Faktors mit zunehmender eigener Einsatzmenge. Die Abb. 2.3 zeigt dies sowie die Beziehung zwischen Grenz- und Durchschnittserträgen. Geometrisch lassen sich die Grenz- bzw. Durchschnittserträge eines bestimmten Faktoreinsatzniveaus als Steigung der zugehörigen Tangenten bzw. als Steigung des zugehörigen Fahrstrahls an der partiellen Produktionsfunktion ermitteln. Dies illustriert die Abb. 2.4.

Abb. 2.3 Verhältnis zwischen Grenz- und Durchschnittserträgen

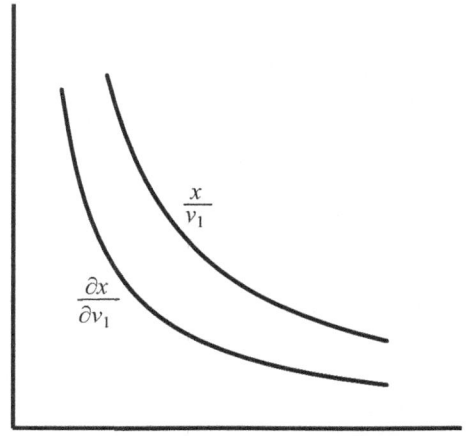

Abb. 2.4 Geometrische
Ermittlung von Produktivitäten

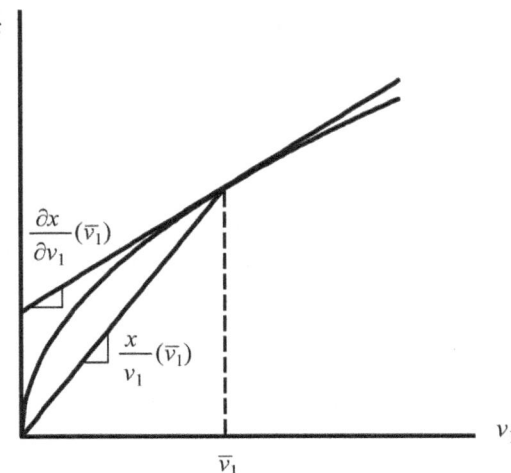

2.2.3 Produktions- und Skalenelastizitäten

Die Produktionselastizitäten eines Faktors geben an, um wie viel Prozent die
Produktionsmenge steigt, wenn der Einsatz eines Faktors um ein Prozent erhöht wird.
Während bei den Grenzproduktivitäten absolute Änderungen zueinander in Beziehung
gesetzt werden, geht es hier um das Verhältnis von durch die Ausgangsniveaus rela-
tivierten Änderungen. Durch Umstellung des sich für die Produktionselastizitäten
definitorisch ergebenden Doppelbruchs wird deutlich, dass sie den Quotienten aus
Grenzerträgen und Durchschnittserträgen entsprechen. Beispielsweise gilt für die Produktionselastizitäten des Faktors 1

$$\varepsilon_{x,v_1}(v_1, v_2) = \frac{\frac{\partial x}{x}}{\frac{\partial v_1}{v_1}}(v_1, v_2) = \frac{\frac{\partial x}{\partial v_1}}{\frac{x}{v_1}}(v_1, v_2). \tag{2.4}$$

Diese Produktionselastizitäten beziehen sich immer auf die Erhöhung der Menge nur
eines Faktors (bei Konstanthalten aller anderen Faktormengen) und werden daher auch
als partielle Produktionselastizitäten bezeichnet. Bei abnehmenden Grenzerträgen sind
sie kleiner als eins, da die Grenzproduktivität stets unter der zugehörigen Durchschnittsproduktivität liegt. Erhöht man hier den Einsatz eines Faktors um ein Prozent, so steigt
die Produktion um weniger als ein Prozent.

Schaut man auf den Produktionsprozess als Ganzes, so ist das Konzept der Skalenerträge von Bedeutung. Hinter dem Konzept der Skalenerträge steht die Frage, was
mit der Produktionsmenge geschieht, wenn man die Einsatzmengen aller variablen Produktionsfaktoren um einen bestimmten Faktor $n > 1$ erhöht. Diesen Faktor n
bezeichnet man als die Skala des Faktoreinsatzes und meint damit das Einsatzniveau der

Faktoren. Daher wird synonym zu Skalenerträgen auch von Niveauerträgen gesprochen. Führt eine Ver-n-fachung (z. B. eine Ver-2-fachung) aller variablen Faktoreinsätze zu einer Ver-n-fachung der Produktionsmenge, so liegen speziell so genannte konstante Skalenerträge vor. Dies ist allerdings empirisch gesehen ein seltener Fall. Im Regelfall liegen abnehmende Skalenerträge vor. Hier führt eine Ver-n-fachung der Einsatzmengen der variablen Faktoren zu weniger als einer Ver-n-fachung der Produktionsmenge. Eher theoretischer Natur ist der Fall zunehmender Skalenerträge, bei dem eine Ver-n-fachung der variablen Faktoren zu mehr als einer Ver-n-fachung der Produktionsmenge führen würde. Skalenerträge dürfen nicht mit Grenzerträgen verwechselt werden. Letztere sind immer faktorspezifisch, beziehen sich also auf die Mehrproduktion als Folge der Erhöhung der Menge eines bestimmten Produktionsfaktors. Bei den Skalenerträgen geht es dagegen um die proportionale Erhöhung aller variablen Faktoren.

Die Variation des Faktoreinsatzniveaus kann man auch in relativen Änderungen, also in Prozenten diskutieren. Dies führt dann zum Konzept der Skalenelastizität, synonym auch als Niveauelastizität bezeichnet. Die Skalenelastizitäten geben an, um wie viel Prozent die Produktionsmenge wächst, wenn die Skala des variablen Faktoreinsatzes um ein Prozent erhöht wird. Bei konstanten Skalenerträgen beläuft sich die Skalenelastizität auf eins, im Falle abnehmender Skalenerträge ist sie kleiner als eins. Die Skalenelastizität ist definitionsgemäß eine totale Produktionselastizität. Dementsprechend kann man sie als Summe der (definitionsgemäß partiellen) Produktionselastizitäten der variablen Faktoren berechnen. Beispielsweise lautet sie bei zwei variablen Faktoren

$$\varepsilon_{x,n}(v_1, v_2) = \frac{\frac{\partial x}{x}}{\frac{\partial n}{n}}(v_1, v_2) = \varepsilon_{x,v_1}(v_1, v_2) + \varepsilon_{x,v_2}(v_1, v_2). \qquad (2.5)$$

2.2.4 Grenzraten der Substitution

In der Regel kann man eine bestimmte Produktionsmenge mit unterschiedlichen Kombinationen der Faktormengen herstellen. So kann beispielsweise ein Bauer eine bestimmte Menge Getreide mit viel Arbeit und wenig Dünger produzieren, dieselbe Menge aber auch mit mehr Dünger und dafür weniger Arbeit. Die Produktionsfaktoren Arbeit und Dünger sind also in der Getreideproduktion gegenseitig substituierbar. Die im Faktorraum abgebildete Menge aller zur gleichen Produktionsmenge führenden Faktor(mengen)kombinationen bezeichnet man als Isoquante (Ort gleicher Menge). Im Fall von nur zwei Faktoren 1 und 2 ist diese Isoquante eine Linie im v_1-v_2-Diagramm. Die Abb. 2.5 zeigt gleich zwei solcher Isoquanten für zwei unterschiedliche Produktionsniveaus. Je höher das vorgegebene Produktionsniveau ist, desto höher liegt die Isoquante. Ist der erste Faktor Arbeit und der zweite Faktor Dünger, so liegen Faktor(mengen)kombinationen mit viel Arbeit und wenig Dünger links oben auf einer Isoquante und solche mit viel Dünger und wenig Arbeit rechts unten.

Abb. 2.5 Isoquanten

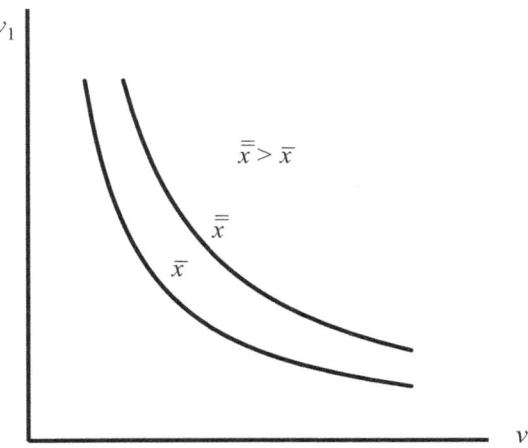

Ein Maß für die Substituierbarkeit eines Faktors 1 durch einen anderen Faktor 2 ist die so genannte Grenzrate der (technischen) Substitution von Faktor 1 durch Faktor 2, im Folgenden kurz $s_{1,2}$. Die Grenzrate der technischen Substitution gibt an, wie viele Einheiten von Faktor 1 man durch eine Einheit von Faktor 2 substituieren kann. Damit entspricht sie definitionsgemäß betragsmäßig den Steigungswerten der Isoquante. Beispielsweise bedeutet eine sukzessive Substitution von Arbeit (Faktor 1) durch Dünger (Faktor 2) eine Bewegung von links oben nach rechts unten auf der Isoquante. Setzt man entlang der Abszisse sukzessive eine Einheit Dünger mehr ein, so kann man auf der Ordinate die jeweils zugehörige eingesparte Arbeitsmenge und damit die Grenzrate der Substitution von Arbeit durch Dünger ablesen. Dies illustriert die Abb. 2.6. Die Höhe

Abb. 2.6 Grenzraten der technischen Substitution

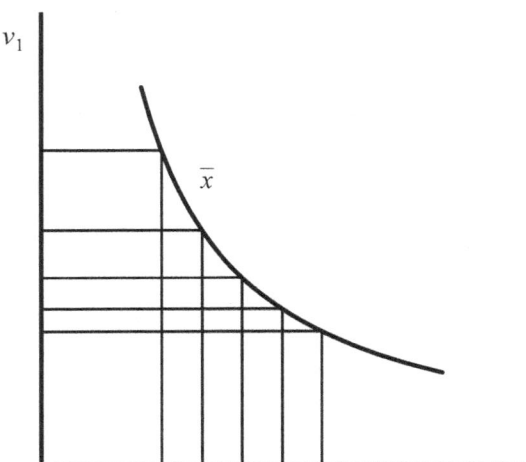

der Grenzrate der Substitution hängt offensichtlich von der Faktor(mengen)kombination in der Ausgangssituation ab. Wird in der Ausgangssituation viel Arbeit und wenig Dünger eingesetzt, so substituiert eine zusätzliche Düngereinheit relativ viel Arbeit. Wird dagegen in der Ausgangssituation wenig Arbeit und viel Dünger eingesetzt, so substituiert eine zusätzliche Düngereinheit relativ wenig Arbeit. Es liegen also mit zunehmendem Einsatz des substituierenden Faktors abnehmende Grenzraten der Substitution vor. Dies ergibt sich aus dem konvexen Verlauf der Isoquante und ist eine direkte Folge der mit dem eigenen Einsatzniveau eines Faktors abnehmenden Grenzproduktivität dieses Faktors: Substituiert man sukzessive Arbeit durch Dünger, so nimmt die Grenzproduktivität der Arbeit während dieses Prozesses zu, die Grenzproduktivität des Düngers aber nimmt ab. Also muss die Grenzrate der Substitution von Arbeit durch Dünger immer kleiner werden.

Die Grenzraten der Substitution entsprechen den Verhältnissen der Grenzproduktivität des substituierenden Faktors zur Grenzproduktivität des substituierten Faktors. Dies lässt sich für den Fall zweier variabler Faktoren anhand des totalen Differentials der Produktionsfunktion leicht zeigen. Dieses lautet

$$dx = \frac{\partial x}{\partial v_1} dv_1 + \frac{\partial x}{\partial v_2} dv_2.$$

Dieses totale Differential sagt aus, dass Veränderungen der Produktionsmenge dx durch Veränderungen von Faktor 1 dv_1 und/oder Veränderungen von Faktor 2 dv_2 bewirkt werden. Dabei beeinflussen die Faktormengenänderungen die Höhe der Produktionsmenge nach Maßgabe der Grenzproduktivität des jeweiligen Faktors (die – wie geschildert – definitionsgemäß angibt, welche Produktionserhöhung sich bei Erhöhung des betreffenden Produktionsfaktors um eine Einheit ergibt). Auf einer Isoquante gilt nun definitionsgemäß $dx = 0$ und damit

$$\frac{\partial x}{\partial v_1} dv_1 = -\frac{\partial x}{\partial v_2} dv_2.$$

Eine durch den Faktor 1 bewirkte Produktionsänderung muss also auf der Isoquante durch eine entgegengerichtete Änderung der anderen Faktormenge genau kompensiert werden. Diese Gleichung lässt sich zur Gleichung für die Steigungswerte der Isoquante und damit für die Grenzraten der Substitution umformen:

$$s_{1,2}(v_1, v_2) = -\frac{dv_1}{dv_2} = \frac{\frac{\partial x}{\partial v_2}}{\frac{\partial x}{\partial v_1}}(v_1, v_2). \tag{2.6}$$

2.2.5 Ein Beispiel: Cobb-Douglas-Technologie

Sei als Beispiel die schon erwähnte Cobb-Douglas-Produktionsfunktion

$$x = c v_1^{\alpha} v_2^{\beta}$$

betrachtet. Abnehmende Grenzerträge jedes Produktionsfaktors erfordern hier Exponenten von kleiner als eins (im Folgenden stets vorausgesetzt). Bei abnehmenden Skalenerträgen ist auch die Summe der Exponenten kleiner als eins, bei konstanten Skalenerträgen ist diese Summe der Exponenten genau gleich eins. Liegen für einen Betrieb numerische Wertepaare für die Einsatzmengen der beiden Produktionsfaktoren sowie für die Produktionsmenge vor, so kann man – wie schon erwähnt – die drei Parameter mittels einschlägiger statistischer bzw. ökonometrischer Verfahren schätzen. Es bleibt dem Leser überlassen, unser Cobb-Douglas-Beispiel noch weiter zu konkretisieren, indem er konkrete Werte für die Parameter einsetzt. Einfach zu rechnende Beispiele sind $c = 1$ mit Exponenten in Höhe von jeweils 0,25 für den Fall abnehmender Skalenerträge und in Höhe von jeweils 0,5 für den Fall konstanter Skalenerträge. Wir behandeln im Folgenden den numerisch nicht spezifizierten allgemeinen Fall.

Mit Blick auf den ersten Faktor gilt hier für die Grenzproduktivitäten

$$\frac{\partial x}{\partial v_1} = \alpha c v_1^{\alpha-1} v_2^{\beta}$$

und mit Blick auf seine Durchschnittsproduktivitäten

$$\frac{x}{v_1} = c v_1^{\alpha-1} v_2^{\beta}.$$

Man sieht an diesem Beispiel deutlich, wie beide Arten von Produktivitäten mit zunehmendem Einsatzniveau des betrachteten ersten Faktors abnehmen und mit zunehmendem Einsatzniveau des zweiten Faktors zunehmen (Exponenten von kleiner als eins jeweils vorausgesetzt). Außerdem wird ersichtlich, dass bei Cobb-Douglas-Produktionsfunktionen die Grenz- und Durchschnittsproduktivitäten in einem festen Verhältnis zueinander stehen:

$$\frac{\partial x}{\partial v_1} = \alpha \frac{x}{v_1}.$$

Für die Produktionselastizität beispielsweise des ersten Faktors gilt daher

$$\varepsilon_{x,v_1} = \frac{\frac{\partial x}{\partial v_1}}{\frac{x}{v_1}} = \alpha.$$

Cobb-Douglas-Produktionsfunktionen sind also speziell durch konstante Produktionselastizitäten gekennzeichnet. Ist beispielsweise der Faktor 1 der Arbeitseinsatz und beläuft sich der zugehörige Exponent (der – wie wir jetzt wissen – der Produktionselastizität dieses Faktors entspricht) auf 0,25, so bedeutet dies, dass eine Erhöhung des Arbeitseinsatzes um ein Prozent generell – also unabhängig vom Ausgangsniveau des Arbeitseinsatzes und unabhängig von den Ausgangsniveaus aller anderen Produktionsfaktoren – zu einer Produktionssteigerung von einem viertel Prozent führt.

Die Skalenelastizität ist die Summe der partiellen Produktionselastizitäten und damit wie letztgenannte bei Cobb-Douglas-Produktionsfunktionen von den Faktoreinsatz-niveaus unabhängig:

$$\varepsilon_{x,n} = \varepsilon_{x,v_1} + \varepsilon_{x,v_2} = \alpha + \beta.$$

Man sieht hier denkbar deutlich: Ist die Summe der Exponenten gleich eins, so liegen konstante Skalenerträge vor, ist sie kleiner als eins, so ergeben sich abnehmende Skalen-erträge. Ist beispielsweise Faktor 1 der Arbeitseinsatz und Faktor 2 der Düngereinsatz und belaufen sich beide Produktionselastizitäten auf jeweils 0,25, so bedeutet die resul-tierende Skalenelastizität von 0,5, dass eine simultane Erhöhung beider Faktoreinsätze um ein Prozent die Produktionsmenge um ein halbes Prozent erhöht.

Die Grenzraten der Substitution von Faktor 1 durch Faktor 2 lauten

$$s_{1,2} = \frac{\frac{\partial x}{\partial v_2}}{\frac{\partial x}{\partial v_1}} = \frac{c\beta\, v_1^{\alpha} v_2^{\beta-1}}{c\,\alpha\, v_1^{\alpha-1} v_2^{\beta}} = \frac{\beta\, v_1}{\alpha\, v_2}.$$

Unser Cobb-Douglas-Beispiel zeigt explizit, wie diese Grenzraten in der Faktor-substitution vom Faktoreinsatzverhältnis in der Ausgangssituation abhängen: Wird vom substituierenden Faktor 2 relativ wenig eingesetzt (ist das Einsatzverhältnis v_1/v_2 also groß), so kann eine weitere Einheit dieses Faktors relativ viel vom Faktor 1 substituie-ren. Wird aber vom Faktor 2 schon relativ viel eingesetzt (ist das Einsatzverhältnis v_1/v_2 also klein), so kann eine weitere Einheit vom substituierenden Faktor 2 nur mehr relativ wenig vom Faktor 1 substituieren.

2.3   Faktorpreise und Produktionskosten

Der neben der Produktionstechnik zweite Bestimmungsgrund des Güterangebots sind die Faktorpreise. Beide zusammen beeinflussen das Güterangebot über die Kostenseite. Dies soll das folgende Unterkapitel verdeutlichen.

2.3.1   Kosten und Kostengleichungen

Aus der Unterscheidung in fixe und variable Produktionsfaktoren folgt die Unter-scheidung in fixe Produktionskosten K_f als durch die fixen Faktoren verursachte Kosten und variable Produktionskosten K_v als durch die variablen Faktoren verursachte Kosten. Dabei entsprechen die variablen Kosten definitionsgemäß der Summe aller mathemati-schen Produkte aus Faktorpreisen und -mengen der variablen Faktoren. Bei zwei variab-len Faktoren ergibt sich für die Gesamtkosten K der Produktion

$$K(v_1, v_2) = K_v(v_1, v_2) + K_f = q_1 v_1 + q_2 v_2 + K_f \tag{2.7}$$

mit q_1 und q_2 als den beiden Faktorpreisen. Diesen definitorischen Zusammenhang bezeichnet man als Kostengleichung oder auch als Kostendefinition. Wenn z. B. der erste Faktor der Arbeitseinsatz gemessen in Arbeiterstunden ist und der zweite Faktor der Düngereinsatz gemessen in Tonnen, so ist q_1 der Stundenlohnsatz und q_2 der Preis einer Tonne des Düngers. Wir werden im Folgenden stets annehmen, dass die Faktorpreise, denen sich ein Unternehmen gegenübersieht, nicht mit der von ihm nachgefragten Faktormenge variieren. Die betrachtete Unternehmung hat per Annahme auf den Faktormärkten zu kleine Marktanteile, als dass ihre Faktornachfragemengen die Faktorpreise beeinflussen könnten. Daher gehen die Faktorpreise als fest vorgegebene (exogene) Größen in die Entscheidungsfindung ein.

Für die hinsichtlich der Höhe der Produktion und des Faktoreinsatzes zu treffenden Entscheidungen ist es wichtig, dass auch tatsächlich alle relevanten Kosten erfasst werden. Dabei ist insbesondere auf jene Kosten zu achten, die ökonomisch gesehen Alternativkosten und damit entscheidungsrelevant sind, die aber nicht zu Ausgaben führen. Ein Beispiel sind die Kosten des Eigenkapitals und der Arbeitszeit eines selbständigen Unternehmers, die beide – anders als das zu verzinsende Fremdkapital und die zu entlohnende Arbeitszeit seiner Beschäftigten – zu keinen monetären Ausgaben führen. Dennoch verursacht beides entscheidungsrelevante Kosten, denn der Unternehmer hätte sein Eigenkapital alternativ verzinslich anlegen können und seine Arbeitszeit als angestellter Manager einer anderen Unternehmung einsetzen können. Daher muss er beides in Form einer kalkulatorischen Eigenkapitalverzinsung bzw. in Form eines kalkulatorischen Unternehmerlohns als Kosten berücksichtigen. Nur dann bedeutet ein positiver Gewinn, dass sein Unternehmen profitabel ist. Bei Nichtberücksichtigung dieser Kosten kann dagegen auch dann ein positiver Gewinn entstehen, wenn es besser gewesen wäre, das Unternehmen nicht zu betreiben und stattdessen das Kapital anzulegen und als Angestellter zu arbeiten. Im Weiteren werden wir davon ausgehen, dass diese kalkulatorischen Kosten in den Fixkosten berücksichtigt sind.

Löst man die Kostengleichung nach der Menge des ersten Faktors auf, so erhält man die so genannte Isokostenlinie (Linie gleicher Kosten)

$$v_1 = \frac{K - K_f}{q_1} - \frac{q_2}{q_1} v_2 \quad \text{mit} \quad \frac{\partial v_1}{\partial v_2} = -\frac{q_2}{q_1}. \tag{2.8}$$

Die Isokostenlinie ist der geometrische Ort aller Faktormengenkombinationen, die mit einem bestimmten Ausgabenbetrag K maximal gekauft werden können. Ihre Steigung entspricht dem Faktorpreisverhältnis. Ihre Achsenabschnitte entsprechen jenen Faktormengen, die man erhält, wenn man den gesamten nach Abzug der Fixkosten verbleibenden Betrag für nur einen der beiden variablen Faktoren ausgibt. Die Abb. 2.7 zeigt eine solche Isokostenlinie. Für einen bestimmten Kostenbetrag K kann man alle Faktormengenkombinationen auf dieser Gerade kaufen. Man könnte für diesen Betrag auch alle Faktormengenkombinationen unterhalb dieser Geraden kaufen, aber dann würde der Betrag nicht ausgeschöpft. Oberhalb liegende Faktormengenkombinationen sind zu teuer.

Abb. 2.7 Isokostenlinie

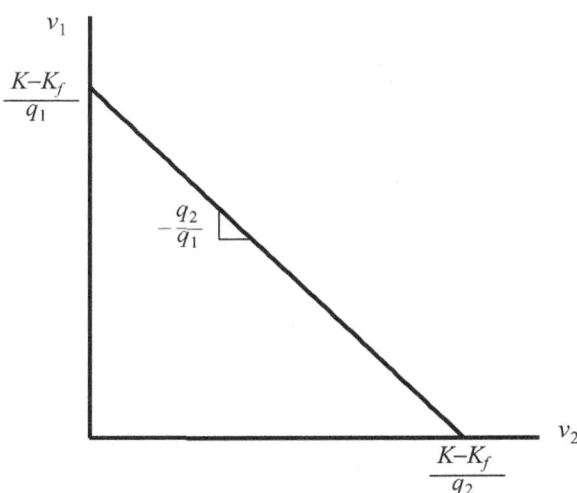

Wie man an den Achsenabschnitten sieht, bedeutet ein höherer vorgegebener Betrag K bei unveränderten Fixkosten K_f eine Parallelverschiebung der Isokostengerade nach oben. Bewegt man sich auf der Isokostengerade von links nach rechts, so wählt man Faktormengenkombinationen mit immer weniger Faktor 1 und immer mehr Faktor 2. Das Faktorpreisverhältnis als Steigungswert gibt daher an, auf welche Menge von Faktor 1 man verzichten muss, wenn man bei gegebenen Gesamtkosten K eine Einheit mehr vom Faktor 2 kaufen will.

2.3.2   Kostenminimierung: die Inputregel

Im Abschn. 2.2.4 zu den Isoquanten und den Grenzraten der Substitution haben wir gesehen, dass man infolge der Substituierbarkeit der Faktoren eine bestimmte Produktionsmenge mit verschiedenen Faktormengenkombinationen produzieren kann. Bei gegebener Produktionstechnologie und zwei variablen Produktionsfaktoren kann man die Menge aller Faktormengenkombinationen, die zur gleichen Produktionsmenge führen, als konvexe Isoquante in der Faktorebene abbilden, siehe Abb. 2.5. Deren Steigungswerte sind die Grenzraten der Substitution und entsprechen dem Verhältnis der Grenzproduktivitäten der beiden Faktoren, siehe Abb. 2.6 bzw. Gl. 2.6. Von allen diesen denkbaren Faktormengenkombinationen der Isoquante wird man jene wählen wollen, mit der man die vorgegebene Produktionsmenge zu minimalen Kosten produzieren kann. Diese Faktormengenkombination bezeichnet man als Minimalkostenkombination. Sind neben der Produktionstechnologie auch die Faktorpreise bekannt, so kann man dieses Kostenminimierungsproblem leicht lösen. Die generelle Entscheidungsregel zum Finden der Minimalkostenkombination erschließt sich einem, wenn man die Isoquante für die vorgegebene Produktionsmenge gemäß Abb. 2.5 mit mehreren Isokostengeraden für ein bestimmtes Faktorpreisverhältnis gemäß Abb. 2.7 in ein gemeinsames Schaubild bringt, siehe Abb. 2.8. Hier sind drei Isokostengeraden für von unten nach oben steigende Kostenniveaus eingezeichnet. Dabei ist die mittlere Isokostenlinie jene mit dem gesuchten minimalen Kostenniveau, denn mit ihr kann man die vorgegebene Isoquante gerade noch erreichen. Beide Funktionen berühren sich in einem Tangentialpunkt, welcher der Minimalkostenkombination entspricht. Das Kostenniveau der unteren Isokostenlinie reicht nicht aus, um die angestrebte Produktionsmenge zu produzieren. Das Kostenniveau der oberen Isokostenlinie lässt die Produktion der Zielmenge zu, aber zu höheren Kosten.

Die kostenminimierende Faktormengenkombination liegt also in jenem Punkt, in dem sich Isokostengerade und Isoquante tangieren. Wie in jedem Tangentialpunkt stimmen hier die Steigungen der beiden Funktionen überein. Gemäß Gl. 2.8 entspricht die Steigung der Isokostenlinien betragsmäßig dem Faktorpreisverhältnis und gemäß der Gl. 2.6 entspricht die Steigung der Isoquante betragsmäßig der Grenzrate der Substitution von Faktor 1 durch Faktor 2 und damit dem Verhältnis der Grenzproduktivitäten. Eine kostenminimierende Produktion erfordert also, die Faktoren in einem Verhältnis einzusetzen, welches das Verhältnis der Grenzproduktivitäten dem gegebenen Faktorpreisverhältnis angleicht:

$$\frac{q_2}{q_1} = \frac{\frac{\partial x}{\partial v_2}}{\frac{\partial x}{\partial v_1}}(v_1, v_2).$$

Dies ist ein intuitiv einsichtiges Ergebnis. Die ökonomische Logik dieser Optimalbedingung erschließt sich noch besser, wenn man sie durch Überkreuzmultiplikation wie folgt umformuliert:

$$\frac{\frac{\partial x}{\partial v_1}(v_1, v_2)}{q_1} = \frac{\frac{\partial x}{\partial v_2}(v_1, v_2)}{q_2}. \tag{2.9}$$

Das bedeutet als Regel formuliert: Setze deine Produktionsfaktoren derart ein, dass der jeweils letzte für einen Faktor ausgegebene Euro bei allen Faktoren die gleiche Mehrproduktion ermöglicht. Diese Entscheidungsregel zur Kostenminimierung bei vorgegebener Produktionsmenge bezeichnet man als Inputregel.

Die Inputregel in der Formulierung der Gl. 2.8 oder auch in der Formulierung der Gl. 2.9 ist eine Gleichung in den zwei Unbekannten v_1 und v_2 mit den Parametern der Produktionsfunktion sowie den beiden Faktorpreisen als Parametern. Die Inputregel alleine ergibt daher zunächst nur das optimale Faktoreinsatzverhältnis v_1/v_2, nicht aber die optimalen Faktormengen v_1 und v_2. Nach der Menge eines Faktors aufgelöst ergibt sie den so genannten (Faktormengen-)Expansionspfad. Grafisch kann man diesen Expansionspfad (der also nur eine bestimmte Darstellungsform der Inputregel ist) aus

Abb. 2.8 Minimal-
kostenkombination

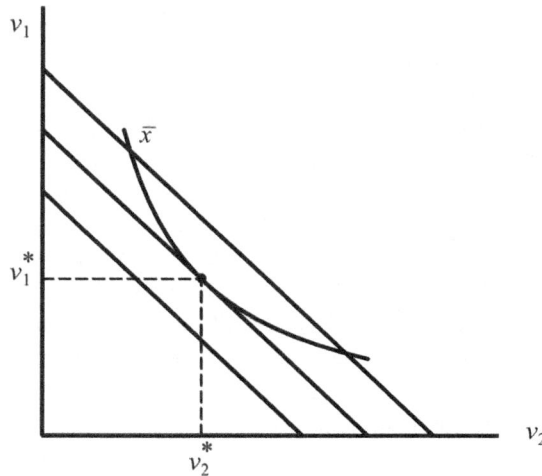

der Abb. 2.8 gewinnen, indem man dort weitere Isoquanten und deren Tangentialpunkte mit den entsprechenden Isokostenlinien einzeichnet und diese Tangentialpunkte dann miteinander verbindet, siehe Abb. 2.9. Der Expansionspfad ist die Menge bzw. der geometrische Ort aller Minimalkostenkombinationen in Abhängigkeit von der Produktionsmenge.

Zusammen mit der Produktionsfunktion als zweiter Gleichung lassen sich aus dem Expansionspfad (bzw. aus der Inputregel) die kostenminimierenden Faktoreinsatzmengen v_1 und v_2 für eine vorgegebene Produktionsmenge berechnen. Lässt man in diesem Zwei-Gleichungs-System aus Inputregel und Produktionsfunktion die Produktionsmenge

Abb. 2.9 Faktormengen-
expansionspfad

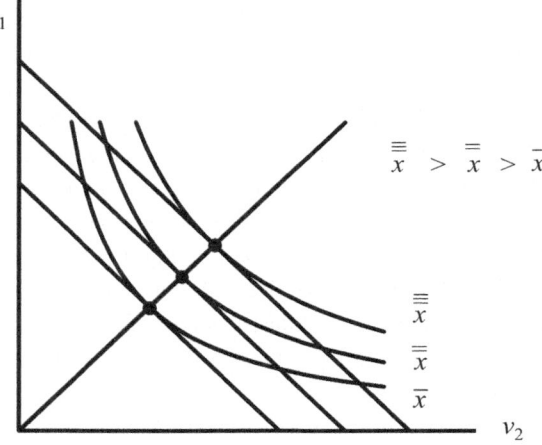

x unbestimmt, so ergeben sich anstelle konkreter kostenminimierender Faktoreinsatzmengen die beiden kostenminimierenden Faktoreinsatzfunktionen $v_1 = v_1(x)$ und $v_2 = v_2(x)$. Diese hängen in ihrem Verlauf von den Faktorpreisen und von der Produktionstechnologie ab. Dabei führen konstante Skalenerträge in der Produktion zu linearen Faktoreinsatzfunktionen: Bei konstanten Skalenerträgen führt eine Ver-n-fachung aller Faktormengen zu einer Ver-n-fachung der Produktionsmenge; siehe Abschn. 2.2.3. Das bedeutet im Umkehrschluss für die Faktoreinsatzfunktionen $v_1 = v_1(x)$ und $v_2 = v_2(x)$, dass eine Ver-n-fachung der Produktion genau eine Ver-n-fachung aller Faktoreinsätze erfordert. Im empirischen Regelfall abnehmender Skalenerträge verlaufen die Faktoreinsatzfunktionen überlinear: Bei abnehmenden Skalenerträgen führt eine Ver-n-fachung aller Faktormengen zu weniger als einer Ver-n-fachung der Produktionsmenge. Das bedeutet im Umkehrschluss für die Faktoreinsatzfunktionen $v_1 = v_1(x)$ und $v_2 = v_2(x)$, dass eine Ver-n-fachung der Produktion mehr als eine Ver-n-fachung aller Faktoreinsätze erfordert. Im Falle abnehmender Skalenerträge verlaufen die Faktoreinsatzfunktionen also überlinear. Im Falle konstanter Skalenerträge sind die Faktoreinsatzfunktionen aus dem Ursprung heraus verlaufende Geraden. Aus der obigen Herleitung sollte deutlich geworden sein, dass die Faktoreinsatzfunktionen bei Vorliegen substituierbarer Produktionsfaktoren kein rein produktionstechnisches Konzept sind (also nicht allein aus der Produktionsfunktion hergeleitet werden können), sondern stets (auf allen Produktionsmengenniveaus) eine Produktion unter kostenminimaler Faktormengenkombination (also unter Anwendung der Inputregel) implizieren.

Steigt der Preis eines Produktionsfaktors, so geht die Nachfrage nach diesem Faktor zurück. Dies hat zwei Gründe: Zum einen verändert sich dann der relative Preis zu den anderen Faktoren zuungunsten des betroffenen Faktors. Dies führt gemäß der Inputregel dazu, dass von ihm auch bei gegebener Produktionshöhe weniger nachgefragt wird. Diesen ersten Effekt bezeichnet man als Substitutionseffekt (der Faktorpreiserhöhung). Zum zweiten ist bei gegebenem Kostenbudget K_v die ursprüngliche Produktionshöhe nicht mehr finanzierbar bzw. produzierbar. Vielmehr sinkt die Produktionsmenge, was die Nachfrage nach dem betroffenen Faktor weiter senkt. Diesen zweiten Effekt bezeichnet man als (Produktions-) Niveaueffekt (der Faktorpreiserhöhung). Die Abb. 2.10 zeigt diesen negativen Preiseffekt einer Faktorpreiserhöhung am Beispiel einer (drastischen) Erhöhung von q_1. Durch diese dreht sich die Kostengerade im Abszissenabschnitt nach unten, sodass bei gegebenem Kostenbetrag K_v die alte Isoquante nicht mehr erreichbar ist. Es ergibt sich eine neue Minimalkostenkombination auf einer tieferliegenden Isoquante. Die Zerlegung dieses negativen (Faktor-) Preiseffektes PE in den negativen Substitutionseffekt SE und den ebenfalls negativen Niveaueffekt NE erhält man, wenn man die neue Kostengerade solange nach oben verschiebt (sozusagen eine fiktive Kostenkompensation vornimmt), bis die alte Isoquante tangiert wird. Die v_1-Veränderung auf der alten Isoquante zeigt dann isoliert die Wirkung der Änderung des Faktorpreisverhältnisses (also den Substitutionseffekt), die v_1-Veränderung zwischen den Isoquanten die isolierte Wirkung der „realen" Abnahme des zur Verfügung stehenden Kostenbetrages (den Niveaueffekt). Mit Blick auf die Nachfrage nach dem Faktor 2 kann

Abb. 2.10 Preiseffektzer-
legung bei der Faktornachfrage

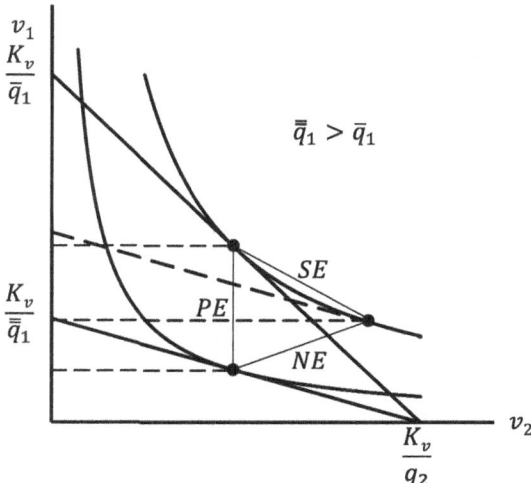

die Wirkung einer Erhöhung des Preises des Faktors 1 sowohl positiv als auch negativ ausfallen: Der Substitutionseffekt ist hier positiv, der Niveaueffekt aber negativ. In der Abb. 2.10 ist diesbezüglich speziell der Fall einer Cobb-Douglas-Produktionsfunktion dargestellt, bei dem sich diese beiden Teileffekte einer q_1-Erhöhung auf v_2 genau ausgleichen.

2.3.3   Kostenfunktionen

Eine Kostenfunktion gibt den funktionalen Zusammenhang zwischen der Produktionsmenge und den durch ihre Produktion verursachten Kosten wieder: $K = K(x)$. Anders als bei der definitorisch angelegten Kostengleichung handelt es sich bei der Kostenfunktion um ein analytisches Konzept. Im Falle nur eines variablen Produktionsfaktors ist die Herleitung der zugehörigen Kostenfunktion aus der Produktionsfunktion bei gegebenen Faktorpreisen ein einfacher Vorgang. Dann ist mit der Produktionsfunktion $x = x(v_1)$ zugleich die Faktoreinsatzfunktion $v_1 = v_1(x)$ vorgegeben. Denn bei nur einem variablen Produktionsfaktor bekommt man die Faktoreinsatzfunktion für diesen Faktor durch einfaches Auflösen der Produktionsfunktion nach der Faktormenge. Es gibt dann mangels weiterer variabler Faktoren keine Faktorsubstitution und damit kein Minimalkostenproblem. Diese Faktoreinsatzfunktion muss nur noch in die Kostengleichung $K = q_1 v_1 + K_f$ eingesetzt werden, schon hat man die Kostenfunktion $K = K(x)$. Entwickelt sich die Produktionshöhe wegen abnehmender Grenzerträge des Faktors mit steigendem Faktoreinsatz unterproportional (was der Regelfall ist), so verlaufen Faktoreinsatzfunktion und Kostenfunktion überlinear. Noch einmal anders gesagt: Führt die Verdoppelung des variablen Faktors zu weniger als einer Verdoppelung der Produktion, so erfordert die Verdoppelung der Produktion mehr als eine Verdoppelung des Faktoreinsatzes und verursacht damit mehr als eine Verdoppelung der variablen Kosten.

Im Falle mehrerer (hier: zweier) substituierbarer Faktoren wird die Kostenfunktion mit Hilfe der im Vorabschnitt behandelten kostenminimierenden Faktoreinsatzfunktionen hergeleitet. Einsetzen dieser über die Inputregel resultierenden Faktoreinsatzfunktionen in die Kostengleichung führt zur Kostenfunktion:

$$K(x) = q_1 v_1(x) + q_2 v_2(x) + K_f. \tag{2.10}$$

Im Falle mehrerer und substituierbarer Produktionsfaktoren impliziert die Kostenfunktion also stets eine Kostenminimierung im Sinne einer Produktion unter kostenminimierender Faktormengenkombination. Wie die ihr zugrundeliegenden Faktoreinsatzfunktionen ist die Kostenfunktion keine bloße Implikation der Produktionsfunktion (und der Faktorpreise), sondern setzt einen kostenminimierenden Faktoreinsatz voraus.

Seine Kostenfunktion zu kennen ist für jedes Unternehmen von zentraler Bedeutung. Denn erst die Kenntnis der Kostenfunktion erlaubt ihm – zusammen mit der Kenntnis des Verkaufspreises und damit der Erlöse px – die Formulierung des Zusammenhangs zwischen Gewinn und Produktionsmenge. Dabei lässt sich die über eine Kostenfunktion formalisierte Kostenseite durch drei Größen charakterisieren: die schon wiederholt erwähnten Grenzkosten, die durchschnittlichen variablen Kosten und die durchschnittlichen totalen Kosten. Die beiden Arten von Durchschnittskosten bezeichnet man auch als variable bzw. totale Stückkosten.

Wie schon mehrfach angesprochen, sind die Grenzkosten jene Mehrkosten, die entstehen, wenn man ein zusätzliches Stück mehr produziert. Diese Mehrkosten der Produktion einer weiteren Einheit hängen meist von der Höhe des schon erreichten Produktionsniveaus ab. Es gibt also in der Regel keinen bestimmten Wert für die Grenzkosten einer Produktion, sondern eine Grenzkostenfunktion:

$$\frac{\partial K}{\partial x} = \frac{\partial K}{\partial x}(x). \tag{2.11}$$

Diese Grenzkostenfunktionen liegen umso höher, je höher die Faktorpreise sind. Dasselbe gilt für die Funktionen der durchschnittlichen variablen Kosten

$$\frac{K_v}{x} = \frac{K_v(x)}{x} \tag{2.12}$$

und der durchschnittlichen totalen Kosten

$$\frac{K}{x} = \frac{K(x)}{x} = \frac{K_v(x)}{x} + \frac{K_f}{x}. \tag{2.13}$$

Bei Letzteren führt die Berücksichtigung der Produktionsfixkosten zu einem am zweiten Term ablesbaren Fixkostendegressionseffekt. Bei steigender Produktionsmenge führt die

Verteilung der Fixkosten auf immer mehr produzierte Einheiten für sich genommen zu einem Sinken der Stückkosten. Dieser Effekt kann aber durch ein Steigen der Grenzkosten überkompensiert werden. Für die Art des Verlaufs der Kostenfunktion und damit des Verlaufs der Grenz- und Durchschnittskosten ist entscheidend, ob abnehmende Skalenerträge in der Produktion vorliegen (Regelfall) oder aber die Skalenerträge in der Produktion konstant sind.

Weist die Produktionsfunktion abnehmende Skalenerträge auf, so braucht man für eine Ver-n-fachung der Produktionsmenge mehr als eine Ver-n-fachung der variablen Faktoreinsatzmengen. Dementsprechend steigen die Produktionskosten bei Vorliegen abnehmender Skalenerträge in der Produktion mit steigender Produktionsmenge überproportional an. Die Kostenfunktion verläuft überlinear, weil die Grenzkosten mit steigender Produktionsmenge ansteigen. In unserer stilisierten Darstellung erfordert jede Einheit, die mehr produziert wird, höhere Mehrkosten als die Einheit zuvor. Dabei hängt das Ausmaß des Kostenanstiegs von den Parametern der Produktionsfunktion und der Höhe der Faktorpreise ab. Die Abb. 2.11 zeigt zwei Beispiele für unterschiedlich hohe Preise des ersten Produktionsfaktors. Je höher ein Faktorpreis ist, desto höher liegen die Grenzkosten generell, desto steiler verläuft also die Kostenfunktion.

Bei mit steigender Produktionsmenge steigenden Grenzkosten müssen auch die durchschnittlichen variablen Kosten mit steigender Produktionsmenge ansteigen. Sie liegen aber bei jedem Produktionsniveau unter den Grenzkosten. Das folgt aus der Logik der Durchschnittsbildung. Bei den durchschnittlichen totalen Kosten kommen noch die Fixkosten pro Stück hinzu. Diese fallen mit steigender Produktionsmenge. Das ist der schon erwähnte Fixkostendegressionseffekt. Damit gibt es bei steigender Produktionsmenge hinsichtlich der Entwicklung der durchschnittlichen totalen

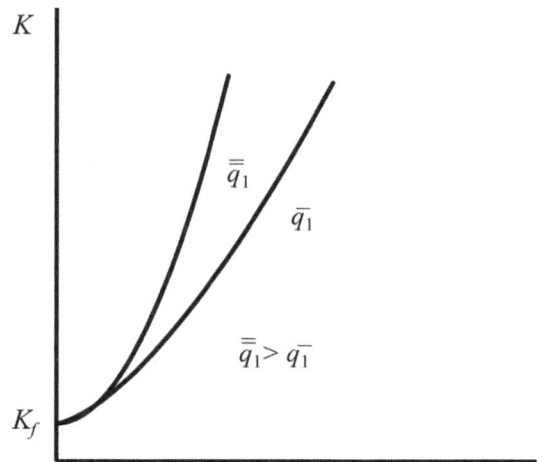

Abb. 2.11 Kostenfunktionen bei abnehmenden Skalenerträgen

Kosten zwei gegenläufige Effekte. Einerseits wirkt die Fixkostendegression in Richtung fallender Durchschnittskosten, andererseits wirkt das Steigen der Grenzkosten in Richtung steigender Durchschnittskosten. Dies führt zur Existenz eines Minimums der durchschnittlichen totalen Kosten. Dieses Stückkostenminimum bezeichnet man auch als Betriebsoptimum. Es liegt stets auf der Grenzkostenfunktion. Die Abb. 2.12 zeigt die sich bei abnehmenden Skalenerträgen ergebenden Verläufe der Grenz- und Durchschnittskosten speziell für den Fall linear steigender Grenzkosten.

Der Beweis dafür, dass ein sich bei steigenden Grenzkosten und Existenz von Fixkosten ergebendes vorangegangenen Unterkapiteln zunächst die Kostenfunktionder Grenzkostenfunktion liegt, geht wie folgt: Im Minimum der totalen Stückkosten gilt

$$\frac{\partial \left(\frac{K}{x}\right)}{\partial x} = 0.$$

Die Nutzung der Quotientenregel führt zu

$$\frac{\partial \left(\frac{K}{x}\right)}{\partial x} = \frac{\frac{\partial K}{\partial x}x - K(x)}{x^2} = 0;$$

also ergibt sich

$$\frac{\partial K}{\partial x} = \frac{K}{x}.$$

Weist die Produktionsfunktion konstante Skalenerträge auf, so steigen die Kosten mit steigender Produktionsmenge proportional an. Die Kostenfunktion verläuft also linear. Es liegen dann bezüglich der Produktionsmenge konstante Grenzkosten vor. In diesem Fall fallen Grenzkosten und die dann ebenfalls konstanten durchschnittlichen variablen Kosten zusammen. Wegen der Fixkostendegression fallen die durchschnittlichen totalen

Abb. 2.12 Grenz- und Durchschnittskostenfunktionen bei abnehmenden Skalenerträgen

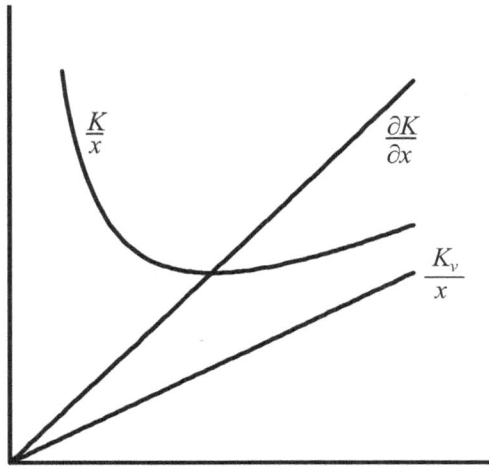

Abb. 2.13 Grenz- und
Durchschnittskostenfunktionen
bei konstanten Skalenerträgen

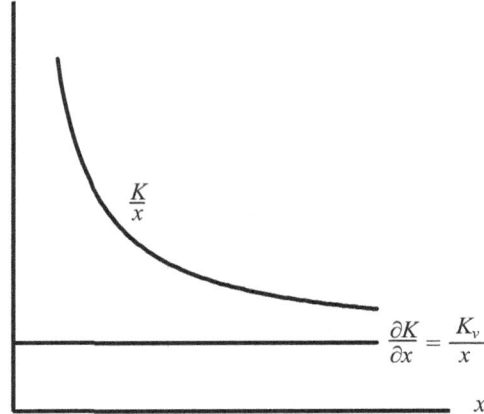

Kosten auf allen Produktionsniveaus. Die Abb. 2.13 zeigt die Grenz- und Durchschnitts-
kostenverläufe dieses (vergleichsweise seltenen) Falls.

Während die Art der Produktionstechnologie (konstante oder abnehmende Skalenerträge) die Art des Verlaufs der Kosten sowie der Grenz- und Durchschnittskosten
bestimmt, bestimmt die Effizienz der Produktionstechnologie – z. B. gemessen an der
generellen Höhe der Faktorproduktivitäten – die Höhe des Verlaufs der Kosten und der
Grenz- und Durchschnittskosten im Preis-Mengen-Diagramm. Eine effizientere Technologie bedeutet generell – also für jedes Produktionsniveau – niedrigere Kosten, Grenzkosten und Durchschnittskosten. Der technische Fortschritt verstanden als Übergang zu
einer effizienteren Technologie durch Steigerung der Faktorproduktivitäten wirkt also
auf die Verläufe der Kosten und der Grenz- und Durchschnittskosten genauso wie eine
Faktorpreissenkung.

2.3.4   Ein Beispiel für Cobb-Douglas-Technologie

Wir wollen uns hier abschließend die Herleitung der Minimalkostenkombination über
die Inputregel und die darauf aufbauende Herleitung der Kostenfunktion für das Beispiel
unserer Cobb-Douglas-Produktionsfunktion

$$x = c v_1^{\alpha} v_2^{\beta}$$

anschauen. Wenn der Leser die beiden im Abschn. 2.2.5 empfohlenen numerischen
Varianten dieses Beispiels mit $c = 1$ und Exponenten in Höhe von zweimal 0,25
(abnehmende Skalenerträge) bzw. von zweimal 0,5 (konstante Skalenerträge) weiterverfolgen will, wären Faktorpreise $q_1 = q_2 = 1$ der rechentechnisch einfachste Weg.

Für das nur funktional spezifizierte Cobb-Douglas-Beispiel lautet die Inputregel

$$\frac{\alpha c v_1^{\alpha-1} v_2^{\beta}}{q_1} = \frac{\beta c v_1^{\alpha} v_2^{\beta-1}}{q_2}$$

bzw.

$$\frac{\alpha v_2}{q_1} = \frac{\beta v_1}{q_2}.$$

Dies ergibt den Expansionspfad

$$v_1 = \frac{\frac{\alpha}{\beta}}{\frac{q_1}{q_2}} v_2.$$

Im Fall der Cobb-Douglas-Produktionsfunktionen ist der Expansionspfad also speziell eine Gerade, deren Steigung dem Quotienten von Produktionselastizitätenverhältnis und Faktorpreisverhältnis entspricht. Entspricht hier beispielsweise das Faktorpreisverhältnis numerisch exakt dem Produktionselastizitätenverhältnis der Faktoren, so beläuft sich das optimale Einsatzverhältnis genau auf eins (beide Faktoren werden in gleicher Menge eingesetzt). Ist das Faktorpreisverhältnis größer (kleiner) als das Produktionselastizitätenverhältnis, so beläuft sich das optimale Einsatzverhältnis auf einen Wert kleiner (größer) als eins.

Zusammen mit der Produktionsfunktion als zweiter Gleichung kommt man wie folgt auf die kostenminimierenden Faktoreinsatzfunktionen: Einsetzen des Expansionspfads in die Produktionsfunktion führt zu

$$x = c \left(\frac{\alpha q_2}{\beta q_1} v_2 \right)^{\alpha} v_2^{\beta}.$$

Daraus folgt über

$$x = c \left(\frac{\alpha q_2}{\beta q_1} \right)^{\alpha} v_2^{\alpha+\beta} \quad \text{und} \quad v_2^{\alpha+\beta} = \left(\frac{\beta q_1}{\alpha q_2} \right)^{\alpha} \frac{x}{c}$$

die kostenminimierende Faktoreinsatzfunktion für den Faktors 2 als

$$v_2 = \left(\frac{\beta q_1}{\alpha q_2} \right)^{\frac{\alpha}{\alpha+\beta}} \left(\frac{x}{c} \right)^{\frac{1}{\alpha+\beta}}.$$

Dies zurück eingesetzt in den Expansionspfad resultiert für Faktor 1 in der spiegelbildlichen kostenminimierenden Faktoreinsatzfunktion

$$v_1 = \left(\frac{\alpha q_2}{\beta q_1} \right)^{\frac{\beta}{\alpha+\beta}} \left(\frac{x}{c} \right)^{\frac{1}{\alpha+\beta}}.$$

Einsetzen konkreter Produktionsmengen würde hier konkrete Minimalkosten-kombinationen ergeben. An unserem Cobb-Douglas-Beispiel sieht man nun explizit den Einfluss der Art der Skalenerträge in der Produktion auf den Verlauf der Faktoreinsatz-funktionen: Konstante Skalenerträge führen zu linearem Verlauf (der Exponent bei der Produktionsmenge x ist dann gleich eins weil die Summe der partiellen Produktions-elastizitäten gleich eins ist), abnehmende Skalenerträge führen zu überlinearem Verlauf (der Exponent bei der Produktionsmenge x liegt dann über einem Wert von eins weil die Summe der partiellen Produktionselastizitäten unter eins liegt). Man sieht zudem, dass der optimale Einsatz eines Faktors umso niedriger ist, je höher der eigene Preis ist, und umso höher ist, je höher die Preise der anderen Faktoren sind.

Einsetzen der kostenminimierenden Faktoreinsatzfunktionen in die Kostengleichung führt zur Kostenfunktion

$$K(x) = \underbrace{\left(\frac{1}{c}\right)^{\frac{1}{\alpha+\beta}} (\alpha + \beta) \left(\frac{q_1}{\alpha}\right)^{\frac{\alpha}{\alpha+\beta}} \left(\frac{q_2}{\beta}\right)^{\frac{\beta}{\alpha+\beta}}}_{k} x^{\frac{1}{\alpha+\beta}} + K_f.$$

Es folgt für die Grenzkostenfunktion (mit k als wie oben definiertem Kürzel)

$$\frac{\partial K}{\partial x}(x) = \frac{k}{\alpha + \beta} x^{\frac{1-\alpha-\beta}{\alpha+\beta}}$$

und damit für die durchschnittlichen variablen Kosten

$$\frac{K_v}{x}(x) = k x^{\frac{1-\alpha-\beta}{\alpha+\beta}} = (\alpha + \beta) \frac{\partial K}{\partial x}(x).$$

Für die durchschnittlichen totalen Kosten gilt

$$\frac{K}{x}(x) = k x^{\frac{1-\alpha-\beta}{\alpha+\beta}} + \frac{K_f}{x}.$$

Liegen speziell konstante Skalenerträge vor, so gilt

$$\frac{\partial K}{\partial x} = \frac{K_v}{x} = k \quad \text{und} \quad \frac{K}{x}(x) = k + \frac{K_f}{x}.$$

An unserem funktional spezifizierten Beispiel lässt sich explizit der Einfluss der Art der Technologie auf die Art der Kostenverläufe ablesen. Konstante Skalenerträge führen über lineare Faktoreinsatzfunktionen zu linearen Kostenfunktionen und damit zu konstanten Grenzkosten. Abnehmende Skalenerträge führen über überlineare Faktoreinsatzfunktionen zu überlinearen Kostenfunktionen und damit zu steigenden Grenzkosten. Auch das Wir-ken einer Erhöhung der Produktionseffizienz als Folge technischen Fortschritts lässt sich hier explizit ablesen. Technischer Fortschritt bedeutet bei Cobb-Douglas-Produktionsfunk-tionen z. B. ein Steigen des Niveauparameters c. Damit sinkt der Niveauparameter der Kostenfunktion k. Folglich liegen auch die Grenz- und Durchschnittskosten generell niedri-ger. Analoges gilt für die Wirkung einer Faktorpreissenkung.

2.4   Güterpreise und Erlöse

Ziel der Unternehmung ist letztlich die Maximierung ihres Gewinns, also der Differenz zwischen Erlösen und Kosten. Dabei gilt für die Erlöse definitionsgemäß

$$E(x) = px \tag{2.14}$$

mit p als Güterpreis. Da annahmegemäß viele kleine Anbieter am Markt sind, von denen keiner einen merklichen Einfluss auf den Marktpreis hat (Abwesenheit von Marktmacht), ist der Marktpreis für den einzelnen Anbieter bei seiner Mengenentscheidung ein exogen fest vorgegebenes Datum. Der Leser vergegenwärtige sich hier noch einmal den besonders deutlichen Fall eines Marktes mit einem Marktmacher in unserem Bauernbeispiel. Dieser Marktmacher ruft verschiedene Marktpreise aus und die Bauern melden ihm die dann jeweils gewinnmaximalen Mengen. Der Marktmacher aggregiert diese gemeldeten Mengen und gleicht sie mit der Nachfrageseite ab. Dabei findet er den Gleichgewichtspreis. Da die Bauern alle nur sehr kleine Marktanteile haben, hängt dieser Gleichgewichtspreis nicht merklich von der Menge eines einzelnen Bauern ab. Den Gleichgewichtspreis gibt der Marktmacher dann verbindlich bekannt und es wird produziert. So funktioniert im Kern jede Warenbörse. Unter derartigen Umständen entsprechen für den einzelnen Anbieter sowohl die Grenzerlöse, also die Mehrerlöse durch eine weitere verkaufte Gütereinheit, als auch die Durchschnittserlöse dem vorgegebenen Preis:

$$\frac{\partial E}{\partial x} = \frac{E}{x} = p. \tag{2.15}$$

Die Abb. 2.14 zeigt den Verlauf der Erlösfunktion mit der Steigung gemäß dem Verkaufspreis.

Abb. 2.14 Erlösfunktion

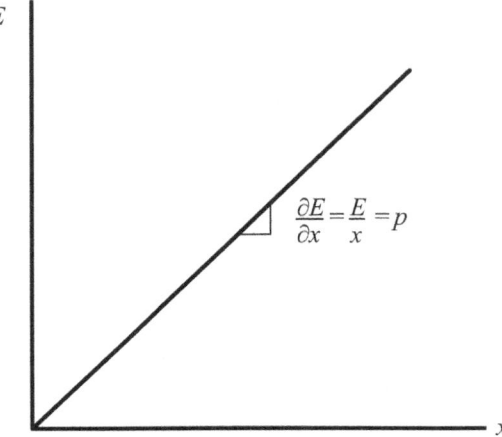

2.5 Gewinne und Güterangebot

Nachdem wir in den beiden vorangegangenen Unterkapiteln zunächst die Kostenfunktion $K = K(x)$ und dann die Erlösfunktion $E = E(x)$ hergeleitet haben, können wir nun auf der Basis der sich daraus ergebenden Gewinnfunktion

$$G(x) = E(x) - K(x) = px - K(x) \qquad (2.16)$$

das zentrale Entscheidungsproblem eines Unternehmens ohne Marktmacht angehen: die Wahl der Produktionsmenge derart, dass der Gewinn möglichst hoch ist.

2.5.1 Gewinnmaximierung: die Outputregel

Im Falle abnehmender Skalenerträge und somit steigender Grenzkosten wird ein Anbieter seine Produktionsmenge so weit erhöhen, bis die Kosten einer weiteren produzierten Einheit, also die Grenzkosten, auf die Höhe des Preises, also des Grenzerlöses, gestiegen sind. Denn (erst) dann ist der Gewinn aus der Produktion und dem Verkauf einer weiteren Einheit, also der Grenzgewinn als Differenz zwischen Grenzerlösen und Grenzkosten, auf null gesunken. Diese einfache Gewinnmaximierungslogik verdeutlicht die Abb. 2.15 anhand des Beispiels linear steigender Grenzkosten. Links von der gewinnmaximalen Produktionsmenge x^* bringt ein weiteres produziertes und verkauftes Stück einen zusätzlichen Erlös, der über den zusätzlichen Kosten liegt – der Grenzgewinn (Mehrgewinn aus einer weiteren Einheit) ist also noch positiv. Daher wird man als Gewinnmaximierer eine höhere Produktionsmenge wählen. Rechts von x^* bringt eine weitere produzierte Einheit mehr zusätzliche Kosten als zusätzlichen Erlös. Hier wäre also der Grenzgewinn negativ. Daher wird man als Gewinnmaximierer eine geringere

Abb. 2.15 Die Outputregel

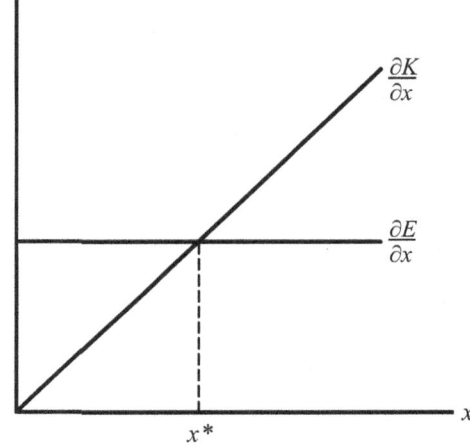

Produktionsmenge wählen. Die Entscheidungsregel zum Finden der gewinnmaximalen Produktionsmenge lautet also

$$p = \frac{\partial K}{\partial x}(x), \tag{2.17}$$

oder in Worten: Wähle deine Produktionsmenge so, dass die Grenzkosten dem Güterpreis (als Grenzerlös) entsprechen. Diese Gewinnmaximierungsbedingung wird auch als Outputregel bezeichnet. Formal Herleiten kann man sie aus der Gewinnfunktion (2.16) durch Ableiten nach der Menge und anschließendem Gleich-Null-Setzen dieser Ableitung. Das zugehörige Verhalten bezeichnet man als Mengenanpassung, weil über die Wahl der Produktionsmenge die Grenzkosten an den Preis angepasst werden. Wie schon die Abb. 2.15 deutlich macht, funktioniert die Outputregel (2.17) nur bei steigenden Grenzkosten.

Im Falle konstanter Skalenerträge und damit konstanter Grenzkosten ist angesichts des fest vorgegebenen Preises eine Mengenanpassung im Sinne der Outputregel mangels Mengenabhängigkeit der Grenzkosten nicht möglich. Entweder liegen die Grenzkosten bei allen Mengen über dem Preis, oder sie liegen bei allen Mengen unter dem Preis. Im ersten Fall wird man gar nicht produzieren. Im zweiten Fall könnte man meinen, jeder Anbieter wird so viel wie möglich produzieren. Tatsächlich aber ist der Fall konstanter Grenzkosten gar nicht mit dem hier behandelten Fall der Abwesenheit von Marktmacht vereinbar. Ganz im Gegenteil: Bei konstanten Grenzkosten besteht eine Tendenz des Marktes zu einem Monopol, also zum Fall höchster Marktmacht. Denn bei konstanten Grenzkosten führt die Existenz von (beliebig geringen) Fixkosten zu einem Fallen der durchschnittlichen totalen Kosten auf allen Produktionsniveaus, siehe Abb. 2.13. Wenn hier mehr als ein Anbieter am Markt wäre, könnte immer einer der Anbieter die gesamte Marktmenge produzieren und infolge der dabei sinkenden Stückkosten den Preis so weit senken, dass alle, die weniger produzieren, nicht mehr mit ihm konkurrieren können (weil ihre Stückkosten über seinem Preis liegen). Das Fallen der totalen Stückkosten auch bei beliebig hohen Produktionsniveaus führt also zu einer Monopolisierungstendenz. Sind aber nur wenige oder ist sogar nur ein Anbieter am Markt, so verhalten sich diese dann marktmächtigen Anbieter nicht als Mengenanpasser. Daher werden wir diesen Fall im vorliegenden Kapitel nicht weiterverfolgen.

Vorher sei noch darauf hingewiesen, dass die Wahl der aus der Outputregel resultierenden Produktionsmenge bei Existenz von Fixkosten keinen positiven Gewinn garantiert. Denn bei einem Gewinnmaximum kann es sich auch um ein Verlustminimum handeln. Will man dies ausschließen, muss man schauen, ob bei der gewinnmaximalen Menge die totalen Stückkosten gedeckt sind. Neben der Grenzkostenfunktion darf man also die Funktion der totalen Stückkosten nicht aus dem Blick verlieren. Sie muss beim Schnittpunkt von Grenzkosten und Preis unterhalb des Preises verlaufen. Eine solche Situation illustriert die Abb. 2.16. Da hier bei jener Produktionsmenge, bei der die Grenzkosten auf die Höhe des Preises gestiegen sind, die totalen Stückkosten unter dem Preis liegen, entsteht ein positiver Stückgewinn. Diesen kann man an der vertikalen Distanz zwischen Preis und totalen Stückkosten auf Höhe der gewinnmaximalen Menge ablesen. Multipliziert man diesen Stückgewinn mit der gewinnmaximalen Menge, erhält man den maximal möglichen Gewinn, siehe das (obere) grau schattierte Gewinnrechteck. Insgesamt zeigt die Abb. 2.16 die Zerlegung des Erlösvierecks px^* in die variablen Kosten (unteres schattiertes Viereck), die Fixkosten (nicht schattiertes mittleres Viereck) und die Gewinne bei gewinnmaximaler Produktionshöhe.

Höhere Fixkosten würden die Funktion der totalen Stückkosten weiter nach oben verschieben und dabei alle anderen Funktionen unverändert lassen. Es ist offensichtlich, dass es bei entsprechender Höhe der Fixkosten auch bei gewinnmaximaler Produktionshöhe zu Verlusten kommt. Verschiebt man die Funktion der totalen Stückkosten gerade so weit nach oben, dass ihr Minimum genau im Schnittpunkt von Preis und Grenzkosten liegt, hat man jenen Spezialfall, in dem der Gewinn genau gleich null ist. Dieser gewinnlose Spezialfall ist der einzige Fall, in dem das Stückkostenminimum (das so genannte Betriebsoptimum) dem Gewinnmaximum entspricht. Liegt ein positiver Gewinn vor, so ist die gewinnmaximale Menge stets größer als im Minimum der totalen Stückkosten. Eine Stückkostenminimierung ist hier also keinesfalls (bzw. nur „einesfalls") mit einer Gewinnmaximierung vereinbar. Das kann man sich an der Abb. 2.16 leicht klarmachen. Ausgehend vom Betriebsoptimum vergrößert eine Ausdehnung der Produktion den Gewinn noch. Zwar steigen dann die totalen Stückkosten und sinkt daher der Stückgewinn. Aber die Grenzkosten liegen zunächst noch unter dem Preis, sodass die Mengenerhöhung das Fallen des Stückgewinns mit Blick auf den Gesamtgewinn überkompensiert.

Abb. 2.16 Erlöse, Kosten und Gewinne bei Existenz von Fixkosten

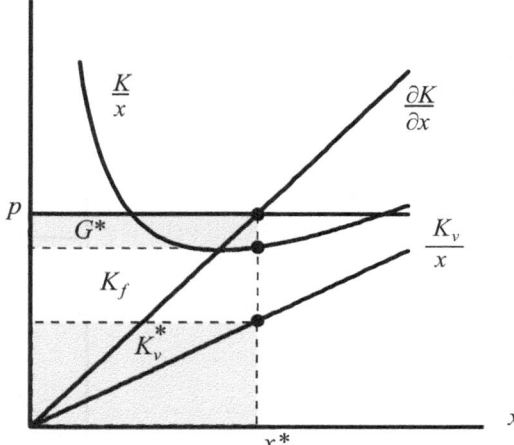

2.5.2 Determinanten der Güterangebotsmenge

Aus der Outputregel ergibt sich durch Auflösen die gewinnmaximale Menge. Diese hängt damit in ihrer Höhe sowohl vom Preis des produzierten Gutes als auch von allen Determinanten der Grenzkostenfunktion ab. Damit ergeben sich folgende Bestimmungsgründe des einzelwirtschaftlichen Güterangebots: der Güterpreis, die Faktorpreise und die Faktorproduktivitäten bzw. die Produktionseffizienz (hinter der letztlich die Parameter der Produktionsfunktion stehen). Im folgenden Abschnitt werden wir untersuchen, in welche Richtung diese Bestimmungsgründe das Güterangebot beeinflussen.

Gemäß der Logik der Outputregel ist der Zusammenhang zwischen der gewinnmaximalen Angebotsmenge und dem Güterpreis gleichgerichtet. Je höher der Preis ist, desto höher ist die einzelwirtschaftliche Angebotsmenge. Dies illustriert die Abb. 2.17. Steigt ausgehend von einer gewinnmaximalen Situation der Güterpreis an, so lohnt es, mit der Menge nachzuziehen. Denn durch die Preiserhöhung wird die Produktion einiger Gütereinheiten, deren Grenzkosten in der Ausgangssituation (linkes Gewinnmaximum) noch über dem Preis lagen, auf einmal profitabel. Dies gilt für alle Gütereinheiten zwischen dem ursprünglichen und dem neuen Gewinnmaximum.

Die Lage der Angebotsfunktion $x = x(p)$ hängt wie jene der dahinter stehenden Grenzkostenfunktion von den Faktorpreisen und der Produktionseffizienz ab. Niedrigere Faktorpreise und eine erhöhte Effizienz der Faktoren drehen sie in den Abb. 2.17 und 2.18 im Ursprung im Uhrzeigersinn nach unten, siehe Abb. 2.18. In dem für die Angebotsfunktion normalerweise verwendeten x-p-Diagramm bedeutet dies eine Drehung im Ursprung gegen den Uhrzeigersinn nach oben. Technischer Fortschritt im Sinne einer Erhöhung der Faktorproduktivität und Faktorpreissenkungen führen also zu mehr

Abb. 2.17 Ableitung der
Angebotsfunktion

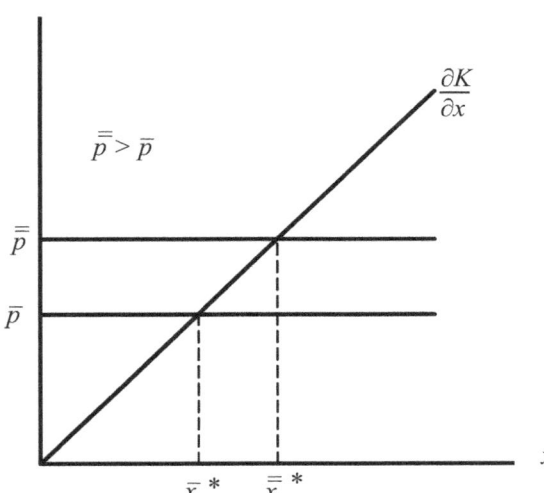

Abb. 2.18 Faktorpreis und
Angebotsmenge

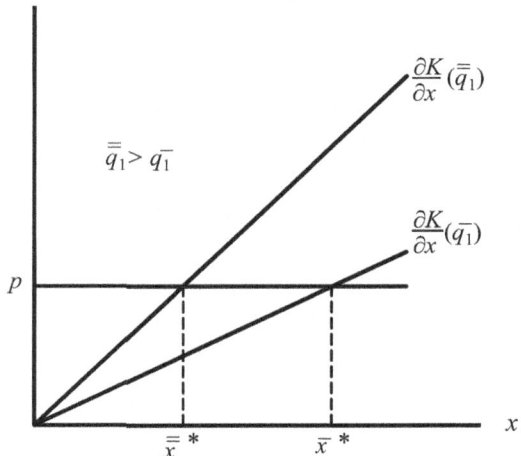

Güterangebot bei jedem Güterpreis. Die Abb. 2.18 illustriert dies am Beispiel einer
Faktorpreissenkung. Eine Erhöhung der Faktorproduktivität hätte die gleiche Wirkung.

2.5.3 Güterangebotsfunktionen

Die einzelwirtschaftliche Güterangebotsfunktion zeigt den Zusammenhang zwischen der
gewinnmaximalen Güterangebotsmenge und ihrem wichtigsten Bestimmungsgrund, dem
Güterpreis: $x = x(p)$. Sie entspricht der nach der Menge aufgelösten Outputregel.

Grafisch gesehen entspricht die einzelwirtschaftliche Güterangebotsfunktion im Prinzip der Grenzkostenfunktion. Da allerdings die Fixkosten gedeckt sein müssen, gilt dies
erst ab dem – auf der Grenzkostenfunktion liegenden – Minimum der durchschnittlichen
totalen Kosten, siehe Abb. 2.19 (und vergleiche mit den Erläuterungen zu Abb. 2.16 im
Vorabschnitt).

Einzelwirtschaftliche Güterangebotsfunktionen $x = x(p)$ werden zu Marktangebotsfunktionen $x^A = x^A(p)$ aggregiert, indem man für jeden Güterpreis die Angebotsmengen
aller Anbieter addiert. Gibt es N Anbieter und haben diese Anbieter alle die gleiche einzelwirtschaftliche Angebotsfunktion, so ergibt sich die Marktangebotsfunktion einfach als
$x^A(p) = Nx(p)$. In der Regel werden die individuellen Angebotsfunktionen aber nicht alle
übereinstimmen. So können sich die einzelwirtschaftlichen Angebotsfunktionen insbesondere hinsichtlich der dahinter stehenden Produktionsfunktion unterscheiden. Beispielsweise kann es unterschiedlich effiziente Unternehmen in dem Sinne geben, dass bei
einigen Unternehmen die Faktorproduktivitäten höher sind als bei anderen. Dann werden die effizienteren Unternehmen schon ab einer vergleichsweise geringen Preisuntergrenze anbieten und außerdem bei jedem Preis darüber eine höhere Menge anbieten als die

Abb. 2.19 Angebotsfunktion
mit Preisuntergrenze

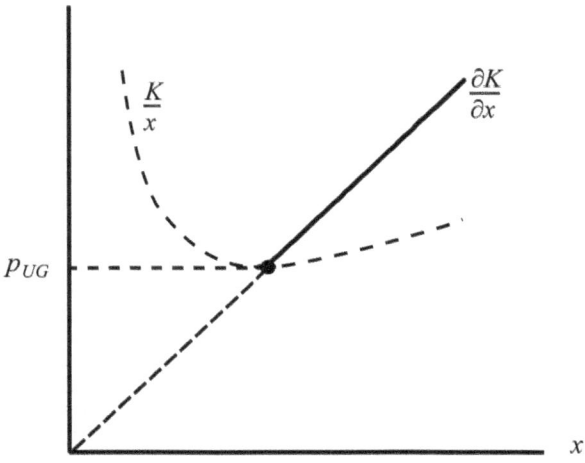

Abb. 2.20 Marktangebotsfunktion und Anbieterzahl

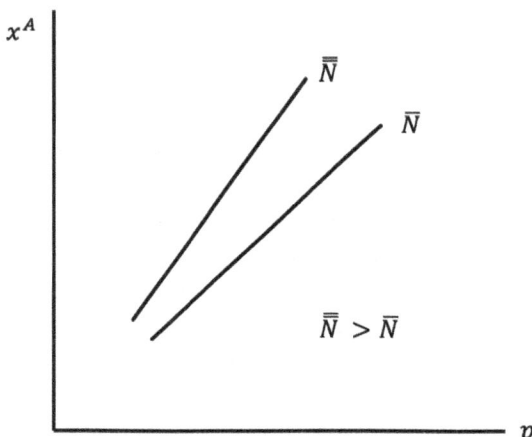

weniger effizienten Anbieter. Dies führt zu Sprungstellen in den Marktangebotsfunktionen. Wenn wir im vierten Kapitel auf die Marktangebotsfunktion zurückkommen, werden wir allerdings von solchen „Feinheiten" absehen und von einem stilisierten linearen und stetig differenzierbaren Verlauf ausgehen. In der Abb. 2.20 haben wir zwei solche stilisierte Marktangebotsfunktionen im üblichen x^A-p-Diagramm für zwei unterschiedliche Preise des ersten Produktionsfaktors dargestellt. Wie schon anhand der Abb. 2.18 argumentiert, führt eine Faktorpreissenkung hier zur Drehung der Marktangebotsfunktion gegen den Uhrzeigersinn. Genauso würde sich ein produktivitätserhöhender technischer Fortschritt auswirken.

2.5.4   Ein Beispiel für Cobb-Douglas-Technologie

Im Beispiel der Cobb-Douglas-Produktionsfunktionen lautet die Outputregel mit den Grenzkosten gemäß Abschn. 2.3.4

$$p = \left(\frac{1}{c}\right)^{\frac{1}{\alpha+\beta}} \left(\frac{q_1}{\alpha}\right)^{\frac{\alpha}{\alpha+\beta}} \left(\frac{q_2}{\alpha}\right)^{\frac{\beta}{\alpha+\beta}} x^{\frac{1-\alpha-\beta}{\alpha+\beta}}.$$

Dabei ist nur der Fall abnehmender Skalenerträge relevant, da die Outputregel im Falle konstanter Skalenerträge so nicht anwendbar ist. Obige Gleichung aufgelöst nach der Menge ergibt die einzelwirtschaftliche Güterangebotsfunktion

$$x = \left[c\, p^{\alpha+\beta} \left(\frac{\alpha}{q_1}\right)^{\alpha} \left(\frac{\beta}{q_2}\right)^{\beta}\right]^{\frac{1}{1-\alpha-\beta}}.$$

An diesem funktional spezifizierten Beispiel kann man sich nun explizit den Einfluss der zentralen Bestimmungründe des Güterangebots verdeutlichen:

- Ein höherer Güterpreis führt zu einer höheren Angebotsmenge, die Güterangebotsfunktion verläuft also steigend.
- Höhere Faktorpreise führen zu geringeren Angebotsmengen und senken damit die gesamte Angebotsfunktion ab.
- Eine höhere Faktorproduktivität als Folge eines höheren Niveauparameters c der Produktionsfunktion führt zu einer höheren Angebotsmenge, bewirkt also einen höheren Verlauf der gesamten Angebotsfunktion im x-p-Diagramm.

2.6   Zusammenfassung

1. Produktionstechnologien lassen sich mittels Produktionsfunktionen formalisieren, also mittels des funktionalen Zusammenhangs von Produktionsfaktoreinsatzmengen einerseits und produzierten Gütermengen andererseits.
2. Auf der Basis des Konzepts der Produktionsfunktion kann man drei faktorbezogene Produktivitätskonzepte definieren (und berechnen): Die Grenzproduktivitäten eines Faktors geben an, zu wie viel Mehrproduktion der Einsatz einer weiteren Faktoreinheit führt. Die Durchschnittsproduktivitäten eines Faktors geben an, wie viel Produktionseinheiten pro Faktoreinheit produziert werden. Die Produktionselastizitäten eines Faktors geben an, zu wie viel Prozent Mehrproduktion die Erhöhung des Einsatzes des Faktors um ein Prozent führt.

3. Schließlich kann man auf der Basis des Konzepts der Produktionsfunktion den gesamten Produktionsprozess über seine Skalenelastizität (Niveauelastizität) charakterisieren. Diese gibt an, um wie viel Prozent die Produktion steigt, wenn alle Einsatzmengen der variablen Faktoren um ein Prozent erhöht werden. Hat die Skalenelastizität einen Wert von eins, so spricht man von konstanten Skalenerträgen; bei einem Wert von kleiner als eins spricht man von abnehmenden Skalenerträgen.

4. Auf der Basis des Konzepts der Produktionsfunktion kann man zudem die Substituierbarkeit jeweils zweier Faktoren über die so genannten Grenzraten der (technischen) Substitution operationalisieren. Die Grenzraten der Substitution eines Faktors 1 durch einen Faktor 2 geben an, wie viele Einheiten des Faktors 1 man durch eine (weitere) Einheit des Faktors 2 (bei konstanter Produktionsmenge) ersetzen kann.

5. Jene zu einer bestimmten Produktionsmenge gehörige Faktormengenkombination, die zu geringstmöglichen Kosten führt, bezeichnet man als Minimalkostenkombination. Diese lässt sich bei gegebenen Faktorpreisen über die Inputregel ermitteln: Die Faktoren müssen so eingesetzt werden, dass der letzte für einen Faktor eingesetzte Euro bei allen Faktoren zum gleichen Produktionszuwachs führt.

6. Mittels Produktionsfunktion und Inputregel kann man die kostenminimierenden Faktoreinsatzfunktionen herleiten. Setzt man diese in die Kostengleichung ein, so erhält man die Kostenfunktion als Zusammenhang zwischen Produktionsmengen einerseits und dafür bei jeweils kostenminimierendem Faktoreinsatz zu tragenden Kosten andererseits.

7. Kostenfunktionen lassen sich mittels der Verläufe der Grenzkosten (Mehrkosten bei Produktion einer weiteren Einheit) und der Verläufe der Durchschnittskosten (Kosten pro produzierte Einheit) in Abhängigkeit von der Produktionsmenge charakterisieren. Dabei implizieren abnehmende Skalenerträge zunehmende Grenzkosten, konstante Skalenerträge führen zu konstanten Grenzkosten.

8. Bei Vorliegen von Fixkosten existiert bei zunehmenden Grenzkosten ein Minimum der durchschnittlichen totalen Kosten. Dieses Minimum (Betriebsoptimum) liegt stets auf der Grenzkostenfunktion. Bei Vorliegen von Fixkosten und konstanten Grenzkosten fallen die durchschnittlichen totalen Kosten dagegen auch bei beliebig hohen Produktionsniveaus immer weiter.

9. Die gewinnmaximale Produktionsmenge lässt sich bei steigenden Grenzkosten über die Outputregel ermitteln: Wähle jene Produktionsmenge, bei der die Grenzkosten dem Preis entsprechen.

10. Bei zunehmenden Grenzkosten resultieren im Preis steigende einzelwirtschaftliche Angebotsfunktionen und ebensolche Marktangebotsfunktionen. Für die Lage der Angebotsfunktionen gilt: Bei jedem Güterpreis ist das Güterangebot umso höher, je niedriger die Faktorpreise sind und je höher die Faktorproduktivitäten sind. Faktorpreissenkungen und technischer Fortschritt drehen daher die Angebotsfunktionen in einem x-p-Diagramm im Ursprung gegen den Uhrzeigersinn.

2.7   Leseempfehlung

Als weniger formaler erster Einstieg zum Thema Güterangebot kann Kap. C.III in Bartling und Luzius (2014) empfohlen werden. Die zentrale Referenz für das vorliegende Kapitel ist das Kap. II des Lehrbuchs von Schumann et al. (2011). Dieses unterscheidet sich allerdings etwas in den Begrifflichkeiten (z. B. keine „Regeln") und in der Art der mathematischen Herleitungen (dort über so genannte Lagrange-Ansätze). In diesem Lehrbuch werden alle von uns angesprochenen Themenbereiche wesentlich ausführlicher bzw. differenzierter abgedeckt. Siehe insbesondere S. 133 ff. zur Produktionstechnik, S. 156 ff. zu Minimalkostenkombination und Kostenfunktion und S. 172 ff. zu Outputregel (dort: „optimaler Produktionsplan") und Angebotsfunktion.

Literatur

Bartling, H., Luzius F.: Grundzüge der Volkswirtschaftslehre, 17. Aufl. Vahlen, München (2014)
Schumann, J., Meyer, U., Ströbele, W.: Grundzüge der mikroökonomischen Theorie, 9. Aufl. Springer, Berlin u. a. O. (2011)

Bestimmungsgründe der Marktnachfrage

3

Inhaltsverzeichnis

3.1   Überblick

In diesem Kapitel werden wir uns mit den Determinanten der Marktnachfrage befassen. Dabei analysieren wir hier speziell die Konsumgütermarktnachfrage privater Haushalte. Wir betrachten Konsumgüternachfrager, die mit einer vorgegebenen Konsumausgabensumme einen möglichst hohen Nutzen erlangen wollen. Dabei ist zunächst einmal festzustellen, dass der Nutzen aus dem Konsum keine kardinal skalierte Größe ist. Dementsprechend ist er nicht sinnvoll numerisch messbar. Daher werden wir im nächsten Unterkapitel zu den Präferenzen erst einmal diskutieren, wie man Präferenzstrukturen kardinal messbar macht. Im Zentrum steht hier das kardinale Konzept der Grenzrate der Substitution im Konsum. Dieses Konzept der Grenzrate der Substitution

© Springer-Verlag GmbH Deutschland, ein Teil von Springer Nature 2019
B. Woeckener, *Volkswirtschaftslehre,* https://doi.org/10.1007/978-3-662-59222-9_3

im Konsum wird uns dann im späteren Verlauf zum Konzept der so genannten maximalen Grenzzahlungsbereitschaft führen. Im dritten Unterkapitel geht es um die neben den
Präferenzen beiden anderen wichtigen Bestimmungsgründe der Konsumgüternachfrage:
die Konsumgüterpreise und die verfügbare Konsumausgabensumme. Beide zusammen
ergeben für den Konsumenten seine Budgetrestriktion. Im vierten und fünften Unterkapitel werden wir schließlich zeigen, wie ein Nachfrager – gegeben seine individuelle
Präferenzstruktur und gegeben seine Budgetrestriktion – die für ihn optimalen Mengen der verschiedenen Konsumgüter wählt. Die dabei anzuwendende Entscheidungsregel bezeichnen wir als Konsumregel. Diese Konsumregel werden wir sowohl mittels
des Konzepts der Grenzrate der Substitution im Konsum als auch mittels des Konzepts
der maximalen Grenzzahlungsbereitschaft formulieren. Außerdem werden wir hier das
Konzept der Konsumentenrente als kardinales Wohlfahrtsmaß für die Nachfrageseite
einführen. Aus der Konsumregel ergeben sich schließlich zusammen mit der Budgetrestriktion die Verläufe der einzelwirtschaftlichen Nachfragefunktionen. Deren Aggregation ergibt die Marktnachfragefunktion.

3.2   Präferenzen

Der Nutzen eines Konsumgutes ist ein individuell erlebtes Maß an Bedürfnisbefriedigung
aus dem Verbrauch dieses Gutes, also eine subjektive Größe. Dementsprechend ist der
Nutzen, den ein Konsument beim Verbrauch einer Einheit eines Gutes erfährt, nich sinnvoll mit einer Kardinalzahl auszudrücken. Einer unserer Bauern könnte mitteilen, dass
ihm der Konsum eines Liters Wein einen Nutzen in Höhe von drei Nutzeneinheiten
bringt. Aber mit dieser Aussage könnten alle anderen nichts anfangen. Es könnte dann
ein zweiter Bauer kommen und feststellen, dass ihm ein Liter Wein zu vier Nutzeneinheiten verhilft. Aber auch damit wäre nichts gesagt. Insbesondere könnte man daraus
nicht schließen, dass der Liter Wein beim zweiten Bauern einen höheren Nutzen stiftet.
In diesem Unterkapitel wird es daher zunächst einmal darum gehen, eine kardinale Operationalisierung des für die Konsumgüternachfrage entscheidenden Bestimmungsgrunds
der Präferenzen bzw. der einzelwirtschaftlichen Präferenzstruktur zu entwickeln.

3.2.1   Der Nutzen als ordinale Größe

Der Nutzen ist also nicht sinnvoll kardinal skalierbar. Er ist aber eine ordinal sinnvoll
skalierbare Größe. Jeder Konsument kann für alternative Gütermengen und Güterbün-
deleine Rangfolge derart bilden, dass er feststellt, was ihm weniger und was ihm mehr
Nutzenbringt. So kann der erste Bauer mitteilen, ihm bringe ein Liter Wein mehr Nutzen
alsein Brot, während der zweite Bauer für sich das Gegenteil feststellt. Dies sind sinnvoll
interpretierbare Aussagen zu den Präferenzen der beiden Bauern und diese Präferenzen
werden dadurch auch sinnvoll vergleichbar.

Formalisieren lassen sich die Präferenzstrukturen zunächst einmal mittels so genannter Nutzenindexfunktionen. Beispielsweise kann man für zwei Konsumgüter formulieren

$$u = u(x_1, x_2) \tag{3.1}$$

mit u als dem Nutzenindex und x_1 und x_2 als den konsumierten Mengen der beiden Güter. Diese Nutzenindexfunktion sieht zunächst einmal aus wie eine „Nutzenproduktionsfunktion", welche die Umsetzung von kardinalen Konsumgütermengen als „Input" zu kardinalen Konsumnutzen als „Output" formalisiert. Wegen des ordinalen Charakters des Nutzens darf sie allerdings nicht kardinal interpretiert werden. Das soll der Wortbestandteil „Index" vermitteln. Nicht die durch eine Nutzenindexfunktion generierten Kardinalzahlen für den Nutzen sind von Bedeutung, sondern nur die Rangfolge dieser Kardinalzahlen. Sei diese Nutzenindexfunktion z. B. dergestalt, dass sich bei Mengen $x_1 = 1$ und $x_2 = 1$ ein Nutzenindex von $u = 1$ und bei Mengen $x_1 = 1$ und $x_2 = 2$ ein Nutzenindex von $u = 2$ ergibt. Dann ist hier nur die damit zum Ausdruck gebrachte Rangfolge von Bedeutung, also der Umstand, dass $u(1,2)$ größer ist als $u(1,1)$. Dagegen spielt die kardinale Ausprägung des Nutzenindex u keine Rolle. Alle Nutzenindexfunktionen, die zur gleichen Reihung der alternativen Güterbündel führen, sind in dem Sinne äquivalent, dass sie dieselbe Präferenzstruktur beschreiben. Äquivalent zu einer bestimmten Nutzenindexfunktion ist also z. B. eine Nutzenindexfunktion, bei der gleiche Konsumgütermengen immer zum zehnfachen Nutzenindex u führen. Denn durch eine generelle Verzehnfachung wird die Rangfolge zwischen den für verschiedene Konsumgütermengenkombinationen generierten Nutzenindizes nicht verändert. Derartige Umformungen einer Nutzenindexfunktion, welche die Rangfolge der Nutzenindizes erhalten und daher ordinal gleichwertig sind, nennt man monotone Transformationen. Mithilfe dieses Konzepts der monotonen Transformation kann man formulieren: Die Präferenzstruktur eines Wirtschaftssubjekts wird durch eine Familie durch monotone Transformationen ineinander überführbare Nutzenindexfunktionen formalisiert.

Mit der in der Gl. 3.1 gewählten Formulierung für speziell zwei Konsumgüter können wir im Folgenden alle wichtigen Konzepte formulieren und Ergebnisse ableiten. Darüber hinaus kann diese Formulierung aber auch als Fall beliebig vieler Konsumgüter gedeutet werden, bei dem man sich eines der Konsumgüter (z. B. das zweite) stellvertretend herausgegriffen und alle anderer in einem Mengenindex zusammengefasst hat (z. B. in dem „zusammengesetzten" ersten Konsumgut). In der Notation kann man diese Interpretation derart zum Ausdruck bringen, dass man die Menge des stellvertretend herausgegriffenen Gutes mit x bezeichnet und den Mengenindex über alle anderen Konsumgüter mit X. Dann lautet die Nutzenindexfunktion $u = u(X, x)$.

Als Beispiel werden im Folgenden so genannte Cobb-Douglas-Präferenzen dienen. In der Standardformulierung und für den Zwei-Konsumgüter-Fall lauten sie

$$u = x_1^{\alpha} x_2^{\beta}.$$

Da nur die durch die Funktion festgelegte Rangfolge der durch alternative Konsum-bündel generierten Nutzenindizes von Bedeutung ist, kann man auf einen Niveaupara-meter verzichten.

3.2.2 Grenzraten der Substitution im Konsum als kardinale Größe

Mit Blick auf die im Weiteren analysierten Präferenzstrukturen wollen wir zwei zent-rale Annahmen treffen, für deren Formulierung wir jeweils ein zentrales Konzept der Präferenzabbildung benötigen:

- Zum einen sollen die faktisch relevanten Konsumgütermengen stets in einem Bereich liegen, in dem eine weitere konsumierte Einheit eines Gutes zu einem Nutzenzuwachs führt bzw. führen würde. Diese Annahme kann man mit Hilfe des Konzepts des Grenznutzens formalisieren. Dabei ist der Grenznutzen eines Gutes der Mehrnutzen aus dem Konsum einer weiteren Einheit des betreffenden Gutes. Dieser soll also annahmegemäß in relevanten Mengenbereichen stets positiv sein. Das bedeutet bei-spielsweise für Konsumgut 1

$$\frac{\partial u}{\partial x_1}(x_1, x_2) > 0.$$

Dies ist eine ordinale, also eine die Rangfolge festlegende Aussage, keine kardinale. Beispielsweise bringen zwei Brote mehr Nutzen als ein Brot und ein Brot mehr Nut-zen als kein Brot. Bei sehr hohen Mengen wird diese Annahme nicht unbedingt erfüllt sein. Das ist beispielsweise im Falle des Weins sehr deutlich. Jene extremen Mengen-bereiche, in denen der Grenznutzen negativ werden würde, sind aber auch nicht jene, in denen wir unsere nutzenmaximalen Mengenkombinationen suchen.
- Die zweite zentrale Annahme hinsichtlich der Präferenzstrukturen formulieren wir mit Hilfe des Konzepts der Grenzraten der Substitution im Konsum. Diese Grenzraten der Substitution sagen aus, wie viele Einheiten eines Gutes bei konstant gehaltenem Nutzenniveau durch eine zusätzliche Einheit eines anderen Gutes ersetzt werden können. Die Grenzrate der Substitution ist also anders als der Nutzen ein kardinales Konzept und damit zur kardinalen Formulierung der Präferenzstruktur geeignet. Sie ist ein Analogkonstrukt zu den Grenzraten der Faktorsubstitution. Die Annahme lau-tet, dass diese Grenzraten der Substitution im Konsum mit zunehmendem Ausgangs-niveau des substituierenden Gutes abnehmen. Substituiert man beispielsweise bei konstant zu haltendem Nutzenniveau sukzessive Gut 1 durch Gut 2, so wird gemäß dieser Annahme mit einer zusätzlichen Einheit von Gut 2 immer weniger von Gut 1 substituiert. Oder anders gesagt: Die Grenzrate der Substitution von Gut 1 durch Gut 2 wird immer kleiner. Der Grund dafür ist offensichtlich: Im Zuge dieses sukzessiven Substitutionsprozesses wird beim betrachteten Konsumenten das substituierende Gut immer weniger knapp und das substituierte Gut immer knapper.

Grafisch veranschaulichen kann man sich die Grenzraten der Substitution als die Steigungen einer so genannten Indifferenzkurve. Eine Indifferenzkurve ist eine Kurve gleichen Nutzens in der x_1-x_2-Verbrauchsebene, siehe Abb. 3.1. Die Abbildung zeigt, wie
eine zusätzliche Einheit von Gut 2 mit zunehmendem Konsumniveau des Gutes 2 und
dabei abnehmendem Konsumniveau des Gutes 1 (also von links nach rechts gedacht)
immer weniger von Gut 1 ersetzen kann. Die Annahme von mit zunehmendem Konsumniveau des substituierenden Gutes abnehmender Grenzrate der Substitution impliziert
einen konvexen Verlauf der Indifferenzkurve. Die Indifferenzkurve ist ein ordinales
Konzept. Alle Konsumgüterkombinationen auf ihr sind gleichrangig. Dabei ist ein ihr
zugewiesener numerischer Nutzenindex ohne Bedeutung. Die Präferenzstruktur wird
durch die Grenzraten der Substitution charakterisiert, also die Art und Weise der Krüm-
mung der Indifferenzkurve. Bei einem Konsumenten kann die Indifferenzkurve für zwei
bestimmte Konsumgüter sehr steil verlaufen, bei einem anderen sehr flach. Beim zweiten
Konsumenten substituiert dann eine weitere Einheit des Gutes 2 (bei jeweils gleichen
Konsummengen in der Ausgangssituation) prinzipiell weniger von Gut 1 als beim ersten
Konsumenten. Der zweite Konsument hat also eine stärkere Präferenz für Gut 1 als der
erste. Will man ihm eine Einheit von Gut 1 abhandeln, so muss man ihm dafür relativ
viel von Gut 2 mehr geben.

Berechnen lassen sich die Grenzraten der Substitution als Verhältnis des Grenznutzens des substituierenden Gutes zum Grenznutzen des substituierten Gutes. In unserem Beispiel der Substitution von Gut 1 durch Gut 2 lauten sie

$$s_{1,2}(x_1, x_2) = -\frac{dx_1}{dx_2} = \frac{\frac{\partial u}{\partial x_2}}{\frac{\partial u}{\partial x_1}}(x_1, x_2). \tag{3.2}$$

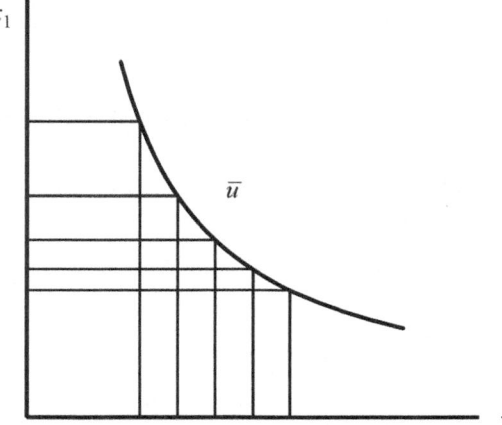

Abb. 3.1 Indifferenzkurve
und Grenzraten der
Substitution im Konsum

Dies lässt sich durch Gleich-Null-Setzen des totalen Differentials für Änderungen des Nutzens zeigen. Der Beweis ist analog zu jenem für die Grenzraten der Faktorsubstitution, siehe Abschn. 2.2.4.

Die Grenzraten der Konsumgütersubstitution nehmen kardinale Werte an, obwohl sie als Quotienten von zwei ordinalen Grenznutzen berechnet werden. Dies liegt daran, dass alle monotonen (also die Rangfolge der generierten Nutzenindizes erhaltenden) Transformationen der Nutzenindexfunktion die Grenznutzen aller Güter stets in gleicher Weise betreffen. Dadurch kürzen sie sich im Quotienten heraus. Gelte z. B. statt $u(x_1, x_2)$ die dieselbe Präferenzstruktur beschreibende monotone Transformation $F(u)$. Dann ergibt sich gemäß Gl. 3.2

$$s_{1,2} = \frac{\dfrac{\partial F}{\partial u}\dfrac{\partial u}{\partial x_2}}{\dfrac{\partial F}{\partial u}\dfrac{\partial u}{\partial x_1}} = \frac{\dfrac{\partial u}{\partial x_2}}{\dfrac{\partial u}{\partial x_1}}.$$

Statt Grenzraten der Substitution für die Substitution eines Konsumgutes durch ein anderes Konsumgut zu berechnen, kann man auch Grenzraten der Substitution aller übrigen Konsumgüter durch ein jeweils ausgesuchtes Konsumgut ermitteln. Dabei bezeichnet man alle übrigen Konsumgüter dann als „die übrige Einkommensverwendung" und erfasst diese über den Mengenindex X aller dieser Konsumgüter. Damit lässt sich die Grenzrate der Substitution der übrigen Einkommensverwendung durch ein bestimmtes Konsumgut formulieren als

$$s_{X,x} = \frac{\dfrac{\partial u}{\partial x}}{\dfrac{\partial u}{\partial X}}(X, x)$$

mit x als der Menge des substituierenden Konsumgutes. Bei der Berechnung dieser Grenzraten der Substitution ist vorausgesetzt, dass sich der Mengenindex über alle anderen Konsumgüter nutzenmaximal zusammensetzt.

3.2.3 Ein Beispiel: Cobb-Douglas-Präferenzen

Im Fall der Cobb-Douglas-Präferenzen lautet die Standardformulierung der Nutzenindexfunktion

$$u = x_1^\alpha x_2^\beta.$$

Der Grenznutzen beispielsweise von Konsumgut 1 ist

$$\frac{\partial u}{\partial x_1} = \alpha x_1^{\alpha-1} x_2^\beta > 0.$$

Damit lauten die Grenzraten der Substitution von Gut 1 durch Gut 2

$$s_{1,2} = \frac{\beta x_1^{\alpha} x_2^{\beta-1}}{\alpha x_1^{\alpha-1} x_2^{\beta}} = \frac{\beta x_1}{\alpha x_2}.$$

Der Leser vergewissere sich selbst, dass z. B. die monotonen Transformationen

$$u = 10 x_1^{\alpha} x_2^{\beta} \quad \text{und} \quad u = x_1^{2\alpha} x_2^{2\beta}$$

zu exakt den gleichen Grenzraten der Substitution führen.

3.3 Güterpreise und Budgetgleichungen

Mit seiner durch die Grenzraten der Substitution im Konsum kardinal beschriebenen Präferenzstruktur liegen die Vorlieben eines Nachfragers fest, welche seine Wünsche bestimmen. Diese individuelle Präferenzstruktur ist ein zentraler Bestimmungsgrund seiner Konsumgüternachfrage. Inwieweit er sich seine Wünsche erfüllen kann, hängt jedoch u. a. wesentlich von der ihm zur Verfügung stehenden Ausgabensumme für Konsumgüterkäufe ab. Dieses Konsumbudget bezeichnet man als Konsumsumme C. Die Höhe der Konsumsumme hängt vom Einkommen des betrachteten Wirtschaftssubjekts sowie von der Aufteilung des Einkommens auf Sparen einerseits und Konsumausgaben andererseits ab. Sie ist die zweite zentrale Determinante der einzelwirtschaftlichen Konsumgüternachfrage. Wie ein Konsument seine Konsumsumme auf die verschiedenen Konsumgüter verteilt, hängt nicht nur von seiner Präferenzstruktur, sondern auch von den Preisen der Konsumgüter ab. Diese Preise werden für ihn im Regelfall nicht beeinflussbar, sondern exogen gegeben sein. Sie sind der dritte zentrale Bestimmungsgrund seiner Konsumgüternachfrage.

Multipliziert man die Preise der Güter mit der jeweils zugehörigen Gütermenge, so erhält man die Ausgaben für die einzelnen Konsumgüter. Die Summe aller güterspezifischen Ausgaben muss der Konsumsumme entsprechen. Diesen Zusammenhang bezeichnet man als Budgetgleichung. Für zwei Konsumgüter formuliert lautet sie

$$C = p_1 x_1 + p_2 x_2. \tag{3.3}$$

In dem hier behandelten Entscheidungsproblem eines Konsumenten sind die Konsumsumme C und die Güterpreise p_1 und p_2 die vorgegebene Entscheidungsgrundlage. Gesucht sind jene Konsummengen x_1 und x_2, welche bei gegebener Präferenzstruktur den Nutzen maximieren. Die Budgetgleichung setzt dem Konsumenten bei dem Bestreben, einen möglichst hohen Nutzen aus dem Konsum zu ziehen, eine bindende Nebenbedingung. Daher bezeichnet man sie auch als Budgetrestriktion.

Zur grafischen Darstellung kann man die Budgetgleichung nach der Menge x_1 auflösen und als so genannte Budgetgerade

$$x_1 = -\frac{p_2}{p_1}x_2 + \frac{C}{p_1} \quad \text{mit} \quad \frac{\partial x_1}{\partial x_2} = -\frac{p_2}{p_1} \tag{3.4}$$

in die x_1-x_2-Konsumebene einzeichnen, siehe Abb. 3.2. Die Budgetgerade ist der geometrische Ort aller mit der vorgegebenen Konsumsumme C (maximal) erwerbbaren x_1-x_2-Kombinationen. Ihre Steigung entspricht dem Güterpreisverhältnis. Die Achsenabschnitte zeigen, welche Konsumgütermengen man kaufen kann, wenn man sich auf ein Konsumgut beschränkt.

Eine Erhöhung der Konsumsumme führt zu einer Parallelverschiebung der Budgetgeraden vom Ursprung weg. Auf der neuen Budgetgeraden liegen in allen Punkten höhere Konsummengen vor. Das Güterpreisverhältnis als Steigungswert gibt betragsmäßig an, auf wie viele Einheiten von Gut 1 man verzichten muss, wenn man sich eine zusätzliche Einheit von Gut 2 kaufen will. Steigt beispielsweise der Preis des ersten Gutes, so dreht sich die Budgetgerade im Abszissenabschnitt gegen den Uhrzeigersinn Richtung Ursprung. In allen Punkten der Budgetgeraden mit Ausnahme des Abszissenabschnitts liegen dann geringere Mengen beider Konsumgüter vor.

Schauen wir statt auf zwei bestimmte Konsumgüter auf alle Konsumgüter, greifen uns dabei eines zur Betrachtung heraus und erfassen alle anderen in einem Mengenindex X (übrige Einkommensverwendung), so lautet die Budgetgleichung $C = PX + px$ mit P als dem Preisindex für alle anderen Konsumgüter und p als Preis des betrachteten Konsumguts. Für die zughörige Budgetgerade in der X-x-Konsumebene ergibt sich dann

$$X = -\frac{p}{P}x + \frac{C}{P} \quad \text{mit} \quad \frac{\partial X}{\partial x} = -\frac{p}{P}.$$

Abb. 3.2 Budgetgerade

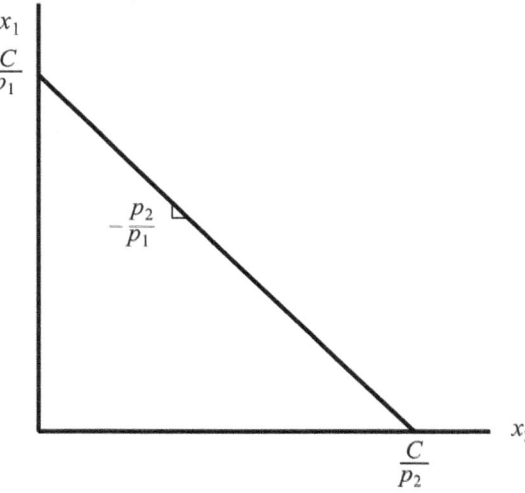

3.4   Nutzen und Konsumgüternachfrage

Hat ein Konsument Klarheit über seine Präferenzen und seine Budgetrestriktion, so kann er jene Konsumgütermengen ermitteln, die ihm den größten Nutzen bringen.

3.4.1   Nutzenmaximierung: die Konsumregel

Grafisch gedacht bedeutet diese Nutzenmaximierung, dass der Nachfrager bei vorgegebener Budgetgerade eine möglichst hohe Indifferenzkurve erreichen will. Dabei ist die höchstmögliche Indifferenzkurve jene, welche von der Budgetgeraden gerade noch erreicht, also tangiert wird. Mit diesem Tangentialpunkt liegen die nutzenmaximalen Konsumgütermengen fest. Dies illustriert die Abb. 3.3. Im eingezeichneten Tangentialpunkt stimmt die Steigung der Budgetgeraden mit der Steigung der Indifferenzkurve überein. Da erstere gemäß Gl. 3.4 dem Konsumgüterpreisverhältnis und letztere gemäß Gl. 3.2 den Grenzraten der Substitution entspricht, lautet die Optimalbedingung

$$\frac{p_2}{p_1} = \frac{\frac{\partial u}{\partial x_2}}{\frac{\partial u}{\partial x_1}}(x_1, x_2).$$

Nutzenmaximierung heißt also, die Konsumgütermengen so zu wählen, dass sich die Grenzrate der Substitution im Konsum dem vorgegebenen Konsumgüterpreisverhältnis anpasst.

Abb. 3.3 Nutzenmaximierende
Konsumgütermengen

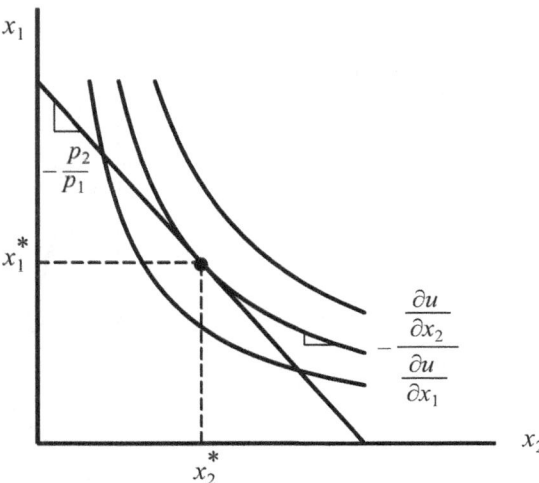

Die obige Optimalbedingung der Konsumgüternachfrage wollen wir als Konsumregel bezeichnen. Sie lässt sich alternativ formulieren als

$$\frac{\frac{\partial u}{\partial x_1}(x_1, x_2)}{p_1} = \frac{\frac{\partial u}{\partial x_2}(x_1, x_2)}{p_2}. \tag{3.5}$$

Die Konsumregel besagt also: Verteile deine Konsumsumme so auf die verschiedenen Konsumgüter, dass der letzte für ein Konsumgut verwendete Euro bei allen Konsumgütern den gleichen Nutzenzuwachs erbringt. Solange dies nicht der Fall ist, kann der Nutzen durch eine Reallokation der Konsumausgaben noch gesteigert werden. Gilt z. B. statt des Gleichheitszeichens in Gl. 3.5 ein Größerzeichen, so lässt sich der Nutzen noch erhöhen, indem man weniger von Konsumgut 2 und mehr von Konsumgut 1 kauft. Durch diese Reallokation steigt der Grenznutzen von Konsumgut 2 und fällt der Grenznutzen von Konsumgut 1. Man muss also so viele Euro umverteilen bis das Gleichheitszeichen gilt.

Die Konsumregel ergibt nach x_1 aufgelöst den (Konsummengen-)Expansionspfad im x_1-x_2-Diagramm. Dieser Expansionspfad ist der geometrische Ort aller Nutzenmaxima bei expandierender Konsumsumme. Die Abb. 3.4 zeigt einen solchen Expansionspfad. Grafisch ergibt er sich als Verbindungslinie aller Tangentialpunkte von Indifferenzkurven mit Budgetgeraden.

3.4.2 Determinanten der Güternachfragemenge und die Güternachfragefunktionen

Inputregel bzw. Expansionspfad und Budgetrestriktion zusammen ergeben im Falle einer konkreten Präferenzstruktur (z. B. einer numerisch spezifizierten Cobb-Douglas-Präferenzstruktur) zwei Gleichungen zur Bestimmung der beiden gesuchten nutzenmaximalen

Abb. 3.4 Konsummengen-expansionspfad

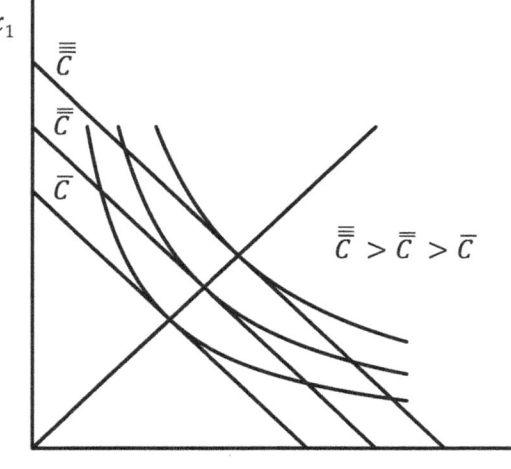

Nachfragemengen x_1^* und x_2^*. Lässt man in diesem aus Inputregel (Expansionspfad) und Budgetrestriktion bestehenden Zwei-Gleichungs-System jeweils eine der drei Größen Konsumsumme C, Preis p_1 und Preis p_2 numerisch unbestimmt, so erhält man drei wichtige ökonomische Verhaltensfunktionen:

- die (Güter-)Nachfragefunktionen $x_1 = x_1(p_1)$ und $x_2 = x_2(p_2)$ als den funktionalen Zusammenhang zwischen der Nachfrage nach einem Konsumgut und seinem Preis,
- die so genannten Kreuznachfragefunktionen $x_1 = x_1(p_2)$ und $x_2 = x_2(p_1)$ als den funktionalen Zusammenhang zwischen der Nachfrage nach einem Konsumgut und dem Preis eines anderen Konsumgutes,
- die so genannten Engelschen Kurven (benannt nach dem Statistiker Ernst Engel) als den funktionalen Zusammenhang zwischen der Nachfrage nach einem Konsumgut und der Konsumsumme $x_1 = x_1(C)$ und $x_2 = x_2(C)$.

Die Engelschen Kurven verlaufen im Regelfall steigend: Je höher die Konsumsumme ist, desto mehr fragt man von den meisten Gütern nach. Dies verdeutlicht die Konstruktion des Expansionspfads in der Abb. 3.4. Aber hier wird jeder auch Ausnahmen – so genannte inferiore Güter – kennen, bei denen es sich umgekehrt verhält. Die Nachfragefunktionen verlaufen fast immer fallend: Je teurer ein Konsumgut ist, desto weniger fragt man von ihm nach. Die Richtung des Verlaufs der Kreuznachfragefunktionen hängt von der Beziehung der beiden betrachteten Güter zueinander ab: Sind sie für den betrachteten Nachfrager gute Substitute (wie beispielsweise zwei Cola-Varianten), so ist der Zusammenhang zwischen der Nachfrage nach einem Gut und dem Preis des anderen meist gleichgerichtet. (Man weicht beispielsweise einer Preiserhöhung aus und kauft mehr von der Alternative.) Sind die beiden betrachteten Güter Komplemente (wie beispielsweise DVD-Spieler und bespielte DVDs), so ist der Zusammenhang zwischen der Nachfrage nach einem Gut und dem Preis des anderen meist entgegengerichtet. (Beispielsweise trifft eine Preiserhöhung bei DVD-Spielern auch die DVD-Nachfrage negativ).

Ausgehend von der Formulierung der Konsumregel in Gl. 3.5 und der Abb. 3.3 kann man den bezüglich der nachgefragten Menge negativen Preiseffekt explizit in zwei Teileffekte zerlegen. Schauen wir zunächst auf die Gl. 3.5: Steigt hier ausgehend von einer nutzenmaximalen Situation der Preis des ersten Gutes, so fällt das Verhältnis von Grenznutzen zu Preis bei diesem Gut unter dieses Verhältnis bei Konsumgut 2. Der Nachfrager wird daher einen Eurobetrag aus der Verwendung für das verteuerte Gut abziehen, sodass die nachgefragte Menge fällt. Diesen Effekt bezeichnet man als Substitutionseffekt. Der zweite Teileffekt besteht darin, dass man nach der Preiserhöhung real weniger konsumieren kann. Dieser Teileffekt kommt über die Budgetrestriktion ins Spiel und wird als Einkommenseffekt (treffender wäre: Konsumsummeneffekt) bezeichnet. Fast immer geht er in die gleiche Richtung wie der Substitutionseffekt, verringert also bei einer Preiserhöhung ebenfalls die Nachfrage nach dem betroffenen Konsumgut. Man kann diese Zerlegung des direkten Preiseffekts wie folgt formulieren: Der Substitutionseffekt gibt die Wirkung der Veränderung des relativen Preises p_1/p_2 isoliert an, d. h. unter der Annahme, der Nachfrager werde derart einkommenskompensiert, dass er auf dem alten Nutzenniveau (grafisch: auf der alten Indifferenzkurve) verbleibt. Der Einkommenseffekt gibt die Wirkung der Veränderung des realen Einkommens (der realen Konsumsumme) isoliert an, also unter der Annahme, es gelte ein fester relativer Preis.

Die Abb. 3.5 zeigt diese Effektzerlegung für den Fall der Erhöhung des Preises des Gutes 1. Die Ausgangssituation ist der Tangentialpunkt zwischen oberer Indifferenzkurve und oberer Budgetgerade. Nun kommt es zu einer Erhöhung des Preises von Gut 1. Dadurch dreht sich die Budgetgerade im Abszissenabschnitt Richtung Ursprung. (Diese Bewegung der Budgetgeraden kann man sich an ihren beiden Achsenabschnitten leicht erklären: Im Abszissenabschnitt wird ausschließlich Gut 2 konsumiert – hier wäre man also gar nicht von der Preiserhöhung bei Gut 1 betroffen. Im Ordinatenabschnitt wird ausschließlich Gut 1 konsumiert – hier wäre man mit Blick auf das Realeinkommen am stärksten getroffen.) Damit ist klar, dass das alte Nutzenniveau (die alte Indifferenzkurve) nicht mehr erreichbar ist. Der neue nutzenmaximale Konsumpunkt liegt im Tangentialpunkt der neuen Budgetgeraden mit der von ihr aus höchstmöglichen erreichbaren Indifferenzkurve. An der Ordinate kann man die induzierte Senkung der Nachfrage nach Gut 1 ablesen. Dies ist der Preiseffekt PE, der sich als Strecke zwischen optimalem Konsumpunkt vorher und optimalem Konsumpunkt nachher eingezeichnet findet. Diesen Gesamteffekt PE kann man nun auch grafisch in die beiden Teileffekte Substitutionseffekt der Preiserhöhung SE und Einkommenseffekt der Preiserhöhung EE zerlegen. Dazu muss man eine fiktive Einkommenskompensation annehmen, welche die ursprüngliche Indifferenzkurve wieder erreichbar machen würde. Diese Kompensation drückt sich grafisch darin aus, dass die neue Budgetgerade so lange nach oben verschoben

Abb. 3.5 Preiseffekt-
zerlegung bei der
Konsumgüternachfrage

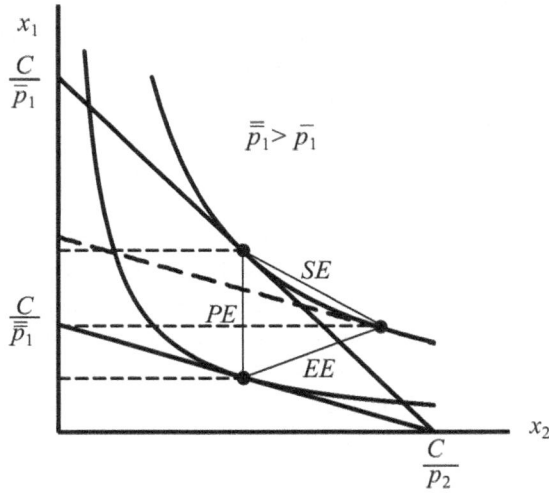

wird, bis sie die alte Indifferenzkurve tangiert. Diese insofern fiktive Budgetgerade ist in der Abbildung als langgestrichelte Parallele zur tatsächlichen neuen Budgetgeraden eingezeichnet. Damit erhält man einen dritten, sozusagen fiktiven Tangentialpunkt. Die Bewegung zwischen den beiden Tangentialpunkten auf der ursprünglichen Indifferenz-kurve zeigt die isoliert Wirkung der Änderung des relativen Preises zwischen den beiden Gütern, also den Substitutionseffekt. Die Bewegung von diesem fiktiven Tangentialpunkt auf der Ausgangsindifferenzkurve zum Tangentialpunkt zwischen neuer Budgetgerade und neuer Indifferenzkurve zeigt den isolierten Effekt des Realeinkommensverlustes durch die Preiserhöhung, also den Einkommenseffekt.

Da mit Blick auf die Nachfrage nach dem von der Preiserhöhung betroffenen Gut 1 beide Teileffekte in die gleiche Richtung gehen, verläuft die Nachfragefunktion $x_1 = x_1(p_1)$ im x_1-p_1-Diagramm eindeutig fallend. Die (Höhen-)Lage einer einzelwirtschaft-lichen Güternachfragefunktion $x_1 = x_1(p_1)$ im Mengen-Preis-Diagramm hängt von den anderen Bestimmungsgründen der Güternachfrage ab, also von der Präferenzstruktur, von der verfügbaren Konsumsumme bzw. dem dahinterstehenden verfügbaren Ein-kommen und von den Preisen der anderen Konsumgüter.

Dabei kann eine Preiserhöhung bei einem anderen Konsumgut auf die Nachfrage nach dem betrachteten Gut sowohl positiv als auch negativ wirken. Einerseits bedeutet eine solche Preiserhöhung eine Verschiebung des relativen Preises zugunsten des betrachteten Gutes. Der Substitutionseffekt einer Erhöhung des Preises eines anderen Konsumgutes lässt daher die Nachfrage nach dem betrachteten Gut höher ausfallen. Andererseits sinkt bei jeder Erhöhung des Preises eines anderen Gutes das reale Ein-kommen. Dieser negative Einkommenseffekt wirkt auch auf die Nachfrage nach dem betrachteten Konsumgut. Die Abb. 3.5 verdeutlicht diese beiden gegenläufigen Effekte am Beispiel der Erhöhung des Preises von Gut 1 mit Blick auf die Nachfrage nach Gut 2. Dazu muss man nun die Änderungen von auf der Abszisse verfolgen (auf der Achse nicht explizit eingezeichnet). Schaut man nur auf den Substitutionseffekt, so würde die Nachfrage nach Gut 2 steigen (Bewegung auf der Ausgangsindifferenzkurve nach rechts). Aber der Einkommenseffekt wirkt dem entgegen (Bewegung zwischen den Indifferenzkurven nach links). In der Abb. 3.5 haben wir jenen speziellen Fall ein-gezeichnet, in dem sich beide Effekte genau ausgleichen und daher insgesamt keine Wirkung vom Preis des ersten Gutes auf die Nachfrage nach dem zweiten Gut ausgeht. Bei etwas anderen Verläufen der Indifferenzkurven hätte jedoch auch eine positive oder eine negative Gesamtwirkung resultieren können. Meist dominiert bei derartigen Über-kreuzbeziehungen zwischen den Preisen eines Gutes und den Nachfragemengen eines anderen Gutes der Substitutionseffekt, sodass sich eine positive Beziehung ergibt. In unserem Beispiel würde dann ein höherer Preis des Gutes 1 die Nachfrage nach Gut 2 erhöhen. Grafisch ist das eine Verschiebung der Nachfragefunktion $x_2 = x_2(p_2)$ im Mengen-Preis-Diagramm nach oben, siehe Abb. 3.6. Man bezeichnet die beiden Güter dann als gute Substitute. Dominiert dagegen der Einkommenseffekt, so spricht man

Abb. 3.6 Nachfragefunktion
und Preis eines guten
Substituts

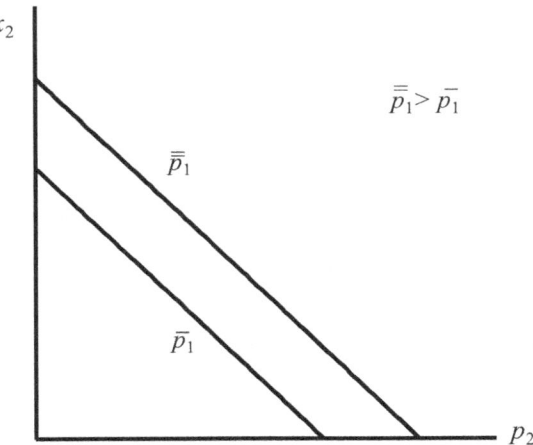

von schlechten Substituten. Letzteres kann vorliegen, wenn sich der Preis eines Gutes erhöht, das sowohl für den Nachfrager sehr wichtig und somit schwer substituierbar ist als auch einen merklichen Teil seiner Konsumsumme beansprucht. Ein gutes Beispiel ist das Gut Benzin. Steigt der Benzinpreis, so bedeutet das für viele Konsumenten eine merkliche reale Einkommenssenkung. Zudem kann man den Benzinverbrauch oft nicht nachhaltig verringern. Also steigen die Ausgaben für Benzin, sodass man bei anderen Gütern die Ausgaben durch Konsumverzicht senken muss – der Einkommenseffekt dominiert.

Recht eindeutig wirkt dagegen eine Erhöhung der Konsumsumme auf eine Nachfragefunktion. Sie verschiebt typischerweise die gesamte Nachfragefunktion nach oben. Ausnahmen sind hier so genannte absolut inferiore Güter wie etwa Kaffeeersatz. Ebenfalls in Richtung mehr Nachfrage bei jedem Preis wirken sich Erhöhungen in der Wertschätzung eines Gutes aufgrund geänderter Präferenzstrukturen aus. Dies ist ein Punkt, an dem beispielsweise die Produktwerbung ansetzt.

Addiert man bei allen individuellen Nachfragefunktionen für jeden Preis die nachgefragten Mengen, so ergibt sich die Marktnachfragefunktion $x^N = x^N(p)$. In der Abb. 3.7 sind zwei solche Marktnachfragefunktionen in stilisierter Form dargestellt. Die Abbildung zeigt die Zunahme der Marktnachfrage bei jedem Preis als Folge eines Anstiegs der insgesamt zur Verfügung stehenden Konsumsumme.

3.4.3   Ein Beispiel für Cobb-Douglas-Präferenzen

Im Beispiel der Cobb-Douglas-Nutzenindexfunktionen

$$u = x_1^{\alpha} x_2^{\beta}$$

Abb. 3.7 Marktnachfragefunktion und
Konsumausgaben

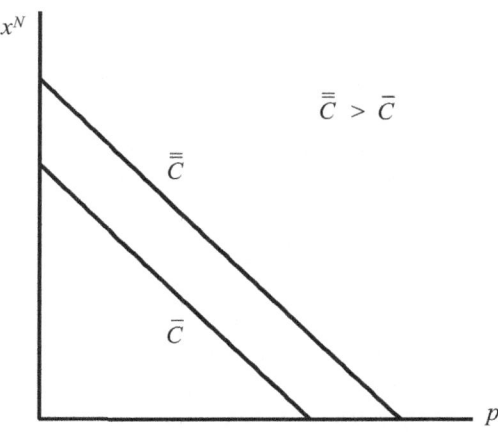

gilt gemäß der Konsumregel

$$\frac{\alpha x_1^{\alpha-1} x_2^{\beta}}{p_1} = \frac{\beta x_1^{\alpha} x_2^{\beta-1}}{p_2}$$

bzw.

$$\frac{\alpha x_2}{p_1} = \frac{\beta x_1}{p_2}.$$

Das ergibt den Expansionspfad in der Verbrauchsebene

$$x_1 = \frac{\alpha}{\beta} \frac{p_2}{p_1} x_2.$$

Bei Cobb-Douglas-Präferenzen verläuft der Expansionspfad also speziell linear. Seine Steigung wird vom Verhältnis der die Güter in der Präferenzstruktur gewichtenden Exponenten der Nutzenindexfunktion sowie dem Verhältnis der Güterpreise bestimmt.

Einsetzen des Expansionspfads in die Budgetrestriktion führt zu den einzelwirtschaftlichen Güternachfragefunktionen für Gut 1

$$x_1 = \frac{\alpha}{\alpha+\beta} \frac{C}{p_1}$$

und für Gut 2

$$x_2 = \frac{\beta}{\alpha+\beta} \frac{C}{p_2}.$$

Hier kann man explizit das Wirken der Bestimmungsgründe der Nachfrage sehen:

- Die Nachfrage nach einem Gut fällt mit steigendem eigenen Preis,
- sie steigt mit steigender Konsumsumme
- und sie steigt mit steigendem Gewicht in der Präferenzstruktur.
- Der Preis des anderen Gutes hat hier keine Wirkung (Fall der Abb. 3.5).

Letzteres ist eine Besonderheit der Cobb-Douglas-Präferenzen. Es handelt sich bei diesen um Präferenzstrukturen, bei denen sich der Substitutionseffekt und der Einkommenseffekt einer Änderung des Preises eines anderen Gutes genau kompensieren. Konsumenten mit Cobb-Douglas-Präferenzen haben nutzenmaximale Ausgabenanteile der verschiedenen Güter an der Konsumsumme, die nur von den Präferenzen, nicht aber von den Preisen abhängen:

$$\frac{p_1 x_1}{C} = \frac{\alpha}{\alpha + \beta} \quad \text{und} \quad \frac{p_2 x_2}{C} = \frac{\beta}{\alpha + \beta}.$$

Steigt hier ein Preis, so wird die Menge des betroffenen Gutes in dem Maße verringert, dass die Ausgaben für das Gut unverändert bleiben.

3.5   Zahlungsbereitschaften und Konsumentenrenten

Wir können die Konsumregel auch für den Fall der Nachfrage nach einem bestimmten Konsumgut mit allen anderen Konsumgütern (der übrigen Einkommensverwendung) als Alternativverwendung formulieren. Vor dem Hintergrund einer X-x-Konsumebene mit den Steigungen der Indifferenzkurve als den Grenzraten der Substitution aller anderen Konsumgüter durch das betrachtete Konsumgut lautet die Nutzenmaximierungsbedingung analog zum Zwei-Güter-Fall des Vorabschnitts

$$\frac{p}{P} = \frac{\dfrac{\partial u}{\partial x}}{\dfrac{\partial u}{\partial X}}(X, x).$$

Dabei ist die Zusammenstellung aller übrigen Güter im Mengenindex X annahmegemäß nutzenmaximal, so dass dieser Mengenindex als ein nutzenmaximal zusammengesetztes Konsumgut „übrige Einkommensverwendung" betrachtet werden kann. Damit sagen die obigen Grenzraten der Substitution aus, wie viele Einheiten der übrigen Einkommensverwendung man durch eine zusätzliche Einheit des explizit betrachteten Konsumgutes (bei konstant gehaltenem Nutzen) ersetzen kann. Diese Grenzraten der Substitution fallen mit zunehmendem Konsumniveau des betrachteten Gutes. Die Optimalbedingung wird anschaulicher, wenn man beide Seiten mit dem Preisindex P multipliziert. Dann steht auf der rechten Seite die in Euro bewertete Grenzrate der Substitution. Diese bewertete Grenzrate der

Substitution gibt an, auf wie viel in Euro bewertete übrige Einkommensverwendung man maximal bereit ist zu verzichten, wenn man eine Einheit mehr von dem betrachteten Gut bekommt. Dies ist nichts anderes als die maximale Grenzzahlungsbereitschaft für das betrachtete Gut, die wir schon aus dem ersten Kapitel kennen und die aussagt, wie viel Euro (bewertete übrige Einkommensverwendung) man maximal bereit ist zu verzichten, wenn man eine Einheit mehr von dem betrachteten Gut bekommt. Dies ist definitionsgemäß die maximale Grenzzahlungsbereitschaft für das betrachtete Gut. Sie sagt aus, wie viel Euro einem eine weitere Einheit des betrachteten Gutes wert ist. Die maximale Grenzzahlungsbereitschaft ist nicht mit der Zahlungsbereitschaft für das betrachtete Gut insgesamt zu verwechseln. Diese gibt an, wie viel man insgesamt für eine bestimmte Menge des Gutes maximal zu zahlen bereit ist. Die maximale Zahlungsbereitschaft notieren wir im Weiteren mit $z = z(x)$. Die maximale Grenzzahlungsbereitschaft ist definitionsgemäß ihre erste Ableitung. Damit können wir die Identität von maximaler Grenzzahlungsbereitschaft für ein Konsumgut und der monetär bewerteten Grenzrate der Substitution zwischen der übrigen Einkommensverwendung und diesem Gut formulieren als

$$\frac{\partial z}{\partial x}(X, x) = P\frac{\frac{\partial u}{\partial x}}{\frac{\partial u}{\partial X}}(X, x).$$

Da die dahinterstehende Grenzrate der Substitution mit zunehmendem Konsumniveau des betrachteten Gutes fällt, fällt auch die maximale Grenzzahlungsbereitschaft für dieses Gut mit steigendem Konsumniveau des Gutes. Damit ist unmittelbar einsichtig, wie ein Konsument seine Konsumgütermengen festlegen wird: Er wird die Konsummenge jedes Gutes so lange erhöhen, bis die maximale Grenzzahlungsbereitschaft für dieses Gut auf die Höhe seines Preises gefallen ist. Dies ist eine alternative Formulierung der Konsumregel. In eine Gleichung gefasst lautet sie

$$p = \frac{\partial z}{\partial x}(x). \tag{3.6}$$

Die Abb. 3.8 verdeutlicht diese Formulierung in stilisierter Form anhand einer linear fallenden Funktion für die maximalen Grenzzahlungsbereitschaften.

An der Abb. 3.8 kann man die maximale Zahlungsbereitschaft für eine bestimmte Menge des Gutes $z(x)$ – z. B. speziell für die nutzenmaximale Menge $z(x^*)$ – als Fläche unter der Funktion für die maximalen Grenzzahlungsbereitschaften vom Nullpunkt bis hin zur bestimmten Menge – also z. B. bis hin zu x^* – ablesen. Zieht man von der maximalen Zahlungsbereitschaft für eine bestimmte Gütermenge $z(x)$ die tatsächlichen Ausgaben für diese Menge px ab, so erhält man die so genannte Konsumentenrente, im Weiteren als $r = r(x)$ notiert. Für die Konsumentenrente gilt also die Definitionsgleichung

$$r(x) = z(x) - px. \tag{3.7}$$

Abb. 3.8 Alternative
Formulierung der Konsumregel

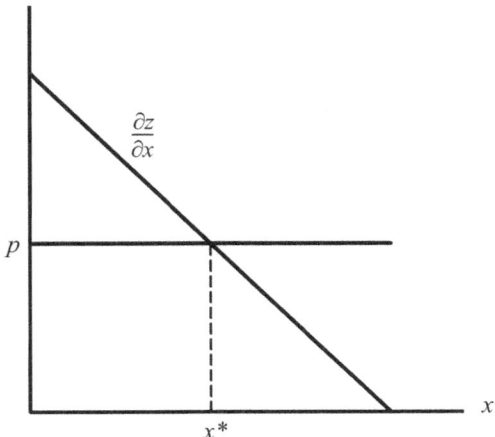

In der Abb. 3.9 ist der definitorische Zusammenhang zwischen maximaler Zahlungs-
bereitschaft (grau schattierte Fläche), Ausgaben (Teilfläche unter der Preisgeraden) und
Konsumentenrente (Teilfläche über der Preisgeraden) speziell für die nutzenmaximale
Konsummenge dargestellt.

Die Konsumentenrente ist das kardinale Maß für die Wohlfahrt des Nachfragers
aus der jeweiligen Konsumgutmenge und damit das Pendant zum Gewinn der Unternehmung. Der Leser beachte insbesondere, dass nicht die maximale Zahlungsbereitschaft das Maß der Wohlfahrt ist. Die maximale Zahlungsbereitschaft zeigt nur, wie
begehrt das Gut beim betrachteten Nachfrager ist. Man kann sich das leicht am Beispiel
eines Gutes klarmachen, von dem ein Nachfrager nur eine oder keine Einheit konsumiert, z. B. ein Auto oder ein Haus. Die maximale Zahlungsbereitschaft für dieses Gut
entspricht dann der maximalen Grenzzahlungsbereitschaft für die erste Einheit dieses
Gutes. Liegt der Preis über der maximalen Zahlungsbereitschaft, so kauft er es nicht,
und es entsteht keine zusätzliche Wohlfahrt. Entspricht der Preis exakt der maximalen
Zahlungsbereitschaft, so ist der Nachfrager indifferent. Kauft er es nicht, entsteht wieder keine zusätzliche Wohlfahrt aus diesem Gut. Kauft er es, entsteht auch keine zusätzliche Wohlfahrt. Denn wenn er es kauft, muss er (bei gegebener Budgetrestriktion) auf so
viel von anderen Gütern verzichten, dass er genau auf der gleichen Indifferenzkurve verbleibt. Dies ergibt sich aus der Definition der maximalen (Grenz-)Zahlungsbereitschaft.
Der Verlust an Wohlfahrt durch die Verringerung des Konsums an anderer Stelle kompensiert genau den (Brutto-)Wohlfahrtszuwachs durch den Konsum des betrachteten
Gutes. Nur wenn der Preis niedriger als die maximale Zahlungsbereitschaft ist, kann er
durch den Kauf des Gutes trotz des dafür nötigen Verzichts bei anderen Konsumgütern
seine Wohlfahrt erhöhen.

An der Abb. 3.9 ersieht man sofort, dass mit der nutzenmaximalen Menge die Konsumentenrente maximiert ist. Bei einer kleineren Menge würden Einheiten des Gutes

Abb. 3.9 Maximale
Zahlungsbereitschaft und
Konsumentenrente

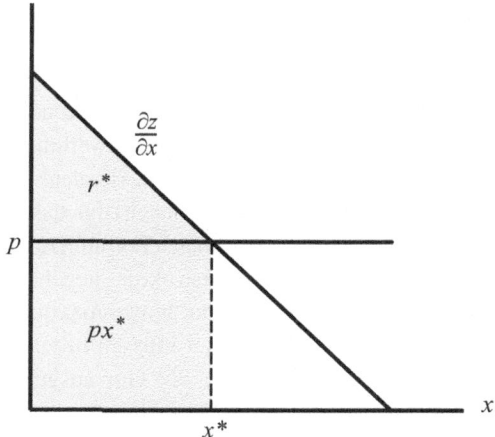

nicht gekauft werden, deren maximale Grenzzahlungsbereitschaft über dem Preis liegt,
deren Kauf also die Konsumentenrente noch erhöhen würde. Bei einer höheren Menge
als der nutzenmaximalen würden Einheiten des Gutes gekauft, bei denen die maximale
Grenzzahlungsbereitschaft unter dem Preis liegt, deren Kauf also die Konsumentenrente vermindern würde. Nutzenmaximierung ist also identisch mit Konsumentenrentenmaximierung. Dementsprechend führt die Maximierung der Konsumentenrente gemäß
Gl. 3.7 über Ableiten nach der Menge und anschließendem Gleich-Null-Setzen dieser
Ableitung direkt zur Konsumregel Gl. 3.6.

Erhöht sich in der Abb. 3.8 (oder 3.9) ausgehend von der abgebildeten nutzen- bzw.
konsumentenrentenmaximalen Situation der Preis des betrachteten Gutes, so liegt bei
der ursprünglichen Konsummenge die maximale Grenzzahlungsbereitschaft unter dem
Preis. Der Nachfrager wird daher seine Menge reduzieren, bis die maximale Grenzzahlungsbereitschaft auf die Höhe des neuen Preises gestiegen ist. Der Leser beachte,
dass diese negative Reaktion der Nachfrage auf eine Preiserhöhung noch dadurch verstärkt wird, dass die Preiserhöhung eine Realeinkommenssenkung (Einkommenssenkung
in Gütereinheiten gerechnet) bedeutet, die zu einer Absenkung der gesamten Kurve der
maximalen Grenzzahlungsbereitschaften führt. (In der Grafik verschiebt sich bei einer
Preiserhöhung also nicht nur die Preisgerade nach oben, sondern zudem die Grenz-
zahlungsbereitschaftsgerade etwas nach unten).

3.6   Zusammenfassung

1. Präferenzstrukturen lassen sich mittels des Verlaufs der Grenzraten der Substitution
   im Konsum kardinal formulieren und formalisieren. Diese Grenzraten der Substitution eines Konsumgutes 1 durch ein Konsumgut 2 geben an, wie viele Einheiten des

Gutes 1 durch eine (weitere) Einheit des Gutes 2 (bei konstant gehaltenem Nutzenniveau) ersetzt werden können.

2. Aus den Grenzraten der Substitution der übrigen Einkommensverwendung (also hier: eines Mengenindex aller anderen Konsumgüter) durch ein bestimmtes betrachtetes Konsumgut kann man mittels Bewertung dieser Grenzraten mit dem Preisindex aller anderen Konsumgüter die maximalen Grenzzahlungsbereitschaften (Zahlungsbereitschaften für eine weitere Einheit) für das betrachtete Gut ermitteln. Damit hat man ein monetäres Maß zur kardinalen Formulierung und Formalisierung von Präferenzstrukturen.

3. Für gegebene Präferenzstruktur, gegebene Konsumsumme und gegebene Konsumgüterpreise lassen sich die nutzenmaximalen Konsumgütermengen über die Konsumregel ermitteln: Die Güter müssen in jenen Mengenverhältnissen konsumiert werden, bei denen der letzte für ein Gut ausgegebene Euro bei allen Gütern zum gleichen Nutzenzuwachs führt. Oder alternativ formuliert: Bei jedem Gut muss die maximale Grenzzahlungsbereitschaft dem Preis dieses Gutes entsprechen.

4. Angesichts mit steigender Konsummenge eines Gutes fallender Grenzraten der Substitution bzw. fallender Grenzzahlungsbereitschaften fallen die einzelwirtschaftlichen und aggregierten Nachfragen nach einem Gut mit steigendem Preis dieses Gutes.

5. Bei der Reaktion der Nachfrage nach einem Gut auf die Erhöhung des Preises eines anderen Gutes dominiert meist der Substitutionseffekt (also der Effekt der Änderung des relativen Preises bei fiktiv festgehaltenem Nutzenniveau), sodass die Nachfrage steigt. Eine Dominanz des Einkommenseffekts (also des Effekts der bewirkten Nutzenniveauverringerung) kann vorliegen, wenn das andere (verteuerte) Gut schlecht substituierbar ist und einen merklichen Teil der Konsumsumme beansprucht.

6. Die Nachfrage nach einem Gut ist bei jedem eigenen Preis umso höher, je höher die Wertschätzung für das betrachtete Gut ist und je höher die Konsumsummen insgesamt sind (Regelfall).

7. Das kardinale Maß der Wohlfahrt aus der Konsumgüternachfrage ist die Konsumentenrente. Die Konsumentenrente entspricht der Differenz zwischen maximaler Zahlungsbereitschaft und tatsächlichen Ausgaben. Nutzenmaximierung nach der Konsumregel ist zugleich Konsumentenrentenmaximierung.

3.7   Leseempfehlung

Einen ersten Zugang zum Themenfeld der Marktnachfrage bietet das Kap. C.II in Bartling und Luzius (2014). Mit Ausnahme der Konzepte der Konsumentenrente und der maximalen (Grenz-)Zahlungsbereitschaft (und damit unserer zweiten Variante der Konsumregel) finden sich die Inhalte des vorliegenden Kapitels sehr ausführlich und differenziert dargestellt im Kap. I von Schumann et al. (2011): Zur Abbildung von Präferenzen und zur Budgetrestriktion siehe dort S. 48 ff., zu Konsumregel (dort „optimaler Verbrauchsplan") und Nachfragefunktion siehe S. 57 ff. Weiterführend sind hier u. a.

auch die Abschnitte zur Nachfrageinterdependenz (S. 97 ff.) und zur Entscheidung unter Unsicherheit (S. 104 ff.). Zu den Konzepten der maximalen Zahlungsbereitschaft und der Konsumentenrente siehe beispielsweise das vierzehnte Kapitel in Varian (2016).

Literatur

Bartling, H., Luzius, F.: Grundzüge der Volkswirtschaftslehre, 17. Aufl. Vahlen, München (2014)

Schumann, J., Meyer, U., Ströbele, W.: Grundzüge der mikroökonomischen Theorie, 9. Aufl. Springer, Berlin (2011)

Varian, H.R.: Grundzüge der Mikroökonomik, 9. Aufl. De Gruyter, Berlin (2016)

Das Marktgleichgewicht

4

Inhaltsverzeichnis

4.1   Überblick

In diesem Kapitel wollen wir uns mit dem Marktgleichgewicht beschäftigen, das resultiert, wenn das im zweiten Kapitel betrachtete Marktangebot auf die im dritten Kapitel betrachtete Marktnachfrage trifft. Dabei werden wir uns wie in den Vorkapiteln auf jenen Fall beschränken, in dem keiner der Anbieter Marktmacht in dem Sinne hat, dass er infolge eines großen Marktanteils merklichen Einfluss auf den Marktpreis hätte. Im nächsten Unterkapitel betrachten wir die Existenz und die Stabilität des Marktgleichgewichts bei gegebener Anbieterzahl, anschließend die Bestimmungsgründe der Höhe von Gleichgewichtspreis und Gleichgewichtsmenge. Mit dem vierten und letzten Unter-kapitel kommen wir schließlich auf das zentrale Thema der Marktökonomik zu sprechen: dem Allokationsproblem und seiner Lösung durch den Markt. Hier werden wir zeigen, dass der Markt – unter den hier zugrunde gelegten Rahmenbedingungen (u. a. Abwesen-heit von Marktmacht) – das Allokationsproblem nicht nur im Sinne einer Koordination aller einzelwirtschaftlichen Produktions- und Konsumpläne löst, sondern dass er es zudem in wohlfahrtsmaximaler Weise löst. Das bedeutet, es ist kein Allokations-mechanismus denkbar, der zu einer höheren gesamtwirtschaftlichen Wohlfahrt füh-ren könnte. Dies ist der Fall, obwohl kein Marktteilnehmer dieses Wohlfahrtsoptimum zum Ziel hat. Die Anbieter schauen annahmegemäß nur auf ihren einzelwirtschaftlichen Gewinn, die Nachfrager nur auf ihren einzelwirtschaftlichen Nutzen. Trotzdem stellt sich die maximal mögliche Gesamtwohlfahrt ein.

4.2   Existenz und Stabilität des Marktgleichgewichts

Die folgende Betrachtung des so genannten Marktgleichgewichts und seiner Determinanten beschränkt sich wie die Analyse von Marktangebot und Marktnach-frage in den beiden vorangegangenen Kapiteln auf den Fall der Abwesenheit von Markt-macht. Dies kann man auch als die Annahme formulieren, es gäbe sehr viele durchweg sehr kleine Anbieter und Nachfrager. Damit hat der einzelne Marktteilnehmer einen kaum merklichen Marktanteil und damit einen kaum merklichen Einfluss auf Güter- und Faktorpreise. Die Preise ergeben sich über den so genannten Preismechanismus (oft auch: „Marktmechanismus") bzw. einen dahinter stehenden Marktmacher. Einen so klei-nen und damit marktmachtlosen Marktteilnehmer bezeichnet man als Polypolisten und einen Markt, auf dem nur Polypolisten agieren, als Polypol. Wie in den ersten drei Kapi-teln schauen wir auf einen Markt für ein nicht differenziertes Gut und nehmen an, dass jeder Marktteilnehmer den Marktpreis und seine Präferenzen bzw. seine Kostenfunktion kennt. Mit Blick auf letzteres spricht man auch vom Vorliegen von Markttransparenz, und ein nicht differenziertes Gut bezeichnet man auch als homogenes Gut. Der Leser beachte, dass Markttransparenz lediglich erfordert, dass jeder Anbieter und jeder Nachfrager jene Informationen hat, die er zu seiner Gewinn- bzw. zu seiner Nutzenmaximierung braucht. Markttransparenz erfordert also beispielsweise nicht, dass irgendein Nachfrager irgend-etwas über die Produktionstechnik weiß oder dass ein Anbieter die Produktionstechnik eines anderen Anbieters kennt. Sind Homogenität und Markttransparenz gegeben, so gilt der Markt als „vollkommen". Die in diesem Kapitel behandelte Marktform firmiert daher als Polypol auf dem vollkommenen Markt oder auch als Vollkommene Konkurrenz. Die Marktform der Vollkommenen Konkurrenz ist also gekennzeichnet durch

- Abwesenheit von Marktmacht (sehr viele sehr kleine Anbieter und Nachfrager),
- Markttransparenz im obigen Sinne,
- Homogenität des betrachteten Gutes.

4.2.1   Existenz des Marktgleichgewichts

Als das Marktgleichgewicht bezeichnet man jene Preis-Mengen-Kombination, bei der aggregiertes Angebot und aggregierte Nachfrage übereinstimmen. Grafisch entspricht es dem Schnittpunkt der Marktangebotsfunktion $x^A(p)$ mit der Marktnachfragefunktion $x^N(p)$. Die Abb. 4.1 zeigt dies in stilisierter Form. Der Begriff des Gleichgewichts bezieht sich hier nur auf diese Gleichheit von angebotener und nachgefragter Menge. Er impliziert beispielsweise keine Konstanz des Gleichgewichtspreises in der Zeit (Gleichheit im Zeitverlauf) oder eine Gleichheit von Preisen und Stückkosten. Mit Blick auf die Notation ist hier zu vermerken, dass ein bloßes x ab jetzt immer für die Gesamtmenge steht, während einzelwirtschaftliche Mengen auf der Anbieterseite durch den tiefgestellten Index i und auf der Nachfragerseite durch den tiefgestellten Index j gekennzeichnet sind. Es steht also x_i für die Angebotsmenge eines einzelnen Anbieters und x_j für die Nachfragemenge eines einzelnen Nachfragers.

Im Marktgleichgewicht lassen sich alle einzelwirtschaftlichen Angebots- und Nachfragepläne realisieren. Jeder Anbieter kann seine zum Gleichgewichtspreis gehörige gewinnmaximale Angebotsmenge verkaufen und jeder Nachfrager kann seine zum Gleichgewichtspreis gehörige nutzenmaximale Nachfragemenge kaufen. Dies folgt unmittelbar aus der Herleitung der Angebotsfunktion aus der Outputregel (diese ist in jedem Punkt der Angebotsfunktion bei allen Anbietern erfüllt) und der Nachfragefunktion aus der Konsumregel (diese ist in jedem Punkt der Nachfragefunktion bei allen Nachfragern erfüllt) sowie dem Umstand, dass das Marktgleichgewicht definitionsgemäß auf beiden Funktionen liegt. Es besteht also umfassende Plänekompatibilität bzw. totales mikroökonomisches Dispositionsgleichgewicht. Da die Angebotsfunktion durchweg steigt und die Nachfragefunktion durchweg fällt, ist bei gegebener Existenz des Marktgleichgewichts dessen Eindeutigkeit garantiert. Es kann keinen zweiten Preis geben, zu dem sich auch eine Gleichheit von Angebot und Nachfrage einstellt.

Abb. 4.1 Existenz und Eindeutigkeit des Marktgleichgewichts

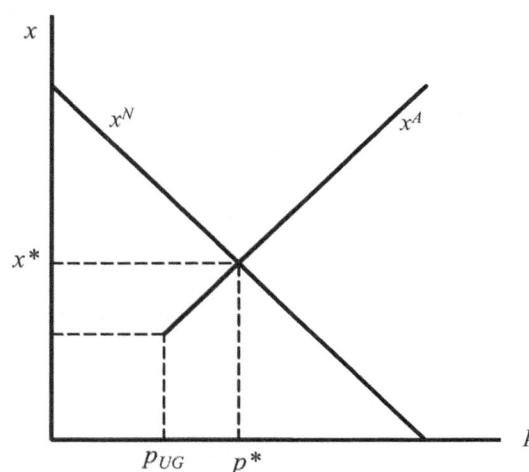

Ob ein Marktgleichgewicht existiert, hängt wesentlich von der Höhe der Preisuntergrenze des Angebots in Relation zur Höhenlage der Nachfragefunktion ab. Dabei entspricht die Preisuntergrenze des Angebots dem Minimum der durchschnittlichen totalen Kosten des Anbieters mit der effizientesten Technologie. Siehe dazu noch einmal die Abb. 2.19 im Kontext der Ableitung der Angebotsfunktion aus der Outputregel. Die Preisuntergrenze liegt umso höher, je geringer die Faktorproduktivitäten sind, je höher die Faktorpreise sind und je größer der Fixkostenblock in der Produktion ist. Ist die Preisuntergrenze so hoch, dass die Nachfragefunktion unterhalb von ihr verläuft, so kommt der Markt nicht zustande. Das kann man sich an der Abb. 4.1 leicht klarmachen. Es ist nicht die absolute Höhe der Preisuntergrenze bzw. der hinter ihr stehenden Determinanten, die für die Existenz des Marktes entscheidend sind, sondern diese Höhe in Relation zur generellen Höhe der Nachfrage nach dem betreffenden Gut. Diese wiederum wird von den Zahlungsbereitschaften und Zahlungsfähigkeiten (Einkommen bzw. Konsumsummen) für das Gut bestimmt. Man kann das anders herum auch so formulieren: Immer wenn das Verhältnis zwischen den Produktionskosten des betreffenden Gutes einerseits und der Zahlungsbereitschaft und -fähigkeit für dieses Gut andererseits die Existenz eines Marktes sinnvoll werden lässt, wird es auch ein Marktgleichgewicht geben.

4.2.2 Stabilität des Marktgleichgewichts

Die Existenz eines Marktgleichgewichts bedeutet noch nicht, dass es auch realisiert wird. Zunächst einmal ist der Schnittpunkt von Angebots- und Nachfragefunktion nur ein Punkt von unendlich vielen denkbaren Punkten und der Gleichgewichtspreis nur einer von vielen möglichen Preisen. Tatsächliche Bedeutung erlangt ein Marktgleichgewicht erst durch seine Stabilität. Dabei bedeutet Stabilität hier, dass der Markt ausgehend von jedem beliebigen Preis früher oder später im Gleichgewicht landet (oder diesem zumindest näher kommt), weil durch ein Ungleichgewicht (Auseinanderfallen von Angebot und Nachfrage) Anpassungskräfte ausgelöst werden, die in Richtung Gleichgewicht wirken. Im Falle eines Marktes der Vollkommenen Konkurrenz ist diese Stabilität durch den Preismechanismus gegeben. Besonders deutlich ist dies, wenn die Vollkommene Konkurrenz die organisatorische Form einer Warenbörse hat. Die börsenmäßige Organisation des Marktes ist vor allem im Bereich agrarischer Grundprodukte wie z. B. Weizen und Soja sowie im Bereich mineralischer Grundstoffe wie beispielsweise Erzen und Ölen schon immer von großer Bedeutung gewesen. Mit dem Aufkommen des Internets und der Globalisierung der Märkte werden jedoch zunehmend auch standardisierte industrielle Vorprodukte wie beispielsweise Speicherchips über Warenbörsen unter den Bedingungen der Vollkommenen Konkurrenz gehandelt. Bei einer Warenbörse wird der Preis von einem Makler oder Marktmacher gesetzt. Dieser sammelt Kauf- und Verkauforders und erhöht den Preis, solange ein Nachfrageüberschuss besteht, bzw. senkt den Preis, solange ein Angebotsüberschuss besteht. Das macht er jeweils, bis der Gleichgewichtspreis gefunden ist. Erst dann und nur zu diesem

Gleichgewichtspreis werden alle Transaktionen abgewickelt. Bei durchweg fallender Marktnachfragefunktion und durchweg steigender Marktangebotsfunktion garantiert dieser Preismechanismus die Stabilität des Marktgleichgewichts. Ist der Preis höher als der Gleichgewichtspreis, so entsteht ein Ungleichgewicht in Form eines Angebotsüberschusses. Hier wird der Marktmacher den Preis senken, wodurch das Angebot zurückgeht und die Nachfrage zunimmt. Der Markt nähert sich also über beide Seiten dem Marktgleichgewicht. Ist der Preis niedriger als der Gleichgewichtspreis, so kommt es zu einem Ungleichgewicht in Form eines Nachfrageüberschusses. Hier wird der Marktmacher den Preis erhöhen, wodurch die Nachfrage zurückgeht und das Angebot steigt. Wieder nähert sich der Markt über beide Seiten dem Marktgleichgewicht. Die Abb. 4.2 illustriert diesen Stabilitätsmechanismus.

Auf vielen Märkten funktioniert dieser Preismechanismus auch ohne börsenmäßige Organisation und ohne Makler als Preissetzer, wenn auch nicht so „vollkommen". Im Falle eines Angebotsüberschusses werden zumindest einige der im Absatz rationierten Unternehmen die Preise senken, um ihre produzierten Güter loszuwerden. Dies wird dadurch verstärkt, dass die Nachfrager die Absatzprobleme meist sehen und niedrigere Preise fordern werden. Diese Preissenkungstendenz ist umso stärker, je verderblicher das Gut ist bzw. je höher seine Lagerkosten sind. Im Falle eines Nachfrageüberschusses werden zumindest einige der rationierten Nachfrager höhere Preise akzeptieren oder sogar von sich aus höhere Preise bieten.

Es sei an dieser Stelle darauf hingewiesen, dass die Etablierung eines solchen Preismechanismus durch die Einrichtung von Märkten gemessen an der Alternative einer zentralen Planung zu einer nachhaltigen Reduktion der beim Marktmacher und den einzelnen Anbietern und Nachfragern zu verarbeitenden Informationen führt. Insbesondere muss niemand die Präferenzen oder die Technologie eines anderen Marktteilnehmers kennen. (Ein zentraler Planer müsste sie alle kennen.) Alle Informationen über die Technologien und Präferenzen der anderen Wirtschaftssubjekte verdichten sich in einer einzigen Größe: dem Marktpreis als Knappheitsindikator für das Gut.

Abb. 4.2 Stabilität des Marktgleichgewichts

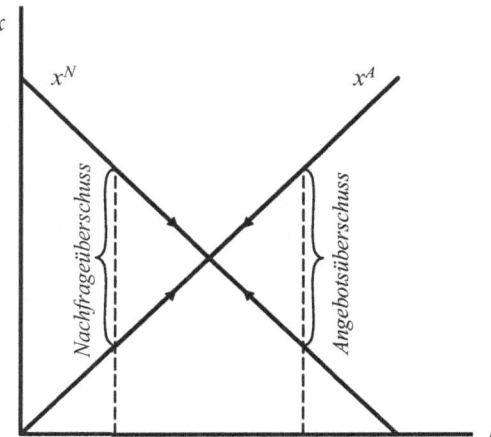

4.3   Bestimmungsgründe des Marktgleichgewichts

Die Lage des Marktgleichgewichts hängt von der Lage der Angebots- und der Lage der Nachfragefunktion ab. Im zweiten Kapitel hatten wir uns überlegt, dass die Angebotsfunktion im x-p-Diagramm umso höher liegt,

- je effizienter die Technologien sind,
- je niedriger die Faktorpreise sind und
- je mehr Anbieter am Markt sind.

Im dritten Kapitel haben wir gesehen, dass die Nachfragefunktion im x-p-Diagramm umso höher liegt,

- je höher die maximalen Zahlungsbereitschaften für das Gut sind,
- je höher die Konsumsummen bzw. Einkommen sind und
- je mehr Nachfrager am Markt sind.

Mit Blick auf den gesamten Markt und auf das sich einstellende Marktgleichgewicht muss man nun die Interdependenz der beiden Marktseiten im Auge haben. Bei einer auf einer Marktseite durch eine Parameteränderung angestoßenen Mengenänderung ändert sich die Gleichgewichtsmenge nur, wenn auch die andere Marktseite mitzieht. So steigt beispielsweise die Menge nur dann als Folge eines technischen Fortschritts, wenn eine höhere Menge auch nachgefragt wird. Dazu muss der Marktpreis fallen. Umgekehrt steigt die Menge nur dann als Folge einer allgemeinen Einkommenserhöhung, wenn auch die Anbotsmenge zunimmt. Dazu muss der Marktpreis steigen.

In einer erweiterten Betrachtung kommt hinzu, dass die Parameteränderungen nicht immer unabhängig voneinander sind. So war beispielsweise die ökonomische Entwicklung in den meisten Staaten Westeuropas in der zweiten Hälfte des letzten Jahrhunderts durch einen beständigen technischen Fortschritt in Form einer kontinuierlichen Steigerung der Arbeitsproduktivität gekennzeichnet. Diese Steigerung der Arbeitsproduktivität hat ein kontinuierliches Anwachsen der Einkommen ermöglicht. Zwischen technischem Fortschritt und Einkommensentwicklung bestand also ein enger gleichgerichteter Zusammenhang, sodass sich Angebots- und Nachfragefunktion gleichzeitig nach oben verschoben haben.

4.3.1   Technischer Fortschritt und Einkommenserhöhungen

Die Abb. 4.3 zeigt die isolierte Wirkung eines einmaligen technischen Fortschritts. Dabei stehen die Indizes v und n für „vorher" und „nachher". Im Marktdiagramm erkennt man jetzt, anders als nur mit Blick auf die verlagerte Angebotsfunktion (Abb. 2.20), dass dies bei unveränderter Nachfragefunktion neben einem Anstieg der Menge auch zu

Abb. 4.3 Marktgleichgewicht
und technischer Fortschritt

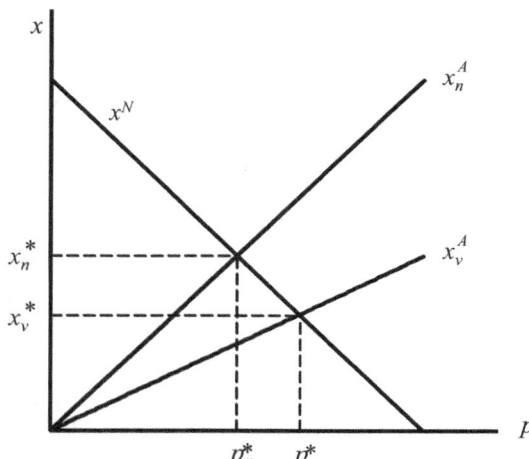

Abb. 4.4 Marktgleichgewicht
und Einkommenserhöhungen

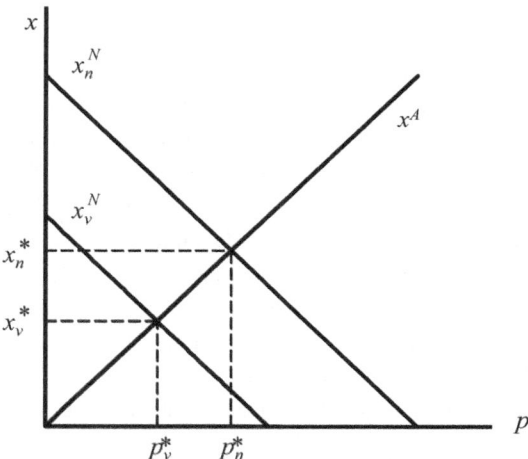

einem Sinken des Preises führt. Andernfalls würden die Nachfrager keine höhere Menge
nachfragen. Dies ist eine Konsequenz der mit zunehmender Menge fallenden maximalen Zahlungsbereitschaften. Am Markt wird damit ein Teil der Kostensenkungen in der
Produktion in Form niedrigerer Preise weitergegeben. Die Abb. 4.4 zeigt die isolierte
Wirkung einer durch eine Einkommenserhöhung hervorgerufenen einmaligen Konsum-
summenerhöhung. Das Marktdiagramm zeigt nun, anders als der Blick nur auf die
verlagerte Nachfragefunktion (Abb. 3.7), dass dies bei einer unveränderten Angebotsfunktion neben einem Anstieg der Menge auch ein Steigen des Preises bewirkt. Andernfalls würden die Anbieter keine höhere Menge anbieten. Das ist eine Konsequenz des
Steigens der Grenzkosten mit steigender Menge. Die Einkommenserhöhungen gehen
daher am Markt real gesehen zum Teil wieder verloren. Jede der beiden Abbildungen
zeigt für sich genommen eine Interdependenz der beiden Marktseiten, die letztlich auf

Abb. 4.5 Marktgleichgewicht
und produktivitätsgetriebene
Einkommenserhöhungen

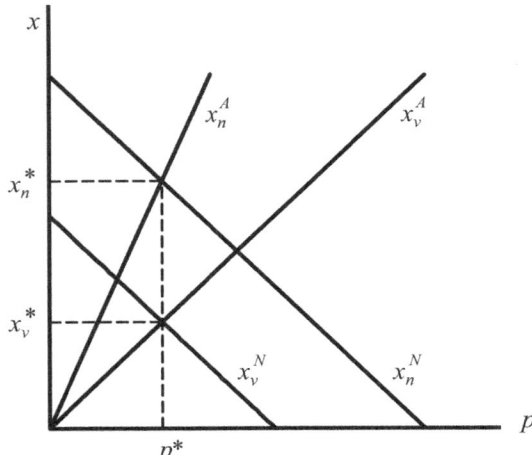

dem Preismechanismus beruht. Denn dieser sorgt dafür, dass sich der Markt vom alten zum neuen Gleichgewicht bewegt.

Wirken nun technischer Fortschritt und dadurch ermöglichte Einkommenssteigerungen zusammen, so verlagern sich sowohl Angebots- als auch Nachfragefunktion nach oben. Es kommt dann zu einem Steigen der produzierten und konsumierten Menge. Ob dieses Mengenwachstum mit einem Preisanstieg, einer Preissenkung oder mit Preisstabilität einhergeht, hängt davon ab, wie viel des Arbeitsproduktivitätswachstums direkt in einer Erhöhung der gesamtwirtschaftlichen Konsumsumme umgesetzt wird. Die Abb. 4.5 illustriert jenen Spezial- und Grenzfall, in dem der Preis unverändert bleibt. Ohne technischen Fortschritt müsste es wegen der mit steigender Menge steigenden Grenzkosten zu einem Anstieg des Preises kommen. Der technische Fortschritt wirkt dem jedoch durch das Absenken der Grenzkosten entgegen.

4.3.2 Steigende Anbieterzahl und freier Marktzutritt

Das Marktgleichgewicht verlagert sich auch, wenn neue Anbieter hinzutreten. In diesem Zusammenhang ist das Konzept des „freien Marktzutritts" von besonderer Bedeutung.

Unter einem freien Marktzutritt verstehen wir im Folgenden eine Situation, in der jedes Unternehmen, welches das betrachtete Gut produzieren kann, dieses auch am Markt anbieten kann ohne dabei von gesetzlichen Zutrittsbeschränkungen oder von Zutrittsabschreckungsstrategien schon etablierter Anbietern behindert zu werden. Besteht zu einem Markt in diesem Sinne freier Zutritt, so werden so lange neue Anbieter zutreten, wie man dort mehr als die kalkulatorische Verzinsung des eingesetzten Eigenkapitals zuzüglich eines kalkulatorischen Unternehmerlohns (also mehr als die Opportunitätskosten) verdienen kann. Da diese kalkulatorischen Kosten in der Kostenfunktion berücksichtigt sind (siehe Abschn. 2.3.1), bedeutet dies, dass so lange weitere Anbieter zutreten, wie am Markt positive Gewinne zu erzielen sind.

Ein Anstieg der Anbieterzahl durch weitere Marktzutritte führt zu einer Drehung der Angebotsfunktion im x-p-Diagramm gegen den Uhrzeigersinn. Denn wenn weitere Anbieter hinzukommen, wird für jeden Preis eine höhere Gesamtmenge angeboten. Ein Steigen der Gesamtmenge impliziert mit Blick auf das Marktgleichgewicht ein Fallen des Marktpreises. Denn die Nachfrager fragen nur dann eine höhere Menge nach, wenn der Preis fällt. Diese Verlagerung des Marktgleichgewichts in den Bereich höherer Mengen und niedrigerer Preise als Reaktion auf weitere Marktzutritte zeigt die Abb. 4.6 anhand dreier jeweils exogen vorgegebener Anbieteranzahlen. Das Fallen des Preises hat seinerseits Auswirkungen auf die gewinnmaximalen Produktionsmengen der einzelnen Anbieter. Gemäß der Outputregel werden die Anbieter, die schon vor den Marktzutritten im Markt waren, ihre Produktionsmenge infolge der Preissenkungen so lange verringern, bis die Grenzkosten auf die Höhe des neuen niedrigeren Preises gesunken sind. Die neuen Anbieter treten gleich mit der entsprechenden Menge zu.

Diesen Prozess der einzelwirtschaftlichen Mengenreduktion als Folge der marktzutrittsinduzierten Preissenkungen zeigt die Abb. 4.7 am Beispiel der drei Anbieteranzahlen der Abb. 4.6. Hier ist zunächst einmal festzuhalten, dass die einzelwirtschaftlichen Mengen fallen, die Gesamtmenge aber steigt. Das Ansteigen der Anbieterzahl überkompensiert also die einzelwirtschaftlichen Mengensenkungen. Durch die Marktzutritte gibt es immer mehr immer kleinere Anbieter im Markt. Diese machen zudem immer weniger Gewinn. Auch dies kann man an der Abb. 4.7 ersehen. Die einzelwirtschaftlichen Gewinne kann man hier wie schon besprochen als Produkte (Vierecke) von Stückgewinnen (Strecken zwischen Preis und Durchschnittskosten bei der gewinnmaximalen Menge) und Mengen ablesen. Der Prozess der marktzutrittsbedingten Gewinnerosion dauert so lange an, bis der Preis durch die Zutritte auf die Höhe des Stückkostenminimums gefallen ist. Dann ist der einzelwirtschaftliche Gewinn gleich null und wir sind speziell im Marktgleichgewicht mit freiem Marktzutritt angelangt. In diesem Marktgleichgewicht bei freiem Marktzutritt besteht nicht nur Gleichheit von

Abb. 4.6 Marktgleichgewicht und Marktzutritt

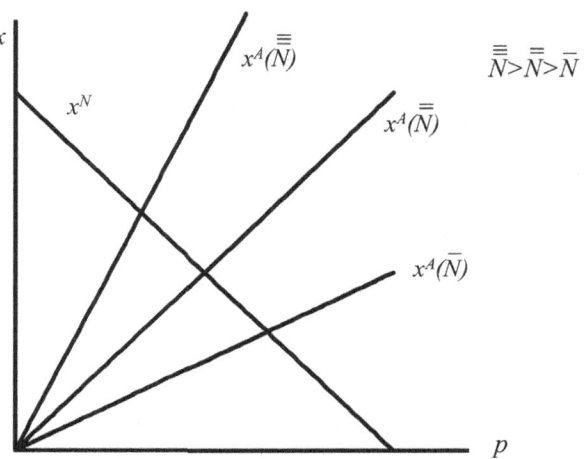

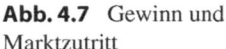

Abb. 4.7 Gewinn und
Marktzutritt

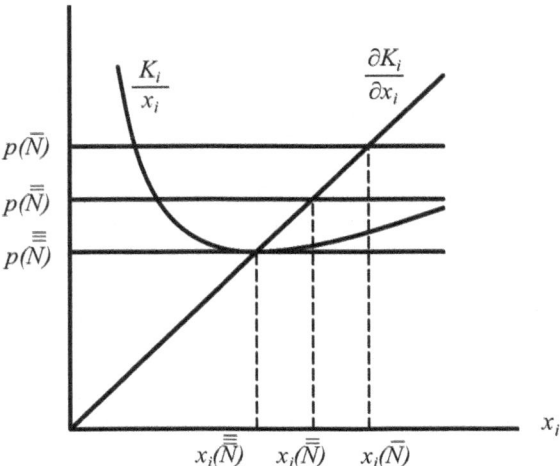

Angebot und Nachfrage, sondern zudem von Verkaufspreis und Stückkosten. In unserem Beispiel ist dies bei der dritten vorgegebenen Anbieteranzahl der Fall. Diese würde sich auch als endogenes Ergebnis des Marktprozesses einstellen. Sind in einer Ausgangssituation mit Gewinn noch unterschiedlich effiziente Unternehmen am Markt, so werden die weniger effizienten während des Zutrittsprozesses ausscheiden. Am Ende sind nur mehr die effizientesten Unternehmen im Markt und diese sind dann alle gleich effizient.

Die Bestimmungsgründe der sich bei freiem Zutritt einstellenden Anbieterzahl kann man ebenfalls an den beiden letzten Abbildungen ersehen. Gemäß der Abb. 4.7 ist die Höhe des Stückkostenminimums als Preisuntergrenze für die Anbieterzahl im Marktgleichgewicht bei freiem Zutritt entscheidend. Je niedriger das Stückkostenminimum der am Ende verbliebenen Anbieter ist, desto mehr Anbieter treten zu. Die Determinanten dieser Preisuntergrenze sind die Effizienz der Technologie (das generelle Faktorproduktivitätsniveau), die Höhe der Produktionsfixkosten und die Faktorpreise – siehe Abschn. 2.3.3. Je effizienter die Technologie ist, je niedriger die Produktionsfixkosten sind und je niedriger die Faktorpreise sind, desto mehr Anbieter sind im Markt. Mit Blick auf das Marktgleichgewicht der Abb. 4.6 wird zudem deutlich, dass auch die allgemeine Zahlungsbereitschaft und damit die dahinter stehenden Präferenzstrukturen und Konsumsummen für die Anbieterzahl von Bedeutung sind. Je höher die Zahlungsbereitschaften für das Gut und die Einkommen sind, desto höher liegt die Marktnachfragefunktion, desto größer muss die Anbieterzahl bei gegebener Technologie und gegebenen Faktorpreisen werden, bis der Preis auf die totalen Stückkosten gefallen ist. Insgesamt können wir damit festhalten: Auf einem Markt der Vollkommenen Konkurrenz agieren umso mehr Anbieter,

- je höher die Faktorproduktivitäten sind,
- je geringer die Preise der benötigten Produktionsfaktoren sind,

- je geringer die Produktionsfixkosten sind,
- je höher die maximalen Zahlungsbereitschaften für das produzierte Gut sind und
- je höher die Einkommen der Nachfrager dieses Gutes sind.

Spätestens mit dieser Diskussion der Determinanten der Anbieterzahl sollte dem Leser klarwerden, dass die Frage, welche Marktform vorliegt, sich bei freiem Marktzutritt endogen aus dem Marktprozess ergibt. Insbesondere liegt die von uns per Annahme vorausgesetzte Vollkommene Konkurrenz nur dann vor, wenn die Determinanten der Anbieterzahl dies auch zulassen. Schaut man beispielsweise auf die Produktionsfixkosten, so lassen sehr hohe Fixkosten, wie beispielsweise beim Flugzeugbau, auf eine sehr hohe Preisuntergrenze und damit auf sehr wenige Anbieter schließen. Bei mittlerer Fixkostenhöhe, wie beispielsweise in der Automobilproduktion, gibt es schon mehr Anbieter. Und schließlich wird es bei relativ geringen Fixkosten, wie beispielsweise beim Haareschneiden, relativ viele Anbieter geben. Liegen nicht sehr viele durchweg kleine Anbieter vor, so besteht Marktmacht und wir sind in einem so genannten Oligopol (wenige Anbieter) oder gar in einem Monopol (nur ein Anbieter). Oligopolisten und Monopolisten sind aber keine Mengenanpasser. Für sie ist der Preis beeinflussbar. Damit ergeben sich andere Formen der Gewinnmaximierung und andere Marktgleichgewichte als jene, die wir im vorliegenden Kapitel betrachtet haben.

4.3.3 Ein Cobb-Douglas-Beispiel

Wir wollen hier an die in den beiden Vorkapiteln betrachteten Beispiele mit Cobb-Douglas-Produktionsfunktion bzw. mit Cobb-Douglas-Präferenzen anknüpfen. Für die einzelwirtschaftliche Güterangebotsfunktion hatte sich dabei

$$x_i = \left(c p^{\alpha+\beta} \left(\frac{\alpha}{q_1} \right)^\alpha \left(\frac{\beta}{q_2} \right)^\beta \right)^{\frac{1}{1-\alpha-\beta}} = f p^{\frac{\alpha+\beta}{1-\alpha-\beta}}$$

ergeben, siehe Abschn. 2.5.4. Um das Weitere einfach zu halten, gehen wir von N identischen Anbietern und einer Skalenelastizität in Höhe von 0,5 aus. Mit letzterer und unter Verwendung des hier neu eingeführten Kürzels f lautet die hinter der obigen einzelwirtschaftlichen Angebotsfunktion stehende Outputregel

$$p = \frac{x_i}{f}.$$

Die zugrundeliegende Kostenfunktion ist also

$$K_i = \frac{1}{2f} x_i^2 + K_f.$$

Wir erhalten damit eine lineare Marktangebotsfunktion

$$x^A = Nfp.$$

Hinter der Konstanten f steht der Einfluss der Technologie und der Faktorpreise.

Für die einzelwirtschaftliche Güternachfragefunktion unter Cobb-Douglas-Präferenzen hatte sich

$$x_j = \frac{\alpha}{\alpha + \beta} \frac{C_j}{p}$$

ergeben, siehe Abschn. 3.4.3. Bei H identischen Nachfragern resultiert die Marktnachfragefunktion

$$x^N = H\frac{\alpha}{\alpha + \beta} \frac{C_j}{p} = H\frac{a}{p}.$$

Hinter der für das Weitere als Kürzel eingeführten Konstanten a steht der Einfluss der Präferenzen und der Konsumsumme.

Die Marktgleichgewichtsbedingung unseres Beispiels lautet damit

$$Nfp = H\frac{a}{p}.$$

Daraus folgt der Gleichgewichtspreis

$$p^* = \sqrt{\frac{Ha}{Nf}}.$$

Dies eingesetzt in die Marktangebotsfunktion oder in die Marktnachfragefunktion ergibt die Gleichgewichtsmenge

$$x^* = \sqrt{HaNf}.$$

Man sieht hier nun explizit: Bei technischem Fortschritt (f steigt) steigt die Gleichgewichtsmenge und fällt der Gleichgewichtspreis, bei steigendem Einkommen bzw. steigender Konsumsumme (a steigt) steigen Gleichgewichtsmenge und Gleichgewichtspreis. Während die Gleichgewichtsgesamtmenge sowohl mit der Anbieterzahl als auch mit der Nachfragerzahl steigt, steigt der Gleichgewichtspreis mit der Nachfragerzahl, fällt aber bei Zunehmen der Anbieterzahl.

Für den einzelnen Anbieter resultiert die Angebotsmenge

$$x_i^* = \frac{x^*}{N} = \sqrt{\frac{Haf}{N}}.$$

Diese fällt mit zunehmender Anbieterzahl. Tritt ein neuer Anbieter hinzu, so steigt die Gesamtmenge, fällt aber die einzelwirtschaftliche Menge. Der Gewinn eines Anbieters lautet im Marktgleichgewicht

$$G_i^* = p^* x_i^* - \frac{1}{2f} x_i^{*2} - K_f = \frac{Ha}{2N} - K_f.$$

Da mit steigender Anbieterzahl N der Preis sowie die Menge des Einzelnen fallen, fällt auch sein Gewinn. Mit $G_i = 0$ erhält man die Anbieterzahl im Marktgleichgewicht mit freiem Marktzutritt als

$$N^* = \frac{Ha}{2K_f}.$$

Dies illustriert beispielhaft den Einfluss von Technologie und Präferenzen auf die Marktform. Gehen beispielsweise die Fixkosten gegen null, so geht die Anbieterzahl gegen unendlich, es resultiert also ein Polypol. Sehr hohe Fixkosten der repräsentativen Unternehmung führen dagegen zu nur wenigen Anbietern und damit zu einem Oligopol.

4.4 Die Wohlfahrtsoptimalität der Allokation durch den Markt

4.4.1 Wohlfahrtsdefinition

Bisher haben wir gezeigt, dass es auf einem Markt der Vollkommenen Konkurrenz zu keiner Rationierung kommt, weil Angebots- und Nachfragepläne durch den Preismechanismus koordiniert werden. Damit ist jedoch die mindestens genauso wichtige Frage noch nicht beantwortet, auf welchem Wohlfahrtsniveau diese Koordination stattfindet. Zur Beantwortung dieser Frage schauen wir zunächst noch einmal auf die Definition der Wohlfahrt. Auf der Anbieterseite entspricht die Wohlfahrt dem Gewinn und damit definitionsgemäß der Differenz zwischen Erlösen und Produktionskosten:

$$G(x) = px - K(x).$$

Im Abschn. 3.5 hatten wir uns überlegt, dass ein sinnvolles und kardinal messbares Wohlfahrtsmaß auf der Nachfragerseite die Konsumentenrente ist. Diese Konsumentenrente entspricht der Differenz aus der maximalen Zahlungsbereitschaft für eine bestimmte Menge des Gutes und den Ausgaben für diese Menge:

$$r(x) = z(x) - px.$$

Die Gesamtwohlfahrt auf einem Markt $WF(x)$ ist damit zunächst einmal definiert als Summe aus Konsumentenrente und Gewinnen

$$WF(x) = r(x) + G(x).$$

Dabei entsprechen die Ausgaben der Nachfrager den Erlösen der Anbieter. Die Gesamtwohlfahrt lässt sich also auch formulieren als

$$WF(x) = z(x) - K(x). \tag{4.1}$$

Diese Formulierung und Ermittlung der Wohlfahrt als Differenz von maximaler Zahlungsbereitschaft für eine bestimmte Menge des betrachteten Gutes und den Produktionskosten dieser Menge ist ökonomisch unmittelbar einsichtig. Die maximale Zahlungsbereitschaft zeigt, was den Wirtschaftssubjekten die entsprechende Menge des betrachteten Gutes vor dem Hintergrund der anderweitigen Einkommensverwendung wert ist, und die Produktionskosten dieser Menge zeigen, auf welche bewerteten Faktoreinsätze die Wirtschaftssubjekte für die Produktion dieser Menge bei der Produktion anderer Güter verzichten müssen.

4.4.2 Wohlfahrtsmaximierung

Will man nun die Wohlfahrt maximieren, so wird man sich die Verläufe der beiden zugehörigen Änderungsgrößen maximale Grenzzahlungsbereitschaft einerseits und Produktionsgrenzkosten andererseits in Abhängigkeit von der Menge anschauen. Dabei ist die Differenz zwischen maximaler Grenzzahlungsbereitschaft und Produktionsgrenzkosten die Grenzwohlfahrt als zusätzliche Wohlfahrt aus einer weiteren produzierten und konsumierten Einheit:

$$\frac{\partial WF}{\partial x}(x) = \frac{\partial z}{\partial x}(x) - \frac{\partial K}{\partial x}(x).$$

Die maximalen Grenzzahlungsbereitschaften fallen mit zunehmender Menge, während die Produktionsgrenzkosten mit zunehmender Menge typischerweise steigen. Zur Wohlfahrtsmaximierung wird man die Menge daher so weit erhöhen, bis die maximale Grenzzahlungsbereitschaft auf die Höhe der Grenzkosten gefallen bzw. bis die Grenzkosten auf die Höhe der maximalen Grenzzahlungsbereitschaft gestiegen sind. Bei dieser Menge ist dann jede positive Grenzwohlfahrt ausgeschöpft. Die Bedingung für ein Wohlfahrtsmaximum lautet also

$$\frac{\partial z}{\partial x}(x) = \frac{\partial K}{\partial x}(x). \tag{4.2}$$

Vorausgesetzt ist hier, dass für kleine Mengen die maximale Grenzzahlungsbereitschaft (noch) über den Grenzkosten liegt. Andernfalls kann aus der Produktion und dem Konsum des betreffenden Gutes keine positive Wohlfahrt resultieren.

4.4.3 Die Wohlfahrtsoptimalität des Marktgleichgewichts

Am Markt gibt es nun niemanden, der die Gesamtwohlfahrt im Auge hat und gezielt für die Produktion und den Konsum jener Menge sorgt, welche die Maximierungsbedingung Gl. 4.2 erfüllt. Vielmehr haben die Nachfrager nur die Maximierung ihres Nutzens und die Anbieter ausschließlich die Maximierung ihres Gewinns im Auge. Dennoch kommt es bei Vollkommener Konkurrenz zur Erfüllung der Maximierungsbedingung für die Gesamtwohlfahrt. Dies bewerkstelligt der Markt- bzw. Preismechanismus. Er sorgt dafür, dass sich alle Nachfrager bei ihrer Nutzenmaximierung und alle Anbieter bei ihrer Gewinnmaximierung am gleichen Preis – dem Gleichgewichtspreis – orientieren. Dabei bedeutet Gewinnmaximierung gemäß der Outputregel die Wahl jener Produktionsmenge, bei welcher die Grenzkosten auf die Höhe des Preises gestiegen sind:

$$\frac{\partial K}{\partial x}(x^*) = p^*.$$

Nutzenmaximierung bedeutet gemäß der Konsumregel in der Formulierung der Konsumentenrentenmaximierung die Wahl jener Konsummenge, bei welcher die maximale Grenzzahlungsbereitschaft auf die Höhe des Preises gefallen ist:

$$\frac{\partial z}{\partial x}(x^*) = p^*.$$

Vollkommene Konkurrenz schließlich bedeutet, dass der Preismechanismus für den Gleichgewichtspreis p^* sorgt, bei dem sich angebotene und nachgefragte Menge entsprechen und an dem sich alle Wirtschaftssubjekte orientieren. Nicht eine gezielt die Wohlfahrtsmaximierungsbedingung realisierende Person, sondern die gesellschaftliche Institution Markt (bzw. der hier wirkende Preismechanismus) gleicht hier die Produktionsgrenzkosten mit den maximalen Grenzzahlungsbereitschaften im Konsum ab. Vollkommene Konkurrenz führt zur gesamtwirtschaftlichen Wohlfahrtsmaximierung, obwohl niemand dies zum Ziel hat. Die Wohlfahrtsregel Gl. 4.2 wird erfüllt, obwohl die Wirtschaftssubjekte nicht ihr, sondern der Konsumregel bzw. der Outputregel folgen. Dies ist das so genannte Theorem der unsichtbaren Hand von Adam Smith. Dabei meinte Adam Smith mit der unsichtbaren Hand den Marktprozess als gesellschaftliches Institut im Gegensatz zur sichtbaren Hand eines zentralen staatlichen Planers.

Die Abb. 4.8 zeigt für einen Markt der Vollkommenen Konkurrenz, wie man die im Marktgleichgewicht realisierte Gesamtwohlfahrt WF (in der Abbildung die grau schattierte Fläche) additiv als Summe von Konsumentenrente und Gewinnen ermitteln kann. Dabei entspricht die Fläche unter der Grenzzahlungsbereitschaftsfunktion (umgekehrten Nachfragefunktion) bis zur Gleichgewichtsmenge der maximalen Zahlungsbereitschaft für diese Menge. Zieht man von dieser Fläche das Ausgabenviereck p^*x^* ab, so erhält man die Konsumentenrente r^*. Die Fläche unter der Grenzkostenfunktion (umgekehrten Angebotsfunktion) bis zur Gleichgewichtsmenge entspricht den variablen Produktionskosten für diese Menge. Zieht man diese vom Erlösviereck p^*x^* ab, erhält man den Gewinn vor Abzug der Fixkosten G_v^* (für „variabler Gewinn"). Von dem sich insgesamt ergebenden Dreieck sind also die Fixkosten noch abzuziehen. Definitionsgemäß entspricht das sich insgesamt ergebende Dreieck zwischen der Grenzkostenfunktion und der Funktion der maximalen Grenzzahlungsbereitschaften zwischen $x = 0$ und $x = x^*$ zugleich der Differenz zwischen der maximalen Zahlungsbereitschaft als Fläche unter der Grenzzahlungsbereitschaftsfunktion einerseits und den variablen Produktionskosten als Fläche unter der Grenzkostenfunktion andererseits.

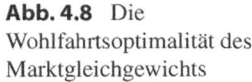

Abb. 4.8 Die Wohlfahrtsoptimalität des Marktgleichgewichts

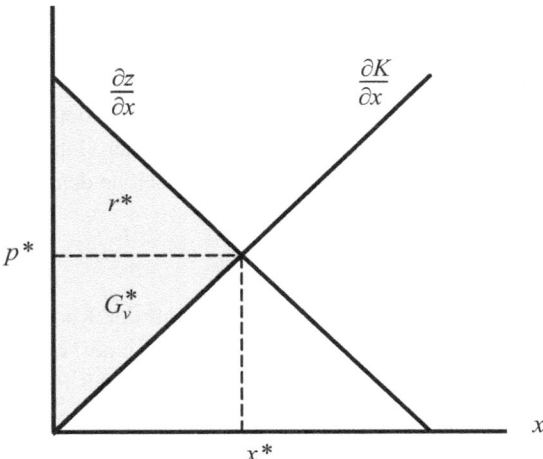

Die Wohlfahrtsoptimalität des Allokationsmechanismus Markt ist damit für den Fall der Vollkommenen Konkurrenz gezeigt, was insbesondere die Abwesenheit von Marktmacht voraussetzt. Liegen dagegen beispielsweise auf der Anbieterseite bei einem oder mehreren Unternehmen erhebliche Marktanteile vor, sodass diese Anbieter merklichen Einfluss auf den Marktpreis haben, fallen Marktgleichgewicht und Wohlfahrtsmaximum nicht mehr zusammen. Dies werden wir uns im sechsten Kapitel anschauen.

4.5   Zusammenfassung

1. Ein Marktgleichgewicht liegt vor, wenn sich angebotene und nachgefragte Menge entsprechen. Auf Märkten der Vollkommenen Konkurrenz – also wenn sehr viele sehr kleine Anbieter und Nachfrager bei Marktransparenz ein homogenes Gut handeln – gibt es im Marktgleichgewicht keine Rationierung: Jeder Anbieter, der zum Gleichgewichtspreis verkaufen will, findet genügend Käufer; jeder Nachfrager, der zum Gleichgewichtspreis kaufen will, findet einen lieferwilligen Verkäufer.
2. Die Stabilität des Marktgleichgewichts bei Vollkommener Konkurrenz wird durch den Preismechanismus garantiert: Bei einem Angebotsüberschuss fällt der Preis, bei einem Nachfrageüberschuss steigt der Preis.
3. Die Bestimmungsgründe von Gleichgewichtspreis und Gleichgewichtsmenge entsprechen den Bestimmungsgründen der Lage der Marktangebots- und der Lage der Marktnachfragefunktion: Produktionstechnologien, Faktorpreise sowie Anbieterzahl auf der Angebotsseite und Präferenzstrukturen, Konsumsummen (Einkommen), Preise anderer Güter sowie Nachfragerzahl auf der Nachfrageseite.
4. Bei freiem Marktzutritt und Vollkommener Konkurrenz produzieren die Anbieter speziell im Stückkostenminimum. Grenzkosten und durchschnittliche totale Kosten sind

hier gleich hoch und entsprechen dem Preis. Es treten umso mehr Anbieter in den Markt ein, je effizienter die Technologie ist, je geringer die Produktionsfixkosten sind, je niedriger die Faktorpreise sind und je höher die Wertschätzung (Zahlungsbereitschaft) und die insgesamt vorhandene Konsumsumme (Einkommen, Zahlungsfähigkeit) sind.

5. Die Wohlfahrt ist definiert als Summe aus Konsumentenrente und Gewinnen bzw. als die Differenz zwischen maximaler Zahlungsbereitschaft und Produktionskosten. Sie ist bei jener Menge maximal, bei der die Produktionsgrenzkosten der maximalen Grenzzahlungsbereitschaft entsprechen.

5. Im Marktgleichgewicht der Vollkommenen Konkurrenz wird die Wohlfahrtsmaximierungsbedingung einer Gleichheit von Grenzkosten und Grenzzahlungsbereitschaften erfüllt, ohne dass dies irgendjemand anstrebt. Die gewinnmaximierenden Anbieter passen ihre Grenzkosten gemäß Outputregel an den Marktpreis an, und die nutzenmaximierenden Nachfrager passen ihre maximale Grenzzahlungsbereitschaft gemäß Konsumregel an den Marktpreis an. Durch den Preismechanismus (für alle gilt der einheitliche Gleichgewichtspreis) werden die Grenzkosten in der Produktion indirekt mit der maximalen Grenzzahlungsbereitschaft im Konsum abgeglichen.

4.6 Leseempfehlung

Eine ausführliche Behandlung der Bestimmungsgründe des (Güter-)Marktgleichgewichts und seiner Wohlfahrtsoptimalität findet sich beispielsweise im Kap. III.A von Schumann et al. (2011), im neunten Kapitel von Pindyk und Rubinfeld (2015) sowie im sechzehnten und im dreiundzwanzigsten Kapitel von Varian (2016). In allen drei Lehrbüchern wird u. a. auch auf die Auswirkungen staatlicher Markteingriffe – z. B. von Preiskontrollen – auf das Marktgleichgewicht eingegangen. In Pyndik und Rubinfeld ist die Wohlfahrtsanalyse sehr detailliert ausgeführt.

Literatur

Pindyck, R., Rubinfeld, D.: Mikroökonomie, 8. Aufl. Pearson, München (2015)
Schumann, J., Meyer, U., Ströbele, W.: Grundzüge der mikroökonomischen Theorie, 9. Aufl. Springer, Berlin (2011)
Varian, H.R.: Grundzüge der Mikroökonomik, 9. Aufl. De Gruyter, Berlin (2016)

Märkte für Produktionsfaktoren

Inhaltsverzeichnis

5.1 Überblick

In den vorangegangenen Kapiteln haben wir uns ausschließlich mit Gütermärkten und hier vor allem mit Konsumgütermärkten beschäftigt, auf denen dem Angebot der Unternehmen die Nachfrage der privaten Haushalte gegenübersteht. Die Produktion dieser Konsumgüter erfordert nun eine Vielzahl von Produktionsfaktoren, die ihrerseits auf Märkten gehandelt werden. Viele dieser Märkte für Produktionsfaktoren sind ebenfalls Gütermärkte. Beispiele sind die Vorleistungsmärkte für vorproduzierte Inputs und die Realkapitalmärkte für Investitionsgüter. In diesen Fällen stehen sich Unternehmen als Anbieter und Nachfrager gegenüber. Dies gilt überwiegend auch auf den Märkten für natürliche Ressourcen. Dagegen stehen sich auf den Märkten für die primären Produktionsfaktoren Arbeit und neues Finanzkapital Unternehmen und private Haushalte gegenüber. Im Vergleich zu den bisher behandelten Konsumgütermärkten finden wir sie hier aber in vertauschten Rollen:

© Springer-Verlag GmbH Deutschland, ein Teil von Springer Nature 2019   97
B. Woeckener, *Volkswirtschaftslehre,* https://doi.org/10.1007/978-3-662-59222-9_5

Die privaten Haushalte agieren als Anbieter der Produktionsfaktoren Arbeit und neues Finanzkapital, die Unternehmen sind die Nachfrager dieser Faktoren. Dabei treffen auf den Arbeitsmärkten das Arbeitsangebot der Haushalte und die Arbeitsnachfrage der Unternehmen meist direkt aufeinander. Diese wollen wir als erste behandeln. Hier werden wir zunächst die Bestimmungsgründe der Arbeitsnachfrage der Unternehmen betrachten und anschließend die Bestimmungsgründe des Arbeitsangebots der privaten Haushalte. Auf den Finanzkapitalmärkten stehen oft Finanzintermediäre wie beispielsweise Banken zwischen den eigentlichen Anbietern und Nachfragern. Das gilt für die primären Finanzkapitalmärkte (Neufinanzkapitalmärkte), auf denen das Angebot an neuem Finanzkapital durch Sparen auf die Nachfrage nach neuem Finanzkapital zur Finanzierung von Investitionen trifft. Dies gilt aber auch für die sekundären Finanzkapitalmärkte, auf denen das durch die kumulierte Ersparnis der Vergangenheit gebildete Vermögen in Form von in der Vergangenheit ausgegebenen Anleihen, Aktien usw. gehandelt wird. Die Finanzintermediäre erfüllen hier wichtige Funktionen, beispielsweise jene der Größen- und der Fristentransformation: Viele kleine und kurzfristig angelegte Ersparnisse werden durch Bündelung zu großen und langfristigen Investitionsfinanzierungen. Darauf werden wir im Folgenden allerdings nicht näher eingehen können. Uns interessieren die Finanzintermediäre im Weiteren nur als Marktmacher und „Betreiber" des Zinssatzmechanismus. Dieser Zinssatzmechanismus treibt die Finanzkapitalmärkte analog zum Preismechanismus der Gütermärkte in Richtung eines Gleichgewichts im Sinne einer Gleichheit von Angebot und Nachfrage. Außerdem werden wir uns auf eine Betrachtung der primären Finanzkapitalmärkte beschränken. Dabei schauen wir zunächst auf die Bestimmungsgründe der Nachfrage der Unternehmen nach neuem Finanzkapital, die letztlich den Bestimmungsgründen der Nachfrage nach neuen Kapitalgütern entsprechen. Anschließend beleuchten wir die Bestimmungsgründe des Sparens der Haushalte und schauen dann abschließend auf die Finanzkapitalmarktgleichgewichte.

5.2   Arbeitsmärkte

Im Folgenden werden wir Unternehmen und Haushalte betrachten, die zu klein sind, um mit ihrer Arbeitsnachfrage bzw. ihrem Arbeitsangebot merklichen Einfluss auf den Lohnsatz zu haben. Sie betrachten daher den Marktlohnsatz als ihnen exogen vorgegebenes Datum ihrer Entscheidung und überlegen sich, wie hoch beim gegebenen Marktlohnsatz ihre gewinnmaximalen Arbeitsnachfrage- bzw. ihre nutzenmaximalen Arbeitsangebotsmengen sind.

5.2.1   Bestimmungsgründe der Arbeitsnachfrage

Ist dem einzelnen Unternehmen der Lohnsatz exogen vorgegeben, so verhält es sich als Mengenanpasser. Dabei ist jetzt nicht die gewinnmaximale Produktionsmenge, sondern die gewinnmaximale Arbeitseinsatzmenge gesucht. Dieses im Folgenden näher betrachtete Mengenanpasserverhalten ist zunächst einmal das unter den Bedingungen der Vollkommenen Konkurrenz relevante Verhalten. Es liegt jedoch beispielsweise auch dann vor, wenn eine starke Gewerkschaft den Lohnsatz faktisch vorgeben kann oder wenn der Staat einen Mindestlohnsatz vorschreibt.

5.2.1.1 Gewinnmaximierung: die Grenzproduktivitätsregel

Je mehr Arbeiter ein Unternehmen einstellt, desto mehr kann es produzieren und verkaufen, desto höher sind also seine Erlöse. Entscheidend für die Entwicklung von Produktion und Erlösen ist dabei der Verlauf seiner partiellen Produktionsfunktion für den Faktor Arbeit $x_i = x_i(A_i)$. Wie im Rahmen des zweiten Kapitels schon für Produktionsfaktoren generell erörtert, können wir diesbezüglich von mit zunehmendem Arbeitseinsatzniveau abnehmenden Grenzerträgen der Arbeit (abnehmenden Mehrerträgen einer weiteren Arbeitseinheit) ausgehen. Alle anderen Produktionsfaktoren betrachten wir in diesem Unterkapitel zum Arbeitsmarkt als fixe Faktoren. Bei auf dem Gütermarkt vorgegebenem Preis p des produzierten Gutes lauten die Erlöse aus dem Arbeitseinsatz $E_i(A_i) = px_i(A_i)$. Diesen Erlösen aus der Beschäftigung von Arbeitern stehen die Kosten des Arbeitseinsatzes $K_i(A_i) = wA_i$ mit w als dem vorgegebenen Geldlohnsatz (Nominallohnsatz) gegenüber. Dabei können wir diesen Lohnsatz als Stundenlohnsatz verstehen. Dann stellt der Arbeitseinsatz die Zahl der Arbeiterstunden dar. Der Leser kann den Lohnsatz aber auch als Arbeiterlohn (pro Monat oder pro Jahr) verstehen. Dann stellt der Arbeitseinsatz die Zahl der Arbeiter dar. Der Gewinn des Unternehmens lautet in jedem Fall

$$G_i(A_i) = E_i(A_i) - K_i(A_i) - K_f = px_i(A_i) - wA_i - K_f. \tag{5.1}$$

Erhöht das Unternehmen nun seine Arbeitsnachfrage sukzessive um jeweils eine weitere Arbeitseinheit, so steigen seine Erlöse jeweils um das mathematische Produkt aus dem Verkaufspreis des produzierten Gutes und dem Grenzprodukt der Arbeit. Das sind die Grenzerlöse des Arbeitseinsatzes:

$$\frac{\partial E_i}{\partial A_i}(A_i) = p\frac{\partial x_i}{\partial A_i}(A_i).$$

Die Grenzerlöse des Arbeitseinsatzes entsprechen also definitionsgemäß der mit dem Güterpreis bewerteten physischen Mehrproduktion durch Einsatz einer weiteren Arbeitseinheit, also dem Wert des Grenzprodukts der Arbeit. Da das Grenzprodukt der Arbeit mit zunehmendem Arbeitseinsatz fällt, gilt dies auch für den Grenzerlös als Wert dieses Mehrprodukts. Den Grenzerlösen gegenüber stehen die Kosten einer zusätzlichen Arbeitseinheit. Diese Grenzkosten entsprechen dem vorgegebenen Geldlohnsatz, sind also vom Arbeitseinsatzniveau unabhängig. Will das Unternehmen seinen Gewinn maximieren, wird es die Zahl der Arbeitseinheiten (zur Produktion eingesetzten Arbeitsstunden) solange erhöhen, bis der Wert des Grenzprodukts der Arbeit (also der monetäre Erlös aus einer zusätzlichen Stunde Arbeitseinsatz) auf die Höhe des Geldlohnsatzes (als den Kosten einer zusätzlichen Stunde Arbeitseinsatz) gefallen ist. Denn alle zusätzlichen

Arbeitseinheiten, für die der Wert des Grenzprodukts noch über dem Lohnsatz liegt, generieren am Gütermarkt mehr zusätzliche Erlöse als sie am Arbeitsmarkt zusätzliche Kosten verursachen. Die Gewinnmaximierungsregel lautet daher

$$p \frac{\partial x_i}{\partial A_i}(A_i) = w.$$

Teilt man in dieser Gleichung beide Seiten durch den Güterpreis, so erhält man

$$\frac{\partial x_i}{\partial A_i}(A_i) = \frac{w}{p}. \tag{5.2}$$

Beide Formulierungen der Gewinnmaximierungsregel bezeichnet man als Grenzproduktivitätsregel für den Faktor Arbeit. Dabei ist der Quotient aus Geldlohnsatz und Güterpreis der so genannte Reallohnsatz aus Sicht des Unternehmens. Dieser Reallohnsatz gibt an, mit wie viel Einheiten des produzierten Gutes eine Arbeitseinheit entlohnt wird. In Worten lautet die Grenzproduktivitätsregel: Setze jene Arbeitsmenge ein, bei welcher die Grenzproduktivität der Arbeit auf die Höhe des Reallohnsatzes gefallen ist. Die Abb. 5.1 illustriert diese Grenzproduktivitätsregel und verdeutlicht ihre ökonomische Logik. Ist die Arbeitsnachfrage kleiner als gewinnmaximal, so liegt die Grenzproduktivität der Arbeit über dem Reallohnsatz und das reale Mehrprodukt einer weiteren Arbeitseinheit ist höher als die reale Entlohnung dieser zusätzlichen Arbeitseinheit. Wird eine höhere Arbeitsmenge als die gewinnmaximale eingesetzt, so gilt das Umgekehrte.

An der Abb. 5.1 kann man auch die Verteilung der Produktion auf die Arbeiter und das Unternehmen ersehen. Bei gewinnmaximaler Arbeitsnachfrage entspricht die Produktionshöhe x^* der Fläche unter der Grenzproduktivitätsfunktion zwischen $A_i = 0$ und $A_i = A_i^*$. Davon erhalten die Arbeiter das Viereck wA_i^* und beim Unternehmen

Abb. 5.1 Die
Grenzproduktivitätsregel für
den Faktor Arbeit

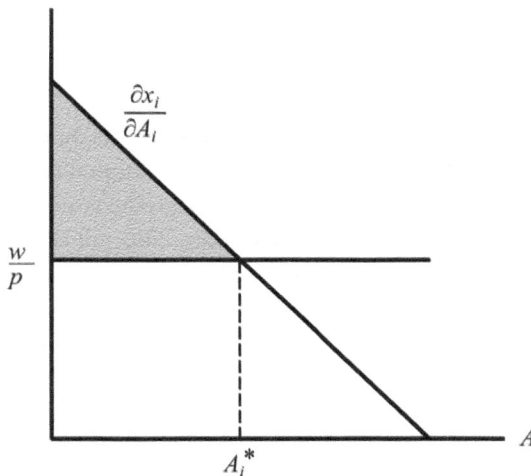

bleibt das Dreieck zwischen Grenzproduktivitätsfunktion und Reallohnsatzgerade vor. der Ordinate bis hin zum Schnittpunkt der beiden Funktionen (in der Abbildung grau schattiert). Dabei ist zu berücksichtigen, dass das Unternehmen aus diesem Dreieck auch noch alle anderen Produktionsfaktoren, die in dieser Betrachtung fix gehalten wurden, entlohnen muss.

An der Grenzproduktivitätsregel Gl. 5.1 bzw. Gl. 5.2 kann man die Bestimmungsgründe der Höhe der Arbeitsnachfrage ablesen:

- der Geldlohnsatz und
- der Preis des produzierten Gutes sowie
- die Technologie in Form der Grenzproduktivitätsfunktion.

Dabei spielen allerdings die absoluten Werte von Geldlohnsatz und Güterpreis für die Höhe der Arbeitsnachfrage keine Rolle, alleine deren Verhältnis zählt. Das hat zur Konsequenz, dass beispielsweise eine Verdoppelung des Geldlohnsatzes bei einer gleichzeitigen Verdoppelung des Verkaufspreises keinen Einfluss auf die Beschäftigung hat.

Die Grenzproduktivitätsregel für den Faktor Arbeit stellt nicht nur eine Gewinnmaximierungsregel für die Arbeit nachfragenden Unternehmen dar, sondern ist zugleich ein ganz zentrales Ergebnis mit Blick auf die Verteilung der Produktion auf Unternehmen einerseits und Beschäftigte andererseits: Bei Vollkommener Konkurrenz auf einem Arbeitsmarkt und gewinnmaximierenden Unternehmen wird der Faktor Arbeit real gemäß seiner Grenzproduktivität entlohnt. Die Höhe der realen Entlohnung ist bei Vollkommener Konkurrenz also technologisch determiniert.

5.2.1.2 Arbeitsnachfragefunktionen

Unter einer einzelwirtschaftlichen Arbeitsnachfragefunktion versteht man im Allgemeinen den Zusammenhang zwischen der Arbeitsnachfrage eines Unternehmens und dem Geldlohnsatz $A_i = A_i(w)$. Da bei einer Arbeitsnachfrage gemäß der Grenzproduktivitätsregel alleine der Reallohnsatz zählt, ist in der traditionellen Mikroökonomik, der so genannten Neoklassik, auch die Formulierung in Abhängigkeit vom Reallohnsatz üblich: $A_i = A_i(w/p)$. In der Abb. 5.2 wird der Verlauf dieser Arbeitsnachfragefunktion aus der Grenzproduktivitätsregel abgeleitet. An dieser Abbildung kann man ersehen, dass die Arbeitsnachfrage eines Unternehmens mit steigendem Reallohnsatz fällt. Kommt es ausgehend von einer Situation mit relativ niedrigem Reallohnsatz zu einem Reallohnsatzanstieg, so geht die gewinnmaximale Arbeitsnachfrage zurück. Das Unternehmen wird so viele Arbeitseinheiten abbauen (Arbeiter entlassen), bis die Grenzproduktivität der Arbeit auf das nun höhere Niveau des Reallohnsatzes angestiegen ist. Bliebe es beim alten Beschäftigungsniveau, so würden alle Arbeitseinheiten zwischen der alten und der neuen gewinnmaximalen Arbeitsnachfrage mit mehr Gütereinheiten entlohnt werden als sie – wenn man ihnen jeweils ihr Grenzprodukt zurechnet – zur Produktion beitragen. Diese gewinnmaximale Reaktion der Unternehmen auf eine Verteuerung des Faktors Arbeit hat erhebliche Verteilungswirkungen. Zunächst einmal

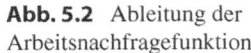

Abb. 5.2 Ableitung der
Arbeitsnachfragefunktion

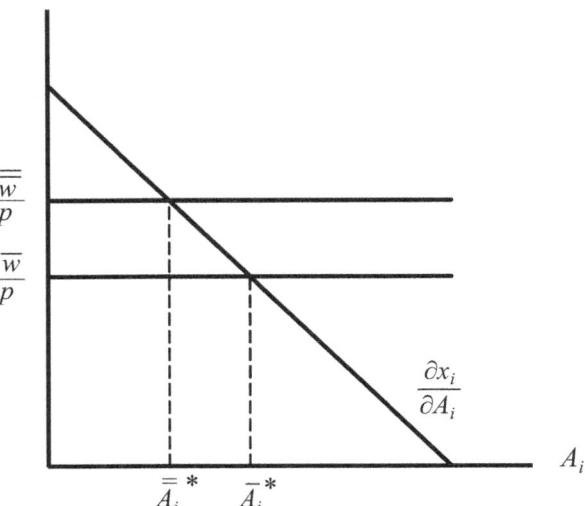

verkleinert sich das Dreieck der beim Unternehmen verbleibenden Produktion, der reale Gewinn vor Entlohnung der anderen Faktoren sinkt also. Damit ist aber nicht gesagt, dass die reale Lohnsumme $(w/p)A$ steigt. Denn der Beschäftigungsrückgang kann den Reallohnsatzanstieg mit Blick auf die Lohnsumme überkompensieren. Ob dies passiert, ist eine Frage des konkreten Verlaufs der Grenzproduktivitätsfunktion.

Angesichts im Reallohnsatz fallender einzelwirtschaftlicher Arbeitsnachfrage-funktionen verläuft auch die aggregierte Arbeitsmarktnachfragefunktion $A^N = A^N(w/p)$ in einem Arbeitsmengen-Reallohnsatz-Diagramm fallend. Dies zeigt die Abb. 5.3 anhand zweier Arbeitsmarktnachfragefunktionen für unterschiedlich hohe Grenzproduktivitäts-niveaus für den Faktor Arbeit. Bei höherem Grenzproduktivitätsniveau liegt die Arbeits-nachfrage für jeden Reallohnsatz höher, da dann die Grenzproduktivität der Arbeit erst bei relativ hohem Beschäftigungsniveau auf die Höhe des jeweiligen Reallohnsatzes gesunken ist. Versteht man den Übergang zu einem höheren Grenzproduktivitätsniveau als technischen Fortschritt (in der Abbildung mit Index „v" für „vorher" und Index „n" für „nachher"), so führt dieser technische Fortschritt bei jedem Reallohnsatz zu mehr Arbeitsnachfrage. Dies kann man sich sowohl an der Grenzproduktivitätsregel Gl. 5.2 als auch an der Abb. 5.1 leicht klarmachen. Dabei ist vorausgesetzt, dass das Unter-nehmen zum vorgegebenen Güterpreis p beliebig viele Gütereinheiten verkaufen kann. Dies ist in der Annahme Vollkommener Konkurrenz impliziert.

5.2.2 Bestimmungsgründe des Arbeitsangebots

Mit Blick auf das Arbeitsangebot eines Haushalts wollen wir als Regelfall unterstellen, dass dieser an sich ungern arbeitet, d. h. beim Arbeiten entsteht ihm ein Arbeitsleid. Er

Abb. 5.3 Arbeitsmarktnachfragefunktion
und technischer
Fortschritt

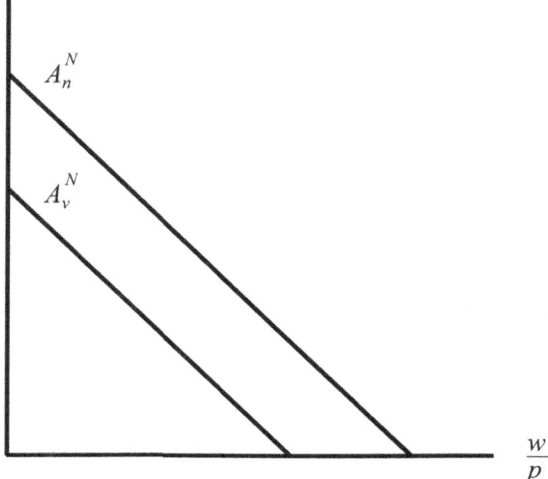

arbeitet daher nur, um ein Arbeitseinkommen zu erzielen, mit dem er dann Konsumgüter kaufen kann. Kann der Haushalt über die Höhe seines Arbeitsangebots frei entscheiden – also z. B. darüber, wie viele Stunden pro Woche er arbeiten will – so stellt sich ihm die Frage nach der Höhe des nutzenmaximalen Arbeitsangebots. Dies ist ein typisches Entscheidungsproblem z. B. für stundenweise beschäftigte Arbeitnehmer. Oft unterliegen Arbeitsanbieter (und Arbeitsnachfrager) jedoch auch kollektiv ausgehandelten Tarifverträgen, in denen bestimmte Arbeitszeiten fest vorgegeben sind, z. B. die 40-Stunden-Woche. Oder es werden nur wenige Optionen bezüglich der Arbeitszeit gelassen, z. B. ganztags beschäftigt oder halbtags beschäftigt. In diesem Fall spricht man von einer institutionellen Fixierung der Arbeitszeit (über das Institut des Tarifvertrags) und das im Folgenden behandelte Entscheidungsproblem der Arbeitsanbieter besteht so nicht.

5.2.2.1 Nutzenmaximierung

Bei der Entscheidung über seine Arbeitsangebotsmenge wird der Haushalt zum einen den Reallohnsatz im Auge haben. Das ist für einen Arbeitsanbieter das Verhältnis zwischen dem Geldlohnsatz w und dem Konsumgüterpreisniveau gemessen am Preisindex P. Dieser Reallohnsatz aus Arbeitsanbietersicht w/P sagt aus, wie viele Einheiten X eines nutzenmaximal zusammengestellten Konsumgüterbündels er sich für eine Einheit (im Folgenden: Stunde) Arbeit bzw. dem damit erzielten Einkommen kaufen kann. Zum Zweiten wird der Haushalt auf das durch die Arbeit entstehende Arbeitsleid schauen. Dabei können wir als Regelfall davon ausgehen, dass das zusätzliche Arbeitsleid einer weiteren Arbeitsstunde, das so genannte Grenzleid der Arbeit, tendenziell mit dem Niveau der Arbeitszeit ansteigt. Je mehr man schon arbeitet, desto größer ist das zusätzliche Arbeitsleid einer weiteren Arbeitsstunde. Kardinal gemessen wird das Grenzleid der Arbeit an der Anzahl von Konsumeinheiten X, die man dem Arbeitsanbieter geben muss, damit er für eine weitere Stunde Arbeit genau so entschädigt wird, dass sein Nutzen unverändert bleibt. Das Grenzleid der Arbeit entspricht also dem in diesem Sinne notwendigen Entschädigungskonsum.

Die nutzenmaximale Arbeitsangebotsmenge findet man nun im Vergleich des Grenzleids der Arbeit mit dem Reallohnsatz. Solange das Grenzleid der Arbeit, also die notwendige Entschädigungsanzahl an Konsumeinheiten X für eine weitere Stunde Arbeit, noch unter dem Reallohnsatz, also der durch das Einkommen aus einer weiteren Stunde Arbeit erwerbbaren Anzahl von Konsumeinheiten X liegt, steigt der Nutzen noch wenn man das Arbeitsangebot weiter ausdehnt. Verhält es sich umgekehrt, so arbeitet man zuviel – das zusätzliche Arbeitsleid ist dann höher zu bewerten als der durch die Mehrarbeit mögliche Mehrkonsum. Die Nutzenmaximierungsregel eines Arbeitsanbieters lautet damit: Biete genau so viel Arbeit an, bis das Grenzleid der Arbeit auf die Höhe des Reallohnsatzes gestiegen ist. Diese Nutzenmaximierungsregel illustriert die Abb. 5.4.

Damit stehen auch die Bestimmungsgründe des Arbeitsangebots fest:

- der Geldlohnsatz und
- das Konsumgüterpreisniveau
- sowie die Präferenzen.

Hinsichtlich der Präferenzen kann man die Haushalte danach unterscheiden, wie hoch ihre Funktion des Grenzleids der Arbeit verläuft. Haushalte mit hohem Grenzleid der Arbeit sind eher freizeitorientiert, solche mit generell niedrigem Grenzleid der Arbeit eher arbeits- und konsumorientiert.

Abb. 5.4 Nutzenmaximales
Arbeitsangebot

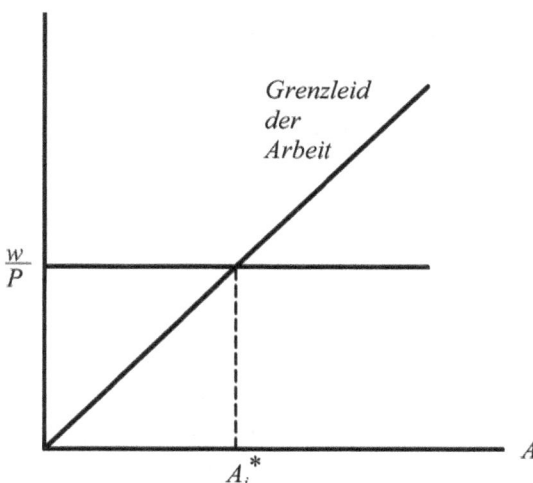

5.2.2.2 Arbeitsangebotsfunktionen

Sofern das einzelwirtschaftliche Arbeitsangebot nicht durch einzuhaltende Tarifverträge oder Ähnliches institutionell fixiert ist, existieren einzelwirtschaftliche Arbeitsangebotsfunktionen im Sinne eines funktionalen Zusammenhangs zwischen nutzenmaximaler Arbeitsangebotsmenge und Lohnsatz. Dabei gilt auch für das nutzenmaximale Arbeitsangebot, dass alleine der Reallohnsatz w/P von Bedeutung ist, die absoluten Werte von Lohnsatz w und Konsumgüterpreisniveau P dagegen bei gegebenem Reallohnsatz keine Rolle spielen. Daher werden in der Neoklassik auch die Arbeitsangebotsfunktionen im Reallohnsatz formuliert: $A_j = A_j(w/P)$. Dieser Reallohnsatz aus Arbeitsanbietersicht w/P entspricht in der Regel nicht dem Reallohnsatz w/p eines Unternehmens.

Hinsichtlich der Reaktion des einzelwirtschaftlichen Arbeitsangebots auf eine Erhöhung des Reallohnsatzes gibt es nun zwei gegenläufige Teileffekte. Einerseits ist ein höherer Reallohnsatz ein zusätzlicher Arbeitsanreiz, weil dann eine zusätzliche Stunde Arbeit mehr zusätzlichen Konsum ermöglicht als zuvor. Diesen Effekt bezeichnet man als den Substitutionseffekt einer Reallohnsatzerhöhung, denn letztlich wird hier teurer werdende Nichtarbeitszeit durch Arbeitszeit und damit durch Konsumgüter (die relativ billiger werden) substituiert. Die Abb. 5.5 zeigt diesen Substitutionseffekt. Ausgehend von einer nutzenmaximalen Situation führt eine Reallohnsatzerhöhung zu einer positiven Differenz zwischen der durch das Einkommen aus einer weiteren Stunde Arbeit erwerbbaren Anzahl von Konsumeinheiten (dem Reallohnsatz) und der notwendigen Entschädigungsanzahl an Konsumeinheiten für eine weitere Stunde Arbeit (dem Grenzleid der Arbeit). Darauf reagiert ein nutzenmaximierender Haushalt mit einer Ausdehnung des Arbeitsangebots, bis die Nutzenmaximierungsregel wieder erfüllt ist.

Diesem Substitutionseffekt steht ein gegenläufiger Einkommenseffekt gegenüber. Durch die Reallohnsatzerhöhung steigen das Einkommen und damit die Konsummöglichkeiten nicht nur auch bei unverändertem Arbeitsangebot, sondern selbst dann noch, wenn

Abb. 5.5 Der Substitutionseffekt einer Reallohnsatzerhöhung

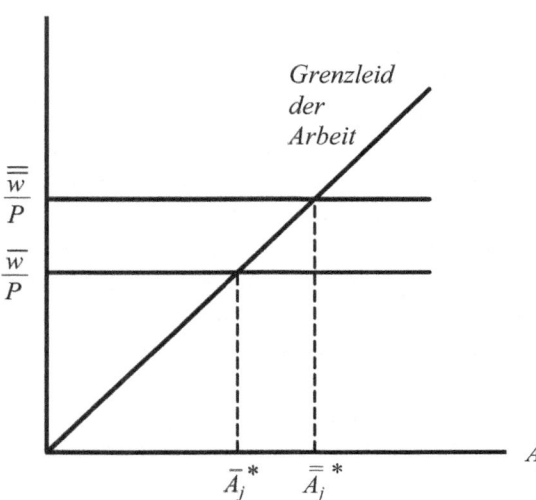

Abb. 5.6 Neoklassische
Arbeitsmarktangebotsfunktion

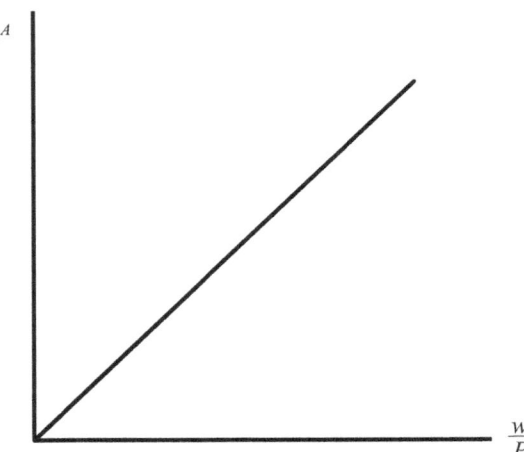

man das Arbeitsangebot ein wenig reduziert. Dies für sich genommen spricht gegen eine Erhöhung der Arbeitszeit bei höherem Reallohnsatz. Die Neoklassik vermutet hier eine Dominanz des Substitutionseffekts, was ein Steigen der Arbeitsangebotsfunktionen im Arbeitsmengen-Reallohnsatz-Diagramm bedeutet. Dies ist aber auf einzelwirtschaftlicher Ebene nicht zwingend und kann im Einzelfall auch anders sein. Die Abb. 5.6 zeigt eine stilisierte Arbeitsmarktangebotsfunktion $A^A = A^A(w/P)$, wie sie sich bei Gültigkeit der neoklassischen Annahme einer Dominanz des Substitutionseffekts ergibt.

5.2.3   Das Arbeitsmarktgleichgewicht

Die Abb. 5.7 zeigt in stilisierter Form das Arbeitsmarktgleichgewicht als Schnittpunkt der gemäß der Grenzproduktivitätsregel fallenden Arbeitsnachfragefunktion der Unternehmen einerseits mit der gemäß der Arbeitsgrenzleid-gleich-Reallohnsatz-Regel bei Dominanz des Substitutionseffekts steigenden Arbeitsangebotsfunktion der Haushalte andererseits. (Der Leser beachte, dass dabei auch die Nachfrage nach Arbeit in Abhängigkeit vom Reallohnsatz w/P abgetragen wird. Dies entspricht der stilisierten Modellvorstellung, die Unternehmen produzierten alle ein identisches Konsumgutpaket und verkauften es zum Preis P.)

Die folgende Abb. 5.8 zeigt, dass die Existenz eines Arbeitsmarktgleichgewichts unabhängig davon ist, ob das Arbeitsangebot mit steigendem Reallohnsatz steigt (Neoklassik) oder vollständig institutionell fixiert ist. Letzteres wäre beispielsweise der Fall, wenn alle Wirtschaftssubjekte mangels anderer Einkommensquellen arbeiten müssten und es eine hinsichtlich der Arbeitszeit gesetzlich oder tarifvertraglich zwingende einheitliche Regelung gäbe.

Von Relevanz ist ein Arbeitsmarktgleichgewicht nur, wenn es einen analog zum Preismechanismus auf den Gütermärkten funktionierenden Lohnsatzmechanismus

Abb. 5.7 Arbeits-
marktgleichgewicht
bei neoklassischem
Arbeitsangebot

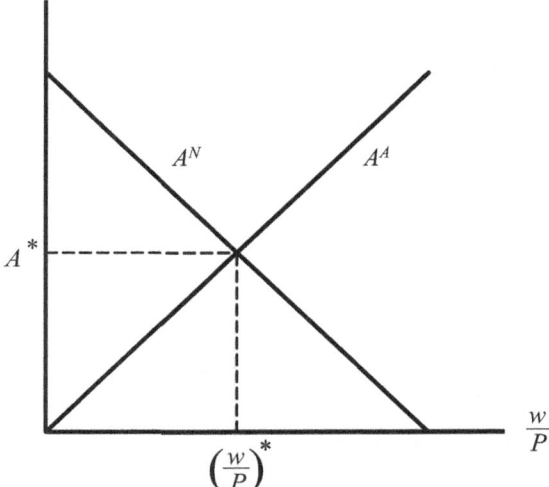

Abb. 5.8 Arbeits-
marktgleichgewicht bei
institutionell fixiertem
Arbeitsangebot

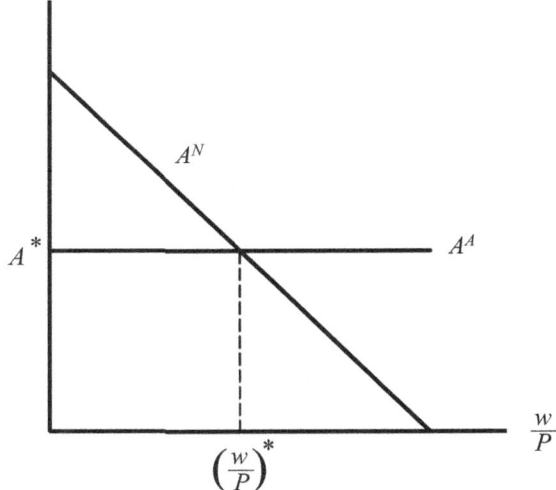

gibt, der über ein Steigen des Reallohnsatzes bei einem Nachfrageüberschuss (in den Abbildungen: links vom Gleichgewicht) und über ein Sinken des Reallohnsatzes bei einem Angebotsüberschuss (in den Abbildungen: rechts vom Gleichgewicht) dem Arbeitsmarkt eine Gleichgewichtsorientierung gibt. Auf vielen Arbeitsmärkten funktioniert dieser Lohnsatzmechanismus zumindest einigermaßen und vor allem mittel- und langfristig. Eine Funktionsfähigkeit des Lohnsatzmechanismus ist vor allem im Falle von Nachfrageüberschüssen – also bei einem „Arbeitskräftemangel" – festzustellen, da die Unternehmen dann mit höheren Lohnsätzen um die knappen Arbeiter konkurrieren.

Dagegen funktioniert der Lohnsatzmechanismus im Falle von Angebotsüberschüssen immer dann zumindest kurzfristig schlecht oder gar nicht, wenn verbindliche Tariflohnsätze oder staatliche Mindestlohnsätze bestehen. Dann entspricht die tatsächliche Beschäftigung zumindest kurzfristig der Arbeitsnachfrage beim institutionell fixierten Lohnsatz (welcher allerdings langfristig durch Neuverhandlungen sinken könnte). Ist der institutionell fixierte Lohnsatz höher als der Gleichgewichtsreallohnsatz (egal ob im „neoklassischen" Arbeitsmarkt der Abb. 5.7 oder im Falle eines lohnsatzunabhängigen Arbeitsangebots wie in der Abb. 5.8), so wird der Schnittpunkt von Angebot und Nachfrage als Gleichgewicht nicht relevant; es kommt zum Angebotsüberschuss. Es gibt dann also Arbeitsanbieter, die zum institutionell fixierten Lohnsatz arbeiten wollen, aber keine Beschäftigung finden. Diese Rationierung des Arbeitsangebots bezeichnet man als unfreiwillige Arbeitslosigkeit. Das Entstehen von unfreiwilliger Arbeitslosigkeit illustriert die Abb. 5.9 ausgehend von der Abb. 5.7. Unfreiwillige Arbeitslosigkeit kann aber auch ausgehend von der Abb. 5.8 entstehen, also wenn sowohl ein institutionell fixiertes Arbeitsangebot als auch ein institutionell fixierter Lohnsatz vorliegen. Dabei steht das Adjektiv „unfreiwillig" für die Abgrenzung von jenen Arbeitslosen, die zum herrschenden Lohnsatz nicht arbeiten wollen, weil ihr Arbeitsleid zu hoch liegt. Solche freiwillig Arbeitslosen gibt es auch in den Marktgleichgewichten der Abb. 5.7 und 5.8.

Hinter einer institutionellen Fixierung des Lohnsatzes oberhalb des markträumenden Gleichgewichtslohnsatzes stehen meist Verteilungsmotive: Den Beschäftigten soll damit indirekt ein gewisses Arbeitseinkommen gesichert werden, bei einem Mindestlohnsatz speziell ein gewisses Mindesteinkommen. Dieses Verteilungsziel wird bei jenen Arbeitsanbietern, die zum institutionell fixierten Lohnsatz eine Beschäftigung haben, auch erreicht. Die Abb. 5.9 macht deutlich, dass dies aber auch einen Preis hat: Ein Teil der Arbeitsanbieter ist unfreiwillig arbeitslos.

Abb. 5.9 Unfreiwillige Arbeitslosigkeit bei institutionell fixiertem Lohnsatz

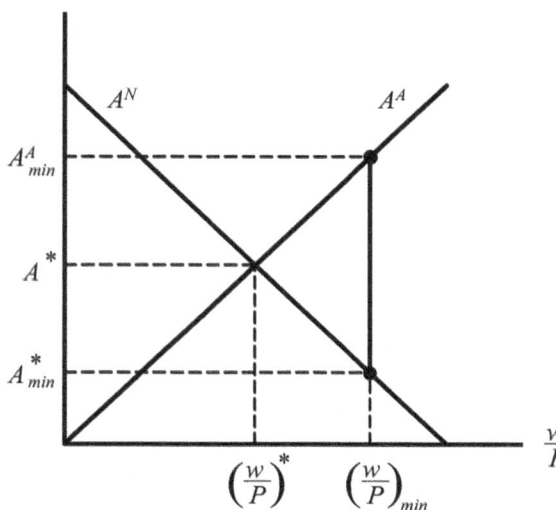

5.3 Primäre Finanzkapitalmärkte

Über die primären Finanzkapitalmärkte finanzieren die Unternehmen ihre Investitionen. Bei Vollkommener Konkurrenz ist dabei der dafür zu zahlende Zinssatz für den Einzelnen ein exogenes Datum. Auf der anderen Seite der primären Finanzkapitalmärkte stehen die privaten Haushalte, die dort ihre neue Ersparnis zinsbringend anlegen wollen. Dieses Sparen entspricht definitionsgemäß der Differenz von laufendem Einkommen und Konsumausgaben. Zwischen diesen beiden Marktseiten stehen oft Banken und andere Finanzmakler als Marktmacher.

5.3.1 Bestimmungsgründe der Kapitalnachfrage

Die Nachfrage der Unternehmen nach neuem Finanzkapital hat abgeleiteten Charakter: Das Gewinnmaximierungskalkül der Unternehmen betrifft zunächst einmal die gewinnmaximale Menge der am Realkapitalmarkt zu beschaffenden Kapitalgüter. Aus dieser ergibt sich dann zusammen mit den Kapitalgüterpreisen die Investitionsnachfrage am Finanzkapitalmarkt.

5.3.1.1 Gewinnmaximierung: die Investitionsregel

Im Folgenden wollen wir auf eine Unternehmung schauen, die einen bestimmten Maschinentyp in Menge R_i und zum Stückpreis p_R beschaffen kann. Dann lautet die Definitionsgleichung für die Investitionen

$$I_i = p_R R_i.$$

Die Investitionen sind eine Wertgröße (gemessen z. B. in Euro) und nicht mit der Menge R_i (gemessen in Stück) zu verwechseln.

Wir können annehmen, das Unternehmen finanziere seine Maschinen ausschließlich über Fremdkapital wie beispielsweise Kredite, die es zum Zinssatz i vermittelt über den Bankensektor letztlich bei den Haushalten aufnimmt. Alternativ können wir uns für das Folgende aber auch vorstellen, das Unternehmen finanziere seine Maschinen ausschließlich über neues Eigenkapital wie beispielsweise die Ausgabe neuer Aktien, die von den Haushalten zu einem bestimmten Emissionskurs gekauft werden. Für diese Kapitalüberlassung muss die Unternehmung eine Dividende zahlen. Der Zinssatz i berechnet sich dann als Quotient aus dieser Dividende und dem Emissionskurs. Für die ganz grundlegenden Überlegungen dieses Unterkapitels spielt die Unterscheidung in Fremd- und Eigenkapitalfinanzierung keine Rolle.

Beim Produktionsfaktor Kapital ist das Gewinnmaximierungskalkül definitionsgemäß mehrperiodig, da andernfalls kein Kapital, sondern eine Vorleistung vorliegt. Damit geht es also nicht wie bisher bei der Betrachtung der Güter- und Arbeitsmärkte um die Maximierung eines Periodengewinns, sondern um die Maximierung der Summe aller auf den Entscheidungszeitpunkt abgezinsten zukünftigen Periodengewinne. Diese Summe gibt den so genannten Gegenwartswert oder auch Barwert V_i der neu beschafften Kapitalgüter an. Abgezinst werden die aus den getätigten Investitionen resultierenden zukünftigen Gewinne mit der vom Investor geforderten Mindestverzinsung. In der betrieblichen Investitionsrechnung bezeichnet man diese geforderte Mindestverzinsung auch als Kalkulationszinsfuß. Wichtigste Determinante und zugleich Untergrenze der geforderten Mindestrendite ist der Zinssatz. Denn die Rendite eines Investitionsprojekts muss mindestens seinen Finanzierungskosten entsprechen. Darüber hinaus spielt das spezifische Investitionsrisiko bzw. Unternehmensrisiko eine Rolle. Je höher das genuine Risiko des Projekts, desto höher der vom Unternehmer geforderte Risikoaufschlag auf die reinen Finanzierungskosten. In der Regel wird die geforderte Mindestrendite also über dem Zinssatz liegen. Im Folgenden werden wir dies jedoch in der Notation unterschlagen und einfach mit dem Zinssatz abzinsen. Es bleibt dem Leser unbenommen, sich hier jeweils noch einen Risikoaufschlag dazu zu denken.

Der Gegenwartswert (Barwert) von R_i neuen Maschinen vom gleichen Typ lautet damit

$$V_i = -p_R R_i + \frac{G_{i,1}(R_i)}{1+i} + \frac{G_{i,2}(R_i)}{(1+i)^2} + \cdots + \frac{G_{i,T}(R_i)}{(1+i)^T}. \tag{5.3}$$

Dabei ist T die ökonomische Lebensdauer der Maschinen. Die Periodengewinne sind in der im Folgenden verwendeten Terminologie als erwartete Gewinne aus der Beschaffung der Maschinen zum Entscheidungszeitpunkt $t = 0$ vor Abzug der Anschaffungskosten $p_R R_i$ zu verstehen. Letztere fallen hier annahmegemäß vollständig zum Beschaffungszeitpunkt $t = 0$ an. Die Höhe der erwarteten Periodengewinne ergibt sich für jede Periode aus der Höhe der prognostizierten Periodenerlöse abzüglich der erwarteten laufenden Periodenkosten. Dabei sind insbesondere die Erlöserwartungen oft mit hoher Unsicherheit behaftet, gehen doch in diese für die Unternehmung unkontrollierbare zukünftige Entwicklungen wie beispielsweise die allgemeine konjunkturelle Lage ein. Die Art und Weise der Abzinsung der Periodengewinne in der Gl. 5.3 ergibt sich aus dem Charakter des Zinssatzes als zeitdiskretem Jahreszinssatz. Ein Zinssatz beispielsweise von zehn Prozent $i = 0{,}1$ bedeutet für den Kapitalgeber, dass aus 1000 € nach einem Jahr 1000 $(1+ i) = 1100$ € geworden sind, nach zwei Jahren 1000 $(1 + i)\,(1 + i) = 1210$ € usw. Für einen Kapitalnehmer mit einer geforderten Mindestrendite von zehn Prozent bedeutet dies umgekehrt, dass er einen nach einem Jahr anfallenden Periodengewinn von 1100 € mit 1,1 abzinsen muss, was einen Gegenwartswert von 1000 € ergibt. Fallen im zweiten Jahr 1210 € Periodengewinn an, so muss er mit $1{,}1^2 = 1{,}21$ abzinsen, um den Gegenwartswert zu bekommen, der sich dann ebenfalls auf 1000 € beläuft. Hinsichtlich des Verlaufs der erwarteten Periodengewinne in Abhängigkeit von der Anzahl gekaufter Maschinen $G_{it} = G_{it}(R_i)$ können wir davon ausgehen, dass der erwartete Periodengewinn mit zunehmender Maschinenzahl steigt, dies aber in abnehmendem Maße. Das liegt daran, dass die Investitionsprojekte einer Unternehmung typischerweise nicht alle gleich lukrativ sind, sondern sich nach ihrer Rentabilität reihen lassen. Nehmen wir als Beispiel ein Unternehmen, das mit je einer Maschine Pelzmützen für jeweils ein bestimmtes Land produzieren kann. Dabei unterscheiden sich die Länder im Klima und damit in der

Zahlungsbereitschaft für Pelzmützen. Dies schlägt sich in unterschiedlichen Preisen und Gewinnen nieder. Beschafft das Unternehmen nur eine Maschine, wird es damit den lukrativsten Markt bedienen, mit der zweiten Maschine den zweitlukrativsten Markt usw. Es liegen also mit zunehmender Zahl neuer Maschinen abnehmende Grenzgewinne vor.

Gesucht ist nun jene Kapitalgüteranzahl R_i, die den Gegenwartswert V_i maximiert. Dabei verursacht jede weitere Maschine zusätzliche Anschaffungskosten in Höhe des fest vorgegebenen Preises p_R und führt zu Mehrgewinnen (vor Abzug der zusätzlichen Anschaffungskosten) in Höhe der kumulierten und abdiskontierten Periodengrenzgewinne. Dabei nimmt die Summe der Gegenwartswerte der Periodengrenzgewinne mit zunehmender Anzahl neuer Maschinen ab. Solange diese Summe noch über dem Maschinenpreis liegt, rechnet sich die zusätzliche Maschine. Die wertmaximierende Maschinenzahl ist dann erreicht, wenn die Summe der Gegenwartswerte der Grenzgewinne auf die Höhe des Maschinenpreises gefallen ist:

$$\frac{\frac{\partial G_{i,1}}{\partial R_i}(R_i)}{1+i} + \frac{\frac{\partial G_{i,2}}{\partial R_i}(R_i)}{(1+i)^2} + \cdots + \frac{\frac{\partial G_{i,T}}{\partial R_i}(R_i)}{(1+i)^T} = p_R. \tag{5.4}$$

Diese Wertmaximierungsregel bezeichnen wir als Investitionsregel. Aus ihr kann man zunächst einmal die gegenwartswertmaximale Kapitalgüteranzahl ermitteln. Multiplikation dieser Kapitalgüteranzahl mit dem Kapitalgüterpreis ergibt das gesuchte Investitionsvolumen und damit die notwendige Finanzkapitalnachfrage. Die Abb. 5.10 illustriert die Investitionsregel.

Die zentralen Bestimmungsgründe der gegenwartswertmaximalen Kapitalgüternachfrage und damit der Nachfrage nach neuem Finanzkapital zur Finanzierung dieser Kapitalgütermenge sind

- der Kapitalgüterpreis und
- der Zinssatz sowie
- die hinter den Gewinnerwartungen stehenden Faktoren (beispielsweise die Erwartungen hinsichtlich der künftigen Verkaufspreise des mit den Maschinen produzierten Gutes).

5.3.1.2 Investitionsfunktionen

Unter der Investitionsfunktion einer Unternehmung versteht man den funktionalen Zusammenhang zwischen ihrer aus der Kapitalgüternachfrage abgeleiteten Nachfrage nach neuem Finanzkapital und dem (Finanzierungs-)Zinssatz als Kernbestandteil der geforderten Mindestrendite $I_i = I_i(i)$. Dieser Zusammenhang ist negativ: Je höher der Zinssatz ist, desto geringer ist das Investitionsvolumen. Das ersieht man unmittelbar an der Abb. 5.10 und ist mit der Abb. 5.11 noch einmal explizit verdeutlicht. Steigt der Zinssatz, so verschiebt sich die Funktion der Summe der Gegenwartswerte der Grenzgewinne wegen der stärkeren Abzinsung nach unten und die wertmaximale Kapitalgüternachfrage geht zurück. Die Realkapitalnachfragefunktion $R_i = R_i(i)$ verläuft also fallend. Die sich aus ihr durch Multiplikation mit dem Kapitalgüterpreis p_R ergebende

Abb. 5.10 Die
Investitionsregel

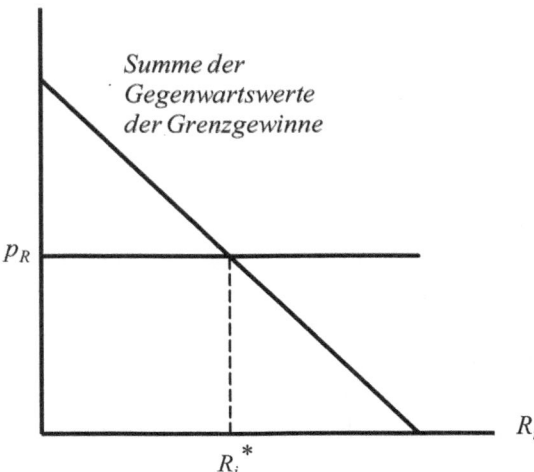

Abb. 5.11 Ableitung der
Investitionsfunktion

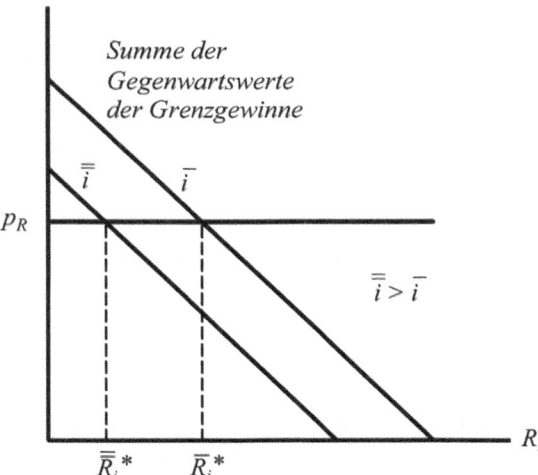

Investitionsfunktion muss daher auch fallend verlaufen. Steigt der Finanzierungszinssatz,
so steigen die Mindestrenditeanforderungen an die Investitionsprojekte und jene Projekte
(Maschinen), die sich vor der Zinssatzerhöhung gerade noch gerechnet haben, werden
unprofitabel und daher nicht mehr realisiert.

Da die einzelwirtschaftlichen Investitionsfunktionen im Zinssatz fallen, muss dies auch
für die aggregierte Nachfragefunktion am primären Finanzkapitalmarkt gelten. Die Abb.
5.12 zeigt in stilisierter Form zwei solcher fallend verlaufenden Neukapitalnachfragefunk-
tionen und thematisiert zugleich die Erwartungsabhängigkeit der Investitionen. Je höher die
Erwartungen bezüglich der durch neue Maschinen möglichen Periodengewinne sind, desto

Abb. 5.12 Investitionsfunktion
und Gewinnerwartungen

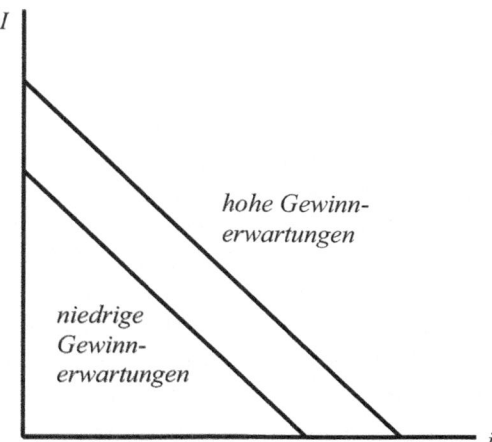

mehr wird bei jedem Zinssatz investiert. Die im Vergleich zu den Entscheidungen über die Produktionshöhe und die Höhe der Arbeitsnachfrage sehr viel höhere Erwartungsabhängigkeit der Investitionsentscheidung folgt aus ihrer – je nach Lebensdauer der Maschinen – weit in die Zukunft reichenden Bindungswirkung.

5.3.2   Bestimmungsgründe des Kapitalangebots

Mit Blick auf das Sparen eines Haushalts S_j können wir im Regelfall davon ausgehen, dass dieser an sich ungern spart, denn Sparen bedeutet Konsumverzicht in der Gegenwart. Dennoch wird gespart, denn dem Konsumverzicht in der Gegenwart stehen mehr Konsum in der Zukunft durch Auflösen der gebildeten Ersparnis sowie durch ein Kapitaleinkommen iS_j (die Zinsen) gegenüber.

5.3.2.1 Nutzenmaximierung
Bei den meisten Haushalten führt das bloße Aufschieben eines Teils des heute möglichen Konsums um ein Jahr durch Sparen für sich gesehen zu einer Nutzeneinbuße. Diese Nutzeneinbuße wird kardinal und (in Euro) bewertet erfasst durch den Wert des so genannten Sparleids. Dessen Veränderungsgröße, das bewertete Grenzleid des Sparens, ist das zusätzliche bewertete Sparleid, das durch einen weiteren Euro Konsumaufschub um ein Jahr entsteht. Typischerweise steigt der Wert des Grenzleids des Sparens mit zunehmender Sparsumme. Je mehr man schon spart (heute möglichen Konsum um ein Jahr aufschiebt), desto mehr Sparleid entsteht durch die Erhöhung des Sparens um einen weiteren Euro. Gemessen wird der Wert des Grenzleids des Sparens daran, wie viel mehr Cent Zukunftskonsum man dem betrachteten Haushalt geben muss, damit er bei Erhöhung des Sparens um einen weiteren Euro nutzenmäßig genau gleichgestellt bleibt.

Der Wert des Grenzleids des Sparens wird also als mindestens notwendiger zukünftiger Entschädigungskonsum (in Cent, nicht in Mengeneinheiten) für einen weiteren Euro Konsumaufschub um ein Jahr operationalisiert. Dieser notwendige Entschädigungskonsum wird wie schon gesagt im Regelfall mit der Sparhöhe ansteigen.

Will nun ein Haushalt seine nutzenmaximale Sparhöhe ermitteln, so muss er nur die Entwicklung seines bewerteten Grenzleids des Sparens bei steigendem Sparen – also den mindestens notwendigen zukünftigen Entschädigungskonsum (in Cent bewertet) für einen weiteren Euro Konsumaufschub – mit dem herrschenden Zinssatz vergleichen. Denn der Zinssatz zeigt ihm, wie viel Cent zusätzliche Konsumsumme aus einem Euro heutigen Konsumverzichts (über diesen Euro selbst hinaus) in einem Jahr resultiert. Solange der Wert des Grenzleids des Sparens noch unter dem Zinssatz liegt, lohnt es, den Sparbetrag zu erhöhen. Die Nutzenmaximierungsregel lautet: Wähle jene Höhe des Sparens, bei welcher der Wert des Grenzleids des Sparens auf die Höhe des Zinssatzes gestiegen ist. Diese Entscheidungsregel zur Bestimmung der nutzenmaximalen Höhe des neuen Kapitalangebots illustriert die Abb. 5.13.

Der zentrale Bestimmungsgrund des Sparens ist aus dieser Sicht neben den Präferenzen des Haushalts der Zinssatz. Dabei darf jedoch nicht aus dem Blick geraten, dass das Sparen aus dem aktuellen Einkommen geschöpft wird. Je höher dieses aktuelle Einkommen ist, desto niedriger dürfte die Funktion des bewerteten Grenzleids des Sparens verlaufen, desto höher ist das nutzenmaximale Sparen.

5.3.2.2 Sparfunktionen
Unter einer Sparfunktion versteht man in der traditionellen Mikroökonomik und damit in der Neoklassik den Zusammenhang zwischen der Sparhöhe und dem Zinssatz. Der Verlauf der einzelwirtschaftlichen Sparfunktion $S_j = S_j(i)$ ist hinsichtlich des Vorzeichens

Abb. 5.13 Nutzenmaximales Kapitalangebot

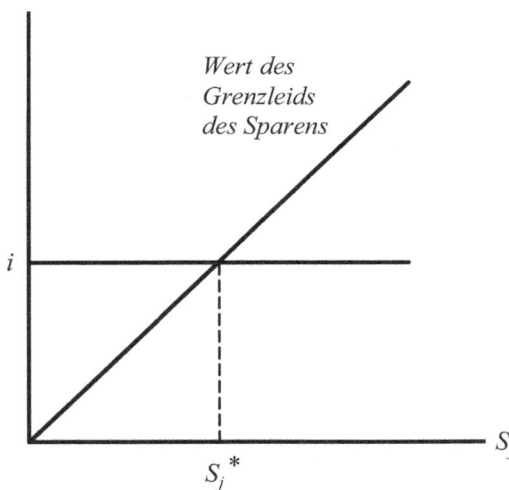

der Steigungswerte nicht eindeutig. Einerseits wird ein Haushalt mit steigendem Zinssatz mehr sparen, weil dann ein Euro zusätzlicher gegenwärtiger Konsumaufschub mit
einem höheren Zukunftskonsum aus diesem Euro belohnt wird. Dies bezeichnet man
als den intertemporalen Substitutionseffekt einer Zinssatzerhöhung. Denn eine Zinssatzerhöhung bedeutet eine Verbilligung des Zukunftskonsums in Relation zum Gegenwarts-
konsum. Die Abb. 5.14 verdeutlicht diesen Substitutionseffekt. Andererseits gibt es einen
gegenläufigen Einkommenseffekt. Sowohl das Kapitaleinkommen aus dem aktuellen
Sparen iS_j als auch das Kapitaleinkommen aus der gesamten durch Sparen in der Vergangenheit gebildeten Ersparnis steigt und damit steigen sowohl die aktuellen als auch
die zukünftigen Konsummöglichkeiten. Daher kann man nach der Zinssatzerhöhung
selbst dann in Zukunft mehr konsumieren, wenn man etwas weniger spart. Dieser Einkommenseffekt kann den Substitutionseffekt überkompensieren. Die Neoklassik geht
allerdings von einer Dominanz des Substitutionseffekts aus. Somit ergeben sich aus neoklassischer Sicht steigende Sparfunktionen.

Aggregiert man die einzelwirtschaftlichen Sparfunktionen, so erhält man die (Neu-)
Kapitalangebotsfunktion für den primären Finanzkapitalmarkt $S = S(i)$. Die Abb. 5.15
zeigt zwei dieser Marktangebotsfunktionen in stilisierter Form. Dabei ist mit dieser
Abbildung zugleich der Einfluss des neben dem Zinssatz und den Präferenzen dritten
wichtigen Bestimmungsgrundes des Sparens thematisiert: die Höhe des aktuellen Einkommens. Liegt das Einkommen eines Haushalts relativ hoch, so werden die Werte des
Grenzleids des Sparens relativ niedrig liegen und daher wird das nutzenmaximale Sparen
relativ hoch sein. Auf den Gesamtmarkt gesehen bedeutet das, dass relativ hohe aktuelle
Einkommen zu bei jedem Zinssatz höherem Neukapitalangebot führen.

Abb. 5.14 Der
Substitutionseffekt einer
Zinssatzerhöhung

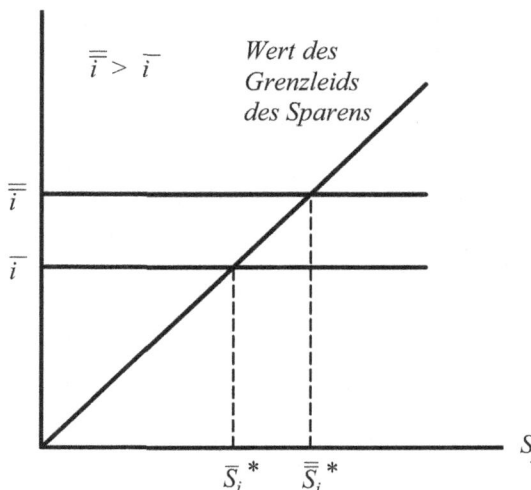

Abb. 5.15 Sparfunktion und
Einkommen

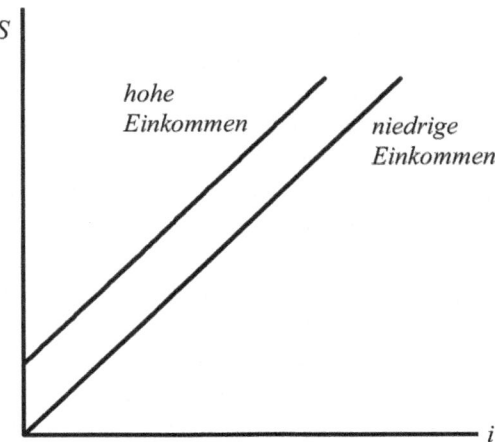

5.3.3   Das Kapitalmarktgleichgewicht

Das Marktgleichgewicht des primären Finanzkapitalmarktes liegt im Schnittpunkt von Angebot und Nachfrage nach Neukapital und damit im Schnittpunkt von Spar- und Investitionsfunktion, siehe Abb. 5.16. Analog zum Preismechanismus auf den Gütermärkten sorgt ein meist gut funktionierender Zinssatzmechanismus für die Realisierung dieses Gleichgewichts. Liegt beispielsweise ein Nachfrageüberschuss vor, weil infolge eines zu niedrigen Zinssatzes die Investitionspläne das Sparaufkommen übersteigen, so wird die Kapitalknappheit den Zinssatz zum Steigen bringen. Die Anleger und Banken sehen, dass sie höhere Zinssätze nehmen können. Zumindest einige Unternehmen werden höhere Zinssätze bieten, um Finanzierungsmittel zu bekommen. Bei einem

Abb. 5.16 (Neu-)
Kapitalmarktgleichgewicht

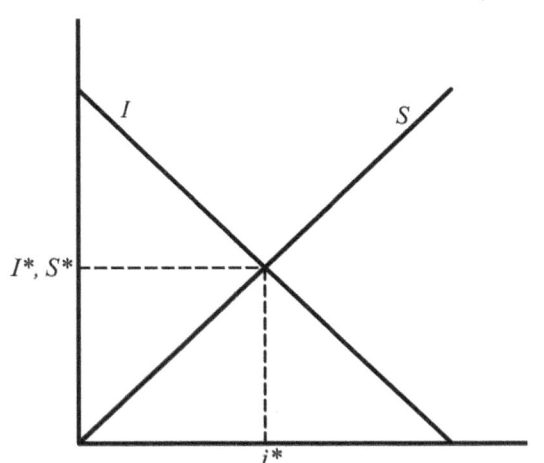

Angebotsüberschuss als Folge eines zu hohen Zinssatzes sehen beispielsweise die Banken, dass sie den Haushalten hohe Zinssätze vergüten müssen, obwohl sie Teile der Spareinlagen gar nicht in Investitionskredite umsetzen können. Also werden sie die Zinssätze senken, was einerseits die zu vergütenden Spareinlagen verringert und andererseits das ertragsbringende Kreditgeschäft ausweitet.

Zentrale Determinanten des Marktgleichgewichts sind die Gewinnerwartungen der Investoren hinsichtlich ihrer Investitionsprojekte sowie die Einkommen der Sparer. Höhere Gewinnerwartungen führen zu bei jedem Zinssatz höherer Neukapitalnachfrage und somit zu einer Verschiebung der Investitionsfunktion nach oben. Als Folge steigen Zinssatz, Sparen und Investitionen im Gleichgewicht. Höhere Einkommen führen bei jedem Zinssatz zu höherem Neukapitalangebot und somit zu einer Verschiebung der Sparfunktion nach oben. Als Folge steigen wiederum Sparen und Investitionen im Gleichgewicht, dies aber jetzt bei niedrigerem Gleichgewichtszinssatz.

5.4   Zusammenfassung

1. Die gewinnmaximale Arbeitsnachfrage der Unternehmen lässt sich über die Grenzproduktivitätsregel für den Faktor Arbeit ermitteln: Wähle jene Arbeitsmenge, bei welcher die Grenzproduktivität der Arbeit dem Quotienten aus Geldlohnsatz und Preis des produzierten Gutes (also dem Reallohnsatz aus Unternehmenssicht) entspricht.

2. Wichtigster Bestimmungsgrund der Arbeitsnachfrage ist neben dem Reallohnsatz die Technologie. Die Arbeitsnachfragefunktion fällt im Reallohnsatz und liegt für jeden Reallohnsatz umso höher, je höher die Grenzproduktivität der Arbeit ist.

3. Die Präferenzen eines Arbeitsanbieters kann man anhand des Verlaufs des (typischerweise mit steigendem Arbeitsniveau steigenden) Grenzleids der Arbeit messen – also jener Konsumgütermenge, die man ihm zur Nutzenkompensation einer weiteren Stunde Arbeit geben muss.

4. Kann der Arbeitsanbieter über die Arbeitsangebotsmenge frei entscheiden, so ist die nutzenmaximale Arbeitsmenge jene, bei welcher das Grenzleid der Arbeit auf die Höhe des Quotienten aus Geldlohnsatz und Konsumgüterpreisniveau (also auf die Höhe des Reallohnsatzes aus Haushaltssicht) gestiegen ist.

5. Den Effekt einer Reallohnsatzerhöhung auf das Arbeitsangebot kann man in einen positiven Substitutionseffekt (positiver Anreiz aus der höheren Kaufkraft des Stundenlohns bzw. Effekt der Freizeitverteuerung) und einen negativen Einkommenseffekt (negativer Effekt der bewirkten Realeinkommensteigerung per se) zerlegen.

6. Die Neoklassik geht von einer Dominanz des Substitutionseffekts und damit von einer im Reallohnsatz steigenden Arbeitsangebotsfunktion aus.

7. Können die Arbeitsanbieter über ihre Angebotsmengen frei entscheiden und funktioniert der Lohnsatzmechanismus, so ist alle Arbeitslosigkeit freiwillige Arbeitslosigkeit. Unfreiwillige Arbeitslosigkeit (Arbeitsanbieter wollen zum herrschenden Lohnsatz arbeiten, können dies aber mangels Nachfrage nicht oder zumindest nicht

ausreichend) kann entstehen, wenn der Lohnsatzmechanismus nicht funktioniert weil der Lohnsatz institutionell fixiert ist.

8. Die gewinnmaximale Investitionshöhe lässt sich über die Investitionsregel ermitteln: Wähle jene Kapitalgütermenge, bei welcher die Summe der Gegenwartswerte (Barwerte) der Grenzgewinne aus der Investitionstätigkeit (also die Summe der Gegenwartswerte der zusätzlichen Gewinne aus einer weiteren Maschine vor Abzug der Finanzierungskosten) dem Kapitalgüterpreis entspricht. Diese Kapitalgütermenge ergibt mit dem Kapitalgüterpreis multipliziert die Höhe der gewinnmaximalen Investitionen und damit die Höhe der Nachfrage nach neuem Finanzkapital.

9. Wichtigster Bestimmungsgrund der Investitionen sind neben dem Zinssatz und den Kapitalgüterpreisen die Gewinnerwartungen. Die Investitionsfunktion fällt im Zinssatz und liegt für höhere Gewinnerwartungen höher.

10. Die Präferenzen eines Sparers kann man anhand des Verlaufs des (typischerweise mit steigendem Sparniveau steigenden) Werts des Grenzleids des Sparens messen: Wie viel Cent muss man ihm zu einem heute gesparten Euro in einem Jahr (zusätzlich zu diesem Euro) geben, damit er genau nutzenkompensiert ist.

11. Die nutzenmaximale Höhe des Sparens ist erreicht, wenn der Wert des Grenzleids des Sparens auf die Höhe des Zinssatzes gestiegen ist.

12. Den Effekt einer Zinssatzerhöhung auf das Sparen kann man in einen positiven Substitutionseffekt (positiver Anreiz aus der Verbilligung des Zukunftskonsums gemessen in heute gesparten Euros) und einen negativen Einkommenseffekt (negativer Effekt der bewirkten Kapitaleinkommenssteigerung per se) zerlegen.

13. Die Neoklassik geht von einer Dominanz des Substitutionseffekts und damit von einer im Zinssatz steigenden Sparfunktion aus. Diese Sparfunktion liegt für jeden Zinssatz umso höher, je höher das aktuelle Einkommen ist.

5.5   Leseempfehlung

Einen guten Überblick zur Thematik dieses Kapitels findet man in Woll (2011): Das achte Kapitel behandelt die Faktornachfrage der Unternehmen, das neunte Kapitel das Faktorangebot der privaten Haushalte und das zehnte Kapitel die Faktorpreisbildung auf den Faktormärkten. Eine gute Darstellung des Geschehens auf einem Faktormarkt findet sich auch im vierzehnten Kapitel von Pindyck und Rubinfeld (2015). Empfohlen werden kann hier zudem das recht ausführliche fünfzehnte Kapitel zu den Kapitalmärkten.

Literatur

Pindyck, R., Rubinfeld, D.: Mikroökonomie, 8. Aufl. Oldenbourg, München (2015)
Woll, A.: Volkswirtschaftslehre, 16. Aufl. Vahlen, München (2011)

Marktmacht und externe Effekte

6

Inhaltsverzeichnis

6.1   Überblick

In diesem Kapitel wollen wir uns mit zwei Phänomenen beschäftigen, die dafür verantwortlich sind, dass der Marktprozess oft nicht zu einem wohlfahrtsmaximalen Ergebnis führt: Marktmacht und externe Effekte. Von Marktmacht war schon wiederholt die Rede. Marktteilnehmer haben Marktmacht, wenn sie als Folge eines merklichen Marktanteils bei Existenz von Marktzutrittsbarrieren merklichen Einfluss auf den Marktpreis haben. Im nächsten Unterkapitel werden wir uns die Konsequenzen der Marktmacht am Beispiel eines Gütermarktanbieters anschauen. Grenzerlöse, die unter den Preisen liegen, führen hier zu Preisen über den Grenzkosten und damit zu einem nicht wohlfahrtsoptimalen Marktgleichgewicht. Man kann sagen, individuelle Rationalität (Gewinnmaximierung) und kollektive Rationalität (Wohlfahrtsmaximierung) fallen bei Existenz von Marktmacht auseinander. Letzteres ist auch der Fall, wenn externe Effekte vorliegen. Von externen Effekten spricht man beispielsweise, wenn die von einem Unternehmen in

© Springer-Verlag GmbH Deutschland, ein Teil von Springer Nature 2019
B. Woeckener, *Volkswirtschaftslehre,* https://doi.org/10.1007/978-3-662-59222-9_6

ihrem Gewinnmaximierungskalkül in Rechnung gestellten Kosten nicht den insgesamt tatsächlichen entstehenden Kosten entsprechen weil ein Teil von ihnen bei anderen Wirtschaftssubjekten anfällt – also aus Sicht der entscheidenden Unternehmung „extern" (außerhalb ihres Gewinnmaximierungskalküls) ist. Dann wird die einzelwirtschaftliche Verfolgung der Outputregel zu keiner wohlfahrtsmaximalen Allokation führen, weil die berücksichtigten Grenzkosten kleiner sind als die insgesamt tatsächlich entstehenden. Dies wollen wir uns im dritten Unterkapitel etwas näher anschauen. Das wichtigste Beispiel sind hier negative externe Effekte in der Produktion in Form von negativen externen Umwelteffekten.

6.2   Marktmacht

Hat ein Gütermarktanbieter einen merklichen Marktanteil und schützen Marktzutrittsbarrieren die am Markt etablierten Anbieter vor neuen Konkurrenten, so hat dieser Anbieter auch einen merklichen Einfluss auf den Marktpreis. Man spricht dann von der Existenz von Marktmacht. Dabei können die Marktzutrittsbarrieren ganz verschiedene Ursachen haben. Beispielsweise kann der Staat den Marktzutritt behindern, indem er teuere und langwierige Qualifikationen verlangt oder indem er einem Innovator Patentschutz gewährt. Insbesondere der letztgenannte Fall gibt ein Beispiel dafür, dass Marktmacht und ihre Ausübung gerechtfertigt sein kann. Denn ohne die durch den staatlichen Patentschutz verliehene Marktmacht könnte ein Innovator oft keine Gewinne aus seiner Innovation ziehen, welche seine Forschungs- und Entwicklungsausgaben rechtfertigen würden. Von der Innovation profitiert aber langfristig die gesamte Volkswirtschaft. Marktzutrittsbarrieren sind jedoch auch oft die Folge von wettbewerbswidrigen Verhaltensweisen der etablierten Anbieter, die einzig dazu dienen, den eigenen Gewinn zu erhöhen, ohne dass dies positive Effekte für andere hätte.

6.2.1   Marktmacht und Erlöse

Definitionsgemäß ist Marktmacht mit einem merklichen Einfluss auf den Marktpreis verbunden. Damit ist gemeint, dass der Marktpreis auf Mengenänderungen des betrachteten Anbieters reagiert, weil dieser einen wesentlichen Anteil an der gesamten Marktmenge hat. Wenn dieser Anbieter beispielsweise die Menge erhöht, so wird der gleichgewichtige Marktpreis sinken, denn insgesamt bewegt sich der Markt auf der im Preis fallenden Nachfragefunktion. Einem marktmächtigen Anbieter ist klar, dass der Preis sinken wird, wenn er mehr verkaufen will. Dies ist der wesentliche Unterschied zum Kalkül eines marktmachtlosen Polypolisten, in dem – infolge des sehr kleinen Marktanteils – der Marktpreis ein unveränderbares Datum darstellt. Somit hängen die Erlöse eines marktmächtigen Anbieters nicht nur direkt über die Mengenkomponente, sondern zudem indirekt über den Preis von der Menge ab:

$$E_i(x_i) = p(x_i)x_i \quad \text{mit} \quad \frac{\partial p}{\partial x_i} < 0. \tag{6.1}$$

Dabei ergibt sich die negative funktionale Beziehung zwischen der Höhe der eigenen Menge und dem Marktpreis $p = p(x_i)$ aus dem Auflösen der Marktnachfragefunktion nach dem Preis. Besonders deutlich bzw. direkt ist diesbezüglich der Fall des Monopols (es gibt nur einen Anbieter): Der Monopolist steht alleine der Marktnachfragefunktion gegenüber. Löst er diese nach dem Preis auf, so bekommt er seine so genannte Preis-Absatz-Funktion $p = p(x_i)$. Diese zeigt ihm, welcher Marktpreis zum vollständigen Verkauf der jeweiligen Menge gehört. Gibt es neben einem marktmächtigen Anbieter noch andere Anbieter ohne Marktmacht (also mit Mengenanpasserverhalten), so kann der Anbieter mit Marktmacht eine so genannte „residuale" Preis-Absatz-Funktion ermitteln: Wenn er die Marktnachfragefunktion und die Angebotsfunktionen der Mengenanpasser kennt, ermittelt er im ersten Schritt deren Marktangebot zu jedem möglichen Preis. Im zweiten Schritt zieht er diese Mengen von der zum jeweiligen Preis gehörigen Gesamtmenge gemäß Marktnachfragefunktion ab. Das Ergebnis ist seine residuale Marktnachfragefunktion („Restnachfrage-Funktion"). Diese zeigt ihm, was beim jeweiligen Preis für ihn an Nachfrage bleibt. Diese residuale Marktnachfragefunktion nach dem Preis aufgelöst ergibt seine residuale Preis-Absatz-Funktion $p = p(x_i)$.

Erhöht ein marktmächtiger Anbieter seine Menge, so setzt sich sein Grenzerlös stets aus zwei Teileffekten zusammen. Würde der Preis nicht sinken, stiege sein Erlös aus einer zusätzlichen Mengeneinheit um die Höhe des Preises. Dies ist der erste und immer positive Teileffekt. Um mehr abzusetzen, muss der Preis jedoch sinken. Dadurch bringt die gesamte verkaufte Menge pro Stück einen geringeren Erlös. Dies ist der zweite und immer negative Teileffekt. Insgesamt lautet der Grenzerlös eines marktmächtigen Anbieters

$$\frac{\partial E_i}{\partial x_i}(x_i) = p(x_i) + \frac{\partial p}{\partial x_i}x_i. \tag{6.2}$$

Dies erhält man auch aus der Gl. 6.1 durch Ableiten gemäß der Produktregel. Somit liegt der Grenzerlös wegen der induzierten bzw. im Gewinnmaximierungskalkül antizipierten Preissenkung stets unterhalb des Preises. Dies ist die Konsequenz der Marktmacht im Anbieterkalkül. Wie stark der Preis bei Mengenerhöhungen nachgibt, hängt von der Steigung der Nachfragefunktion ab.

An der Gl. 6.2 kann man sich leicht überlegen, wie die Höhe der Grenzerlöse vom Mengenniveau abhängt. Ist die Menge niedrig, so ist der Preis relativ hoch, der erste Teileffekt ist also groß. Der zweite Teileffekt ist bei niedriger Menge betragsmäßig klein. Insgesamt werden die Grenzerlöse also bei niedriger Menge relativ hoch sein. Bei hoher Menge ist es umgekehrt. Hohe Absatzmengen erfordern niedrige Preise, der erste Teileffekt ist also klein. Der zweite Teileffekt ist bei hoher Menge betragsmäßig groß. Insgesamt sind die Grenzerlöse bei hoher Menge also klein. Soll das Anbieten auf dem Markt überhaupt Sinn machen, müssen die Grenzerlöse bei kleiner

Abb. 6.1 Erlös- und
Grenzerlösfunktion bei
Marktmacht

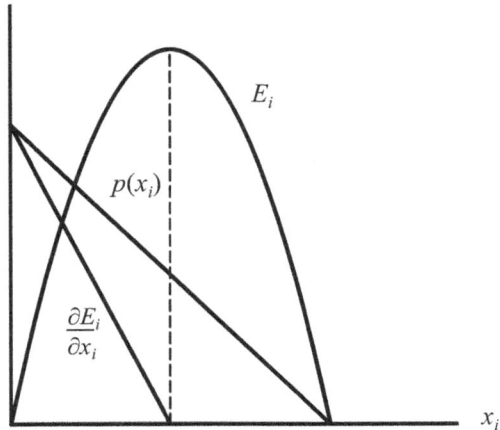

Menge positiv sein. Erhöht man die Menge dann sukzessive, werden die Grenzerlöse irgendwann negativ werden. Dies illustriert die Abb. 6.1 am Beispiel einer linearen (residualen) Preis-Absatz-Funktion. Bei linearer Preis-Absatz-Funktion ist auch die Grenzerlösfunktion eine Gerade und die Erlösfunktion eine kopfstehende Parabel. Ein gewinnmaximierender Anbieter wird nie im Bereich negativer Grenzerlöse anbieten. Als Folge der Marktmacht liegen die Grenzerlöse stets unter dem Preis.

6.2.2   Gewinnmaximierung bei Marktmacht

Abgesehen vom fallenden Verlauf seiner Grenzerlösfunktion sieht das Gewinn-maximierungskalkül eines Anbieters mit Marktmacht nicht anders aus als das eines Polypolisten. Er erhöht seine Menge solange, wie die Mehrerlöse aus dem Verkauf eines weiteren Stücks (die Grenzerlöse) noch über den Mehrkosten aus der Produktion eines weiteren Stücks (den Grenzkosten) liegen. Denn solange dies gilt, macht er mit jedem weiteren Stück noch einen Mehrgewinn (positiven Grenzgewinn). Die gewinnmaximale Menge liegt dort, wo die Grenzerlöse so weit gefallen und die Grenzkosten so weit gestiegen sind, dass sie sich entsprechen:

$$p(x_i) + \frac{\partial p}{\partial x_i} x_i = \frac{\partial K_i}{\partial x_i}(x_i). \tag{6.3}$$

Dies ist die Outputregel für einen Gütermarktanbieter mit Marktmacht. Aus dieser folgt für den Preis

$$p(x_i) = \frac{\partial K_i}{\partial x_i}(x_i) - \frac{\partial p}{\partial x_i} x_i.$$

Die Preise liegen also bei Marktmacht stets über den Grenzkosten. Es kommt als Folge der Marktmacht zu einem Preisaufschlag. Dessen Höhe hängt von der Steigung der Preis-Absatz-Funktion ab. Die Abb. 6.2 illustriert die Outputregel eines marktmächtigen Anbieters und verdeutlicht, warum es bei Grenzerlösen unterhalb des Preises im Gewinnmaximum immer zu einem Preis über den Grenzkosten kommen muss. Dabei errechnet sich aus dem Gleichsetzen von Grenzerlösen und Grenzkosten zunächst die gewinnmaximale Menge. Setzt man diese dann in die (residuale) Preis-Absatz-Funktion ein, so folgt der zugehörige gewinnmaximale Preis.

6.2.3 Wohlfahrtsverlust durch Marktmacht

Die Wohlfahrt als Differenz von maximaler Zahlungsbereitschaft und Produktionskosten ist bei jener Produktionsmenge maximal, bei welcher maximale Grenzzahlungsbereitschaft und Grenzkosten zusammenfallen. Dabei entspricht die Preis-Absatz-Funktion gemäß der Konsumregel dem Verlauf der maximalen Grenzzahlungsbereitschaften. Das Wohlfahrtsmaximum liegt daher im Schnittpunkt von Preis-Absatz-Funktion und Grenzkostenfunktion. Dies hatten wir uns schon im Unterkapitel 4.4 überlegt. Dieses Wohlfahrtsmaximum wird bei Vorliegen von Marktmacht verfehlt. Dies zeigt sowohl die Outputregel (6.3) als auch die Abb. 6.2. Bei Marktmacht ist die Menge zu klein und damit der Preis zu hoch. Dadurch liegt die maximale Grenzzahlungsbereitschaft (die gemäß der Konsumregel auf der Preis-Absatz-Funktion dem Preis entspricht) über den Grenzkosten. Es bleibt positive Mehrwohlfahrt, die durch Mengenerhöhungen möglich wäre, unrealisiert. Gemessen am Wohlfahrtsmaximum ist das der Wohlfahrtsverlust durch Marktmacht. Diesen zeigt die Abb. 6.3 als die dreieckige Fläche zwischen der Preis-Absatz-Funktion und der Grenzkostenfunktion im

Abb. 6.2 Gewinnmaximierung bei Marktmacht

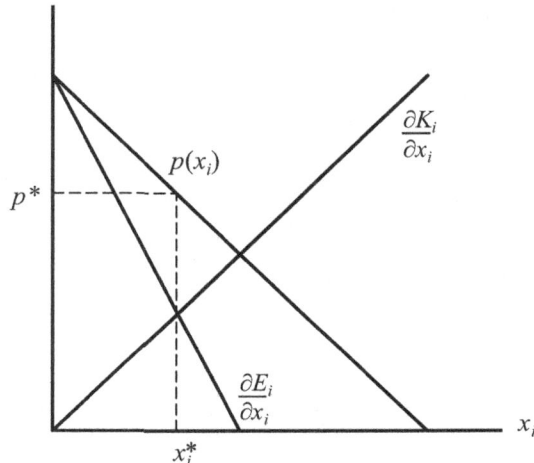

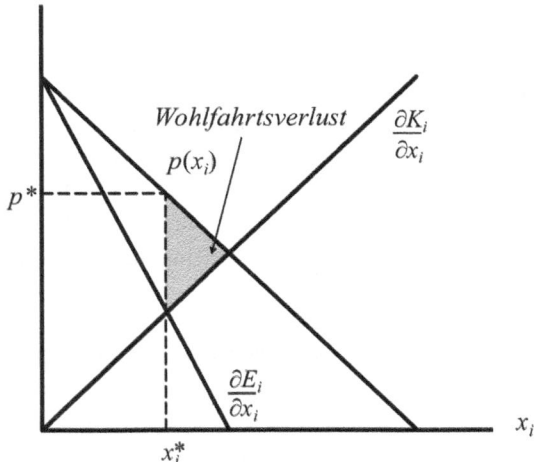

Abb. 6.3 Wohlfahrtsverlust
durch Marktmacht

Bereich zwischen gewinnmaximaler Menge und der Menge im Schnittpunkt dieser beiden Funktionen. Die Reduktion der Gesamtwohlfahrt im Vergleich zur Vollkommenen
Konkurrenz geht mit einer Umverteilung der Wohlfahrt einher. Der höhere Preis reduziert die Konsumentenrente zugunsten der Gewinne.

6.3   Externe Effekte

Bei unseren Überlegungen zur Wohlfahrtsoptimalität der Marktallokation unter Vollkommener Konkurrenz im vierten Kapitel haben wir implizit vorausgesetzt, dass ein
Gütermarktanbieter beim Treffen seiner Produktionsmengenentscheidung alle entstehenden Produktionskosten trägt und dass ihm auch alle daraus entstehenden Erlöse
zufließen. Mit Blick auf die Nachfrageentscheidung eines Konsumenten war implizit
angenommen, dass aller Nutzen aus der Nachfrageentscheidung dem jeweiligen Nachfrager zugutekommt und dass dieser auch alle zugehörigen Ausgaben trägt. Oft par-
tizipieren aber auch Wirtschaftssubjekte an den Erlösen oder Kosten bzw. Nutzen oder
Ausgaben, die gar nicht an der zugrundeliegenden Entscheidung beteiligt waren. Dann
spricht man von externen Effekten. Diese können sowohl auf der Produktions- als auch
auf der Konsumseite jeweils positiv, also beispielsweise kostensenkend bzw. nutzen-
steigernd, oder negativ, also beispielsweise kostensteigernd bzw. nutzensenkend sein.
Externe Effekte liegen nur dann vor, wenn diese Einflüsse direkter Art sind, wenn also die
Produktions- bzw. Nachfragemenge des Verursachers direkt in der Kostenfunktion bzw. in
der Nutzenfunktion des Betroffenen erscheint. Dies ist z. B. der Fall, wenn die Produktion
eines Industrieunternehmens infolge von entsprechenden Umweltbelastungen direkt die
Kosten der Produktion eines anderen Unternehmens erhöht. Keine externen Effekte liegen dagegen vor, wenn diese Einflüsse nur indirekt über den Preismechanismus vermittelt

werden, z. B. wenn die Nachfrage eines großen Produzenten nach einem bestimmten Input diesen verteuert und daher die Inputpreise aller anderen Unternehmen steigen. In diesem Fall spiegelt das Preissystem nur die veränderten Knappheitsrelationen wider. Das ist erwünscht und induziert die zum Wohlfahrtsoptimum führenden Allokationseffekte.

Bei Existenz externer Effekte stimmen beispielsweise die im Gewinn- bzw. Nutzenmaximierungskalkül in Rechnung gestellten Grenzkosten bzw. maximalen Grenzzahlungsbereitschaften nicht mit den tatsächlich insgesamt verursachten Grenzkosten bzw. vorliegenden maximalen Grenzzahlungsbereitschaften überein. Daher fallen bei Existenz externer Effekte individuelle und kollektive Rationalität auseinander. Unter Vollkommener Konkurrenz handelt der einzelne Verursacher weiter nach der Outputregel bzw. nach der Konsumregel. Aber bei negativen externen Effekten sind beispielsweise die tatsächlichen Grenzkosten nun höher als die vom Verursacher in seinem Kalkül berücksichtigten Grenzkosten bzw. ist die tatsächliche maximale Grenzzahlungsbereitschaft nun geringer als die vom Verursacher berücksichtigte maximale Grenzzahlungsbereitschaft. Der Produzent berücksichtigt nicht, dass er andere Wirtschaftssubjekte unentgeltlich schädigt, und produziert daher mehr als wohlfahrtsmaximal wäre. Der Nachfrager berücksichtigt nicht, dass er durch seine Nachfrage andere Wirtschaftssubjekte unentgeltlich schädigt, und fragt daher mehr nach als wohlfahrtsmaximal wäre. Bei positiven externen Effekten liegen bei einem Produzenten die von ihm berücksichtigten Grenzkosten über den tatsächlichen Grenzkosten, sodass er weniger als die wohlfahrtsmaximale Menge produziert. Bei einem Nachfrager liegt unter positiven externen Effekten die von ihm berücksichtigte maximale Grenzzahlungsbereitschaft unter der tatsächlichen maximalen Grenzzahlungsbereitschaft, sodass er weniger als die wohlfahrtsmaximale Menge nachfragt. Negative externe Effekte resultieren also in einer am Wohlfahrtsoptimum gemessen zu hohen Produktion bzw. Nachfrage, positive externe Effekte führen zu einer zu niedrigen Produktion bzw. Nachfrage.

Die Abb. 6.4 bzw. 6.5 illustrieren dies anhand eines negativen externen Effekts in der Produktion bzw. eines positiven externen Effekts im Konsum. Beispiele sind eine unentgeltliche Verschmutzung einer auch von anderen genutzten natürlichen Ressource bzw. eine Impfung gegen eine ansteckende Krankheit. In beiden Abbildungen wird von einem Markt der Vollkommenen Konkurrenz ausgegangen. Damit entspricht die nach dem Preis aufgelöste Nachfragefunktion der Funktion der maximalen Grenzzahlungsbereitschaften und die nach dem Preis aufgelöste Angebotsfunktion der Grenzkostenfunktion. Die gezeigten qualitativen Effekte ergeben sich aber auch unter jeder anderen Marktform. Für den Fall eines negativen externen Effekts in der Produktion zeigt die Abb. 6.4 das Auseinanderfallen von kumulierten einzelwirtschaftlich entscheidungsrelevanten Grenzkosten (mit Index „ent") und tatsächlich entstehenden Grenzkosten. Das Produktionsniveau ist hier zu hoch. Der Wohlfahrtsverlust entspricht der dreieckigen Fläche zwischen der Funktion der tatsächlichen Grenzkosten und der Funktion der maximalen Grenzzahlungsbereitschaften im Bereich zwischen wohlfahrtsmaximaler Menge x^{wfo} und der Marktgleichgewichtsmenge x^*. Die Abb. 6.5 zeigt für den Fall einer positiven

Abb. 6.4 Wohlfahrtsverlust
durch negative externe Effekte
in der Produktion

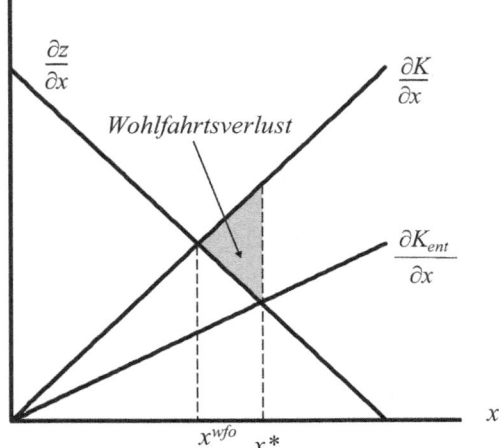

Abb. 6.5 Wohlfahrtsverlust
durch positive externe Effekte
im Konsum

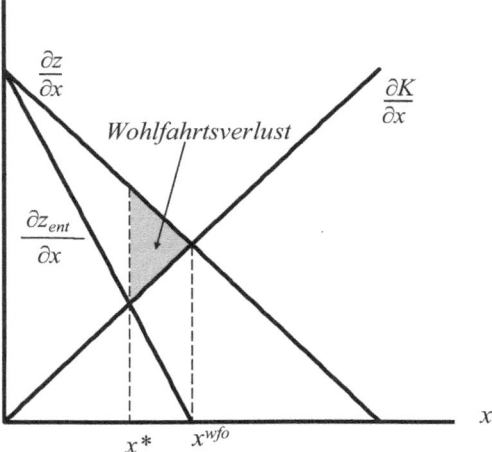

Externalität im Konsum das Auseinanderfallen von entscheidungsrelevanten maximalen Grenzzahlungsbereitschaften einerseits und den tatsächlichen maximalen Grenzzahlungsbereitschaften andererseits. Bei dieser positiven Externalität ist das Nachfrage- und Produktionsniveau zu niedrig. Der Wohlfahrtsverlust gemessen am Wohlfahrtsmaximum entspricht der dreieckigen Fläche zwischen der Funktion der tatsächlichen maximalen Grenzzahlungsbereitschaften und der Grenzkostenfunktion im Bereich zwischen wohlfahrtsmaximaler Menge x^{wfo} und der Marktgleichgewichtsmenge Menge x^*.

Die Unterproduktion bei positiven externen Effekten im Konsum bezeichnet man auch als Trittbrettfahrerproblem. Dies kann im Extrem so aussehen, dass ein Gut gar nicht produziert wird, obwohl bei Produktion des Gutes und Übernahme eines gleichen

Kostenanteils durch jeden Nutzer jeder besser stünde. Spieltheoretisch gesehen liegt dann ein Gefangenendilemma vor. Jeder Einzelne steht bei Produktion des Gutes und wenn alle ihren Beitrag bezahlen besser da als wenn das Gut nicht produziert wird. Er steht aber noch besser da, wenn er sich um seinen Beitrag drückt und das Gut umsonst mitkonsumiert. In unserem Beispiel einer Impfung gegen eine nur durch Ansteckung übertragbare Krankheit heißt das: Wenn alle anderen zur Impfung gehen, muss man sich selbst nicht impfen lassen. Denken nun alle so, so wird es keine Impfung geben. Ähnliche Beispiele sind das Ableisten eines Verteidigungsbeitrags oder die Kontrolle einer Regierung.

Will man den durch externe Effekte verursachten Wohlfahrtsverlust verhindern, so müssen tatsächliche und im Gewinn- bzw. Nutzenmaximierungskalkül berücksichtigte Grenzkosten bzw. maximale Grenzzahlungsbereitschaften wieder zur Deckung gebracht werden. Dies bezeichnet man als die Internalisierung externer Effekte. Da dies die Wohlfahrt erhöht, liegt hier ein Gewinnpotenzial. Dementsprechend ist eine ganze Reihe von Branchen entstanden, deren Geschäftsmodell im Kern in der Internalisierung verschiedenster externer Effekte besteht. Insbesondere die Tätigkeit von Intermediären hat hier oft ihre eigentliche ökonomische Basis. Aus wohlfahrtstheoretischer Sicht kann man konstatieren, dass Marktteilnehmer zur Behebung des Externalitätenproblems oft neue Märkte schaffen – Märkte, auf denen Externalitäten gehandelt und damit internalisiert werden. Ein staatliches Eingreifen ist in diesen Fällen nicht nur unnötig, sondern wäre schädlich. Diese Internalisierung durch den Markt funktioniert vor allem dann gut, wenn es lediglich um die Koordination einer Marktseite geht. Deutliche Beispiele dafür lassen sich im Bereich der Informationsexternalitäten zwischen Nachfragern neuer Produkte finden. Bei neuen Produkten müssen die Produkteigenschaften oft erst durch den Gebrauch offengelegt werden. Diese Kosten will der Einzelne jedoch oft nicht tragen. Man wartet lieber ab und schaut, welche Erfahrung andere mit dem neuen Produkt machen. Als eine Reaktion auf dieses Problem hat sich eine große Zahl spezialisierter Test-Publikationen entwickelt. Eine solche Test-Publikation überwindet das Externalitätenproblem hinsichtlich der Kosten, die bei der Offenlegung der Produkteigenschaften entstehen, indem sie diese Kosten vorfinanziert und dann über einen geringen Publikationspreis gleichmäßig auf die sehr vielen Interessierten umlegt. Dies ist eine Art der Nachfragerkoordination. Vermutlich hätten sich nicht viele die Mühe gemacht, ein neues Automodell Probe zu fahren und ausgiebig durchzuchecken. Aber 90 Cent für eine Zeitschriftenausgabe ist es dann doch vielen wert. Ganz analog sieht im Kern das Geschäftsmodell von Versicherungsberatern und Anlageberatern aus. Aber nicht immer sind spezialisierte Intermediäre nötig. Oft internalisieren auch große Anbieter mit ihren Produkten verbundene positive Externalitäten, damit sie diese verkaufen können. Ein anschauliches Beispiel ist hier das Subventionieren bis hin zum Verschenken von Mobiltelefonen. Dahinter stehen positive direkte Netzeffekte, die zunächst einmal Externalitätencharakter haben. Das Netz und damit die Konsumentenrente der anderen Nutzer werden durch weitere Nutzer größer. Ein Neukunde generiert also sowohl bezüglich der

Altkunden als auch mit Blick auf noch zu gewinnende Kunden einen positiven externen Effekt. Dieser wird durch die Handysubventionierung internalisiert.

Bei negativen externen Effekten wie einer Umweltverschmutzung – also der zu gering oder gar nicht entgoltenen Nutzung einer knappen natürlichen Ressource – ist eine Internalisierung durch den Markt oft nicht ohne weiteres möglich. Dies liegt daran, dass hier kein reines Koordinationsproblem besteht, sondern ein Verteilungskonflikt vorliegt. Die Verursacher der negativen Externalität werden beispielsweise freiwillig keine Kompensationszahlungen an die Geschädigten leisten wollen. Hinzu kommt, dass der Kreis von Verursachern und Betroffenen bei einer Umweltverschmutzung oft sehr groß ist. Man denke nur an die Nutzung von Wasser und Luft. Hier sind alle Menschen, ob Produzenten oder nicht, Verursacher und Betroffene zugleich. Derartige mit Verteilungskonflikten verbundene und ubiquitäre Externalitäten können die Märkte nicht ohne staatliches Eingreifen internalisieren.

6.4   Zusammenfassung

1. Hat ein Gütermarktanbieter über die Festlegung der Höhe seiner Angebotsmenge merklichen Einfluss auf die Höhe des Marktpreises, so liegt Marktmacht vor. Basis einer solchen Marktmacht ist ein merklicher Marktanteil in Verbindung mit Marktzutrittsbarrieren.
2. Marktmacht eines Gütermarktanbieters führt zu Grenzerlösen, die unter dem Preis liegen. Als Folge liegt der sich gemäß Outputregel ergebende gewinnmaximale Preis über den Grenzkosten.
3. Bei Marktmacht ist das Marktgleichgewicht nicht wohlfahrtsmaximal: Die Grenzkosten liegen unter der maximalen Grenzzahlungsbereitschaft; gemessen am Wohlfahrtsmaximum ist die Menge also zu niedrig und der Preis zu hoch.
4. Schlagen sich im Gewinnmaximierungskalkül eines Unternehmens nicht alle aus seiner Entscheidung (z. B. über die Produktionsmenge) resultierenden Erlöse und Kosten nieder – fällt ein Teil von ihnen also aus seiner Sicht „extern" an – so liegen so genannte externe Effekte vor. (Analoges gilt für das Nutzenmaximierungskalkül eines Haushalts.)
5. Bei Vorliegen externer Effekte fallen im einzelwirtschaftlichen Gewinnmaximierungskalkül in Rechnung gestellte Grenzerlöse und/oder Grenzkosten einerseits und tatsächlich insgesamt resultierende Grenzerlöse und/oder Grenzkosten andererseits auseinander. Damit führt das Verfolgen der Outputregel – auch bei Nichtexistenz von Marktmacht – nicht mehr zur Erfüllung der Wohlfahrtsmaximierungsbedingung.
6. Positive externe Effekte führen zu einer (gemessen am Wohlfahrtsmaximum) zu geringen Marktgleichgewichtsmenge, negative externe Effekte führen zu einer zu hohen Marktgleichgewichtsmenge.

7. Von einer Internalisierung z. B. negativer externer Effekte der Produktionsmengen-entscheidung spricht man, wenn es gelingt, zunächst externe Kosteneffekte dem Verursacher derart anzulasten, dass er sie in seinem Gewinnmaximierungskalkül berücksichtigt.

8. Externe Effekte, die lediglich mit Koordinationsproblemen verbunden sind, werden oft von großen Marktteilnehmern oder von Intermediären ohne staatliches Zutun internalisiert. Ist die Internalisierung der externen Effekte dagegen mit einem Verteilungskonflikt verbunden und ist der Kreis der Betroffenen groß, so muss der Staat mit seiner Hoheitsgewalt eingreifen.

6.5 Leseempfehlung

Als weiterführende Lehrbuchliteratur zu den Auswirkungen der Existenz von Marktmacht auf das Marktergebnis kann man das siebenunddreißigste Kapitel von Varian (2016) empfehlen. Eine schöne Abhandlung der Auswirkungen externer Effekte findet sich in Abschn. 18.1 von Pindyck und Rubinfeld (2015). Der hier näher interessierte Leser kann beispielsweise in das fünfunddreißigste Kapitel von Varian (2016) schauen.

Literatur

Pindyck, R., Rubinfeld, D.: Mikroökonomie, 8. Aufl. Oldenbourg, München (2015)
Varian, H.R.: Grundzüge der Mikroökonomik, 9. Aufl. De Gruyter, Berlin (2016)

Die Rolle des Staates in der Marktwirtschaft

Inhaltsverzeichnis

7.1 Überblick

Aus den Erörterungen des Vorkapitels ergeben sich unmittelbar zwei Aufgabenfelder staatlichen Handelns: die Verhinderung und Kontrolle wohlfahrtssenkender Marktmacht sowie die Internalisierung bestimmter Arten externer Effekte. Mit der Verhinderung und Kontrolle von Marktmacht werden wir uns im nächsten Unterkapitel befassen. Dort werden wir insbesondere auf jene Regelungen des Gesetzes gegen Wettbewerbsbeschränkungen eingehen, die Kartelle, Fusionen und den Missbrauch von Marktmacht betreffen. Im dritten Unterkapitel wollen wir dann das Problem der Internalisierung ubiquitärer negativer externer Umwelteffekte behandeln. Der Staat hat hier drei Instrumente zur Wahl: Mengenauflagen, so genannte Pigou-Steuern und handelbare Umweltnutzungszertifikate. Die Vor- und Nachteile dieser drei Instrumente werden zu diskutieren sein. Das vierte und abschließende Unterkapitel thematisiert staatliche Eingriffe in die Einkommensverteilung. Wären die Arbeitsmärkte nicht reguliert, so würden die dort gezahlten Löhne im Wesentlichen von der Leistungsfähigkeit des jeweiligen Arbeitnehmers abhängen. Bei einer solchen rein marktgesteuerten Entlohnung nach der

© Springer-Verlag GmbH Deutschland, ein Teil von Springer Nature 2019
B. Woeckener, *Volkswirtschaftslehre*, https://doi.org/10.1007/978-3-662-59222-9_7

Leistungsfähigkeit spielt die Bedürftigkeit – z. B. infolge zu niedrigen oder zu hohen Alters, infolge Kindererziehung oder infolge körperlicher Handicaps – keine Rolle. Soll in einer Marktwirtschaft das Kriterium der Bedürftigkeit neben jenem der Leistungsfähigkeit eine Rolle spielen, so bedarf es dazu einer Korrektur der marktlichen Einkommensverteilung durch eine staatliche Umverteilungspolitik. Dies ist das dritte Aufgabenfeld des Staates.

Über diese drei Aufgaben hinaus verfolgt der Staat in modernen Volkswirtschaften noch einige andere ökonomische Ziele. Diese haben jedoch nicht den engen Marktbezug wie die drei im vorliegenden Kapitel behandelten, sondern ergeben sich vor einem gesamtwirtschaftlichen (makroökonomischen) Hintergrund. Prominente Beispiele sind die Ziele einer nicht zu hohen Inflationsrate und eines nicht zu hohen staatlichen Budgetdefizits. Diese und andere gesamtwirtschaftliche Ziele und Aufgaben des Staates werden wir im neunten Kapitel behandeln.

7.2   Verhinderung und Kontrolle von Marktmacht

Im letzten Kapitel haben wir gesehen, wie Marktmacht eines Gütermarktanbieters zu Preisen über den Grenzkosten führt. Dies senkt die Wohlfahrt insgesamt und führt zu einer Umverteilung zugunsten des marktmächtigen Anbieters. Damit ergibt sich ein Anreiz, Marktmacht zu erlangen. Solange sich dieser Anreiz im Bemühen um kostensenkende oder qualitätsverbessernde Innovationen niederschlägt, die langfristig Allen zugute kommen, entsteht hieraus kein Problem. Vielmehr unterstützt der Staat derartige langfristig die Wohlfahrt Aller erhöhende Innovationen, indem er die Marktmacht der Innovatoren durch Patentrechte absichert. Marktmacht ist in diesen Fällen gerechtfertigt. Anders sieht dies aus, wenn zwei oder mehr Unternehmen gemeinsam handeln, um signifikanten Einfluss auf den Marktpreis zwecks Erhöhung des eigenen Gewinns zu erlangen. Derartige wettbewerbswidrige Kooperationen können sehr unterschiedliche Formen annehmen, von formlosen Absprachen über schriftlich fixierte Vereinbarungen bis hin zu Unternehmenszusammenschlüssen (Fusionen). Bei Vorliegen einer formlosen oder schriftlichen Vereinbarung mit dem Ziel der Verhinderung des Wettbewerbs durch gemeinsames Handeln am Markt spricht man von einem Kartell. Gegenstand des Kartells kann die Festsetzung der gemeinsamen Angebotsmenge sein, die dann kleiner ausfällt als die Summe der Polypolistenmengen. Es kann aber auch direkt der Preis abgesprochen werden. Eine weitere Art, sich Marktmacht zu verschaffen oder schon erlangte Marktmacht zu erhöhen, ist das Errichten oder Erhöhen von Marktzutrittsbarrieren durch die im Markt etablierten Anbieter. Derartige ungerechtfertigte Marktzutrittsbehinderungen sind meist ein gemeinsames Anliegen aller Etablierten. Diese kooperieren dementsprechend oft bei einschlägigen den Zutritt abschreckenden Maßnahmen, obwohl sie ansonsten in Konkurrenz zueinander stehen. Beispiele für wohlfahrtssenkende Maßnahmen der Marktzutrittsabschreckung sind das Setzen von Dumpingpreisen und das Schließen von Ausschließlichkeitsverträgen der etablierten

Anbieter mit den Zulieferern oder Abnehmern. Letztere sind gleichbedeutend mit dem Erwirken eines Liefer- bzw. Abnahmeboykotts gegenüber den zutrittswilligen (potentiellen) Anbietern.

Es ist die Aufgabe des Staates, mittels seiner Hoheitsgewalt der Bildung ungerechtfertigter Marktmacht durch entsprechende Wettbewerbsgesetze entgegenzutreten. Das bei weitem wichtigste diesbezügliche nationale Gesetzeswerk ist das Gesetz gegen Wettbewerbsbeschränkungen (GWB). Dieses regelt insbesondere die Fälle der Kartellbildung und der Fusion sowie darüber hinaus den Fall des Missbrauchs einer schon erreichten marktbeherrschenden Stellung:

- Kartelle sind im GWB prinzipiell verboten. Es gibt aber eine ganze Reihe von Ausnahmen. Der Grund für die Ausnahmen vom Kartellverbot ist, dass es bei einigen Kartellvarianten auch wohlfahrtserhöhende Aspekte gibt. Die Ausnahmen gelten ihrerseits im Regelfall auch nicht per se als solche, sondern können im Einzelfall geprüft und zugelassen werden. Beispiele sind Normen- und Typenkartelle, Spezialisierungskartelle und Rationalisierungskartelle.
- Bei Fusionen verhält es sich genau andersherum. Fusionen sind im Prinzip erlaubt, es gibt aber im GWB näher geregelte Umstände, unter denen sie untersagt werden können. Für eine Untersagung muss zweierlei zusammenkommen: das Entstehen oder die Verstärkung einer marktbeherrschenden Stellung (relatives Kriterium) und die Überschreitung gewisser Umsatzgrenzen (absolutes Kriterium). Dabei ist der Fusionsbegriff im GWB sehr weit gefasst. So liegt eine Fusion beispielsweise schon dann vor, wenn ein Unternehmen fünfundzwanzig Prozent des Kapitals eines anderen Unternehmens erwirbt.
- Hat ein Unternehmen trotz Kartellverbot und Fusionskontrolle eine marktbeherrschende Stellung erreicht, so unterliegt es einer im GWB geregelten Missbrauchsaufsicht. In der Praxis ist der Missbrauch einer marktbeherrschenden Stellung insbesondere zum Zwecke der Abschreckung potenzieller Konkurrenten von erheblicher Relevanz. Preisdumping und Liefer- bzw. Absatzboykott sind häufig Gegenstand kartellrechtlicher Verfahren. Der Leser beachte, dass marktzutrittsbehindernde Aktionen nur bei Vorliegen einer marktbeherrschenden Stellung verfolgt werden. Dies ist eine Art Bagatellklausel. In einem Missbrauchsverfahren auf der Basis des GWB muss also zunächst einmal eine derartig starke Marktstellung nachgewiesen werden. Dies kann beispielsweise anhand von Marktumsatzanteilen erfolgen. Um diese zu ermitteln, bedarf es wiederum zunächst einer rechtlich wasserdichten Abgrenzung des relevanten Marktes. Letztere entscheidet oft über den Ausgang des Missbrauchsverfahrens. Geht es beispielsweise um vermeintlich wettbewerbswidrige Praktiken eines großen Anbieters von Betriebssystemen für PCs, so ist es offensichtlich ein (prozess-) entscheidender Unterschied, ob der Markt für PC-Betriebssysteme oder der Markt für PC-Software insgesamt oder überhaupt der gesamte Softwaremarkt der relevante Markt ist.

7.3   Internalisierung externer Effekte

Im dritten Unterkapitel des letzten Kapitels haben wir argumentiert, dass die Internalisierung externer Effekte durch den Markt alleine nicht zu erwarten ist, wenn diese Internalisierung die Lösung eines Verteilungskonflikts zwischen Verursachern und Betroffenen erfordert und der Kreis der Verursacher und Betroffenen groß ist. Dann ist der Staat gefordert, diese Externalitäten mittels seiner Hoheitsgewalt zu internalisieren oder aber mittels seiner Hoheitsgewalt dafür zu sorgen, dass die privaten Wirtschaftssubjekte sie internalisieren können. Im Folgenden sei als Leitbeispiel das Problem der Implementierung der wohlfahrtsmaximalen Höhe von Kohlendioxidemissionen betrachtet. Angesichts der Vielzahl von Emittenten und Immissionsgeschädigten kann man dabei sicherlich nicht ohne weiteres mit einer Marktlösung rechnen. Der Staat hat hier zwei Teilaufgaben zu lösen. Zum einen muss er die richtige Emissionsgesamtmenge finden, zum zweiten muss er diese Schadstoffgesamtmenge x_S implementieren. Die Lösung der ersten Teilaufgabe erfolgt im Rahmen des politischen Willensbildungsprozesses. Über demokratische Wahlen und ähnliche Mechanismen der Aggregation individueller Präferenzen ist eine politische Zielmenge zu finden. Die bei der Aggregation von Präferenzen auftretenden Probleme sind nicht unerheblich, sollen im Folgenden aber nicht näher betrachtet werden. Zur Implementierung der gefundenen Zielmenge hat der Staat dann drei Möglichkeiten:

- Erstens kann der Staat jedem der N Emittenten eine Höchstemissionsmenge z. B. in Höhe von einem N-tel der Zielmenge x_S vorgeben. Dies ist eine so genannte (Höchst-) Mengenauflage.
- Zweitens kann der Staat eine Gebühr pro Emissions- bzw. Schadstoffeinheit p_S verlangen. Diese Gebühr pro Mengeneinheit bezeichnet man als Pigou-Steuer und im Umweltkontext auch als Ökosteuer. Gewinnmaximierende Unternehmen werden dann die Schadstoffvermeidung so weit treiben, bis die zusätzlichen Kosten der Vermeidung einer weiteren Schadstoffeinheit, die so genannten Grenzvermeidungskosten, auf die Höhe dieser Gebühr gestiegen sind. Ihre optimale Anpassung folgt bei mit der Höhe der schon vermiedenen Schadstoffmenge ansteigenden Mehrkosten der Vermeidung einer weiteren Schadstoffeinheit einer einfachen Regel: Reduziere die Emissionsmenge so weit, bis die Kosten der Vermeidung einer weiteren Schadstoffeinheit der Gebühr für diese Einheit entsprechen. Diese Entscheidungsregel wird von der Abb. 7.1 illustriert (wobei dort auf ein i-tes Unternehmen geschaut wird und der Index „ver" für „Vermeidungs-" steht). Der Leser beachte, dass in dieser Abbildung auf der Abszisse die emittierte Menge abgetragen ist (nicht die vermiedene!). Das Ansteigen der Grenzvermeidungskosten mit dem Niveau der schon vermiedenen Menge erschließt sich einem daher, wenn man die Abbildung von rechts nach links liest: Je weniger man emittiert, desto mehr hat man vermieden – und je höher das Niveau der vermiedenen Schadstoffmenge schon ist, desto schwieriger und teurer wird es, noch eine weitere Schadstoffeinheit zu vermeiden. Das Unternehmen wird

nun immer dann die Emission einer Einheit durch technische Maßnahmen wie Filter usw. vermeiden (und damit die Pigou-Steuer auf diese Einheit nicht zahlen), wie deren Vermeidung günstiger ist als der bei Emission zu zahlende Steuersatz auf diese Einheit. Das ist bei hohen Emissionsausgangsmengen (in der Abbildung rechts von der optimalen Menge) zunächst der Fall. Mit zunehmendem Vermeidungsniveau steigen die Vermeidungsgrenzkosten aber irgendwann über den Steuersatz; dann emittiert man und zahlt die Steuer (in der Abbildung links von der optimalen Menge). Ist der Steuersatz vom Staat richtig gewählt, so resultiert insgesamt die Zielemissionsmenge x_S aus der Summe der gemäß Abb. 7.1 resultierenden einzelnen Mengen der Unternehmen.

- Drittens kann der Staat jedem Emittenten eine Höchstmenge – z. B. x_S/N – zugestehen (oder verkaufen), als Nutzungsrecht zertifizieren und anschließend den Handel mit diesen Umweltnutzungsrechten („Verschmutzungsrechten") zulassen. Dies ist die so genannte Zertifikatelösung.

Mit Blick auf diese drei Lösungsmöglichkeiten ist zunächst einmal evident, dass sie sich in ihren Verteilungswirkungen sehr unterscheiden. Bei der Mengenauflage zahlen die Verursacher nichts. Das bedeutet, der Staat – sozusagen der Treuhänder in Sachen Umwelt für seine durch die Umweltverschmutzung geschädigten Bürger – bekommt keine Kompensation. Bei einer Pigou-Steuer dagegen müssen die Verursacher die Kompensation zahlen. Bei der Zertifikatelösung hat der Staat die Wahl, ob er sich bei der Ausgabe die Zertifikate bezahlen lässt oder nicht. Die Instrumentenwahl ist also auch eine Verteilungsfrage. Diese Verteilungsfrage wird hier nicht diskutiert, denn derartige Verteilungsfragen sind primär im politischen Prozess zu lösen. Es bleiben dann drei Kriterien, an denen die drei Alternativen zu messen sind:

Abb. 7.1 Optimale Emissionsmenge bei einer Pigou-Steuer

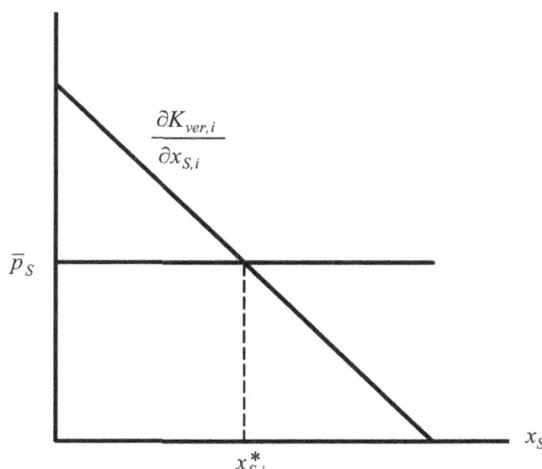

- Das erste Kriterium ist die Treffsicherheit. Wie genau kann man die politisch vorgegebene Zielmenge treffen?
- Das zweite Kriterium ist die Kosteneffizienz. In wie weit wird die vorgegebene Zielmenge zu gesamtwirtschaftlich minimalen Kosten umgesetzt?
- Das dritte Kriterium ist die Anreizeffizienz. In wie weit schafft das Instrument bei den Verursachern Anreize, in effizientere Vermeidungstechnologien zu investieren.

Die Mengenauflage ist offensichtlich denkbar treffsicher. Sie setzt allerdings in ihrer statischen Variante kaum Anreize zur Verbesserung der Vermeidungstechnologie. Ist die Höchstmenge einmal eingehalten, hat das Unternehmen keinen Anreiz, die Emissionen noch weiter zu senken. Hier könnte man mittels einer im Zeitverlauf beständig abnehmenden Höchstmenge allerdings Abhilfe schaffen. Das entscheidende Argument gegen die Mengenauflage ist ihre Kostenineffizienz: Sobald die Unternehmen infolge unterschiedlicher Vermeidungstechnologien unterschiedliche Grenzvermeidungskostenverläufe haben, der Staat aber mangels Kenntnis der individuellen Verläufe allen die gleiche Höchstmenge auferlegt, führt dies bei den Unternehmen zu unterschiedlichen Grenzvermeidungskosten. Dies illustriert die Abb. 7.2 anhand zweier Unternehmen 1 und 2. Dabei hat das Unternehmen mit der ineffizientesten Vermeidungstechnologie (hier Unternehmen 2) bei für alle gleicher Mengenauflage (hier der auf der Abszisse verzeichneten Schadstoffmenge mit Überstrich) die höchsten Grenzvermeidungskosten. Unterschiedlich hohe Grenzvermeidungskosten bedeuten jedoch immer, dass man die Gesamtkosten der Schadstoffvermeidung nicht minimiert hat. Denn durch Umverteilen der insgesamt zugelassenen Schadstoffmenge weg von Unternehmen mit bei einheitlicher Mengenauflage niedrigen realisierten Grenzvermeidungskosten (relativ effizienter Technologie, hier Unternehmen 1) – sodass deren Grenzvermeidungskosten steigen – hin zu Unternehmen mit bei einheitlicher Mengenauflage hohen realisierten Grenzvermeidungskosten (relativ ineffizienter Technologie, hier Unternehmen 2) – sodass deren

Abb. 7.2 Kostenineffizienz
einer Mengenauflage

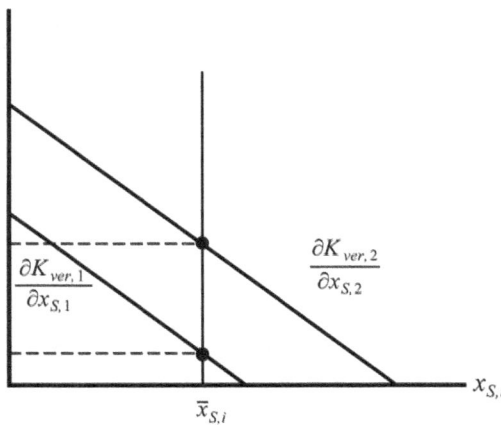

Grenzvermeidungskosten sinken – ließen sich die Gesamtkosten der Schadstoffvermeidung senken. In der Abb. 7.2 sind die Grenzvermeidungskosten bei der vorgegebenen Mengenauflage bei Unternehmen 1 nur ca. ein Viertel so hoch wie bei Unternehmen 2, liegen also beispielsweise bei einem Euro (Unternehmen 1) und vier Euro (Unternehmen 2). Die Gesamtkosten werden dann durch Umverteilung einer zugelassenen Schadstoffeinheit weg von Unternehmen 1 und hin zu Unternehmen 2 um drei Euro gesenkt. Minimiert sind die Gesamtkosten der Schadstoffvermeidung, wenn die insgesamt zugelassene Schadstoffmenge so verteilt ist, dass alle Unternehmen die gleichen Grenzvermeidungskosten haben. Dies kann man sich leicht klarmachen, wenn man diese Situation gleicher Grenzvermeidungskosten einmal gedanklich als Ausgangspunkt wählt und dann die zugelassene Schadstoffmenge zwischen zwei Unternehmen anders verteilt. Stets werden dann angesichts mit der Höhe der schon vermiedenen Menge steigender Grenzvermeidungskosten die Vermeidungskosten bei jenem Unternehmen, das weniger Schadstoffmenge zugestanden bekommt, mehr steigen, als sie bei jenem Unternehmen, das mehr Schadstoffmenge emittieren darf, sinken.

Die Pigou-Steuer generiert die Zielmenge nur dann treffsicher, wenn der Staat den Anpassungsprozess der gewinnmaximierenden Unternehmen korrekt antizipiert hat. Das ist ein Nachteil im Vergleich zur Mengenauflage, den man von Ökosteuern gut kennt. Der Staat kann hier allerdings nachjustieren – und macht das auch. Das erhöht aber nicht die Rechtssicherheit. Da mit der Pigou-Steuer von den Unternehmen eine Kompensation gezahlt wird, ist bei ihr ein beständiger Anreiz zur Verbesserung der Vermeidungstechnologie vorhanden. Ihr größter Vorteil gegenüber der Mengenauflage aber ist die Kosteneffizienz. Da sich alle Unternehmen an den gleichen Steuersatz anpassen (siehe Abb. 7.1), haben sie alle die gleichen realisierten Grenzvermeidungskosten. Die Unternehmen mit ineffizienterer Technologie haben einen größeren Anteil an der insgesamt zugelassenen Schadstoffgesamtmenge als solche mit relativ effizienter Technologie (müssen dafür aber auch entsprechend viel zahlen).

Die Zertifikatelösung kombiniert den Vorteil der Treffsicherheit der Mengenauflage mit den Vorteilen der Kosteneffizienz und der Anreizeffizienz der Pigou-Steuer. Sie ist treffsicher, da das Gesamtemissionsvolumen bei der Ausgabe der Zertifikate direkt festgelegt wird. Da die Umweltnutzungsrechte („Verschmutzungsrechte") verkauft werden können, besteht bei der Zertifikatelösung zudem ein ständiger Anreiz zur Verbesserung der Vermeidungstechnologie. Die Kosteneffizienz schließlich wird durch die Handelbarkeit der Zertifikate garantiert. Denn dann werden Unternehmen mit hohen Grenzvermeidungskosten Umweltnutzungsrechte von Unternehmen mit niedrigen Grenzvermeidungskosten kaufen. Die Schadstoffmenge wird also hin zu den Emittenten mit der relativ ineffizienten Vermeidungstechnologie umverteilt, sodass die Gesamtvermeidungskosten sinken. Der sich im Zuge des Handels einstellende Zertifikatepreis entspricht der mit Blick auf die Zielmenge richtig gewählten Pigou-Steuer – der Staat muss ihn aber vor Ausgabe der Zertifikate (anders als bei der Steuerlösung) nicht kennen. Aus ökonomischer Sicht spricht insoweit alles für die Zertifikatelösung.

7.4   Korrektur der marktlichen Einkommensverteilung

Auf einem unregulierten Arbeitsmarkt ist der Lohn eines Arbeitsnehmers in der Regel umso höher, je höher der Verkaufswert des von ihm generierten Grenzprodukts – also der Wert der von ihm bei seinem Arbeitgeber geschaffenen Mehrproduktion – ist. (Dabei wird das Grenzprodukt der Arbeit hier als Mehrprodukt aus der Beschäftigung eines weiteren Arbeiters verstanden.) Denn dieser Wert des Grenzprodukts seiner Arbeit entspricht dem durch ihn für seinen Arbeitgeber geschaffenen Mehrerlös am Absatzmarkt. Diesen Wert seines Grenzprodukts wollen wir als seine Leistungsfähigkeit verstehen. Diese Leistungsfähigkeit besteht aus zwei Komponenten: dem physischen Grenzprodukt und dem Preis des von ihm erzeugten Produkts. Das physische Grenzprodukt spiegelt seine ererbten Fähigkeiten, seine erworbenen Qualifikationen und seine Anstrengung wider. Dies wird aber nicht per se entlohnt, sondern in Abhängigkeit davon, wie nützlich das damit erzeugte Produkt für Andere ist. Letzteres, also die Nützlichkeit der Arbeit bzw. des Arbeitsergebnisses für Andere, drückt sich in der Höhe des Preises des produzierten Gutes aus. Denn je größer die Zahlungsbereitschaften für das Gut sind, desto höher ist der Marktpreis. Wer also z. B. mittels genialer geistiger Fähigkeiten und/oder unter hohem körperlichen Einsatz eine hohe Grenzproduktivität in der Produktion eines Gutes erreicht, für das niemand bereit ist, etwas zu zahlen, wird kein Arbeitseinkommen erhalten. Die eigene Arbeit ist am Markt immer nur so viel wert, wie sie Anderen nützt. Das ist die Ethik des Marktes. Der Arbeitsmarkt bewertet die Arbeit eines Menschen nicht danach, für wie bedeutend und wichtig er selbst diese hält oder wie schwer sie ihm fällt, sondern danach, wie wichtig sie für Andere ist.

Für das Funktionieren einer Marktwirtschaft ist es wesentlich, dass die Marktentlohnung zumindest im Prinzip als gerecht akzeptiert wird. Leistungsfähigkeit als Kriterium der Entlohnung zu benutzen findet dabei einen breiten Konsens. Der Staat muss hier Zweierlei im Auge behalten:

- Zum einen kann die Entlohnung nach der Leistungsfähigkeit durch eine Vermachtung der Arbeitsmärkte nachhaltig verzerrt sein. Dem ist durch eine entsprechende Wettbewerbspolitik für den Faktor Arbeit entgegenzusteuern. Denn wenn Macht statt Leistung für andere die Entlohnung bestimmt, wird man seine Bemühungen auf den Ausbau der eigenen Machtstellung statt auf die Steigerung der eigenen Leistungsfähigkeit konzentrieren. In Gesellschaften, in denen nicht funktionsfähige Arbeitsmärkte, sondern Großclanseilschaften und Vetternwirtschaft die Stellung im Arbeitsleben bestimmen, fließen die Ressourcen langfristig in den Ausbau von Machtstellungen, nicht in die Qualifikation der Arbeit.
- Zum zweiten muss man sehen, dass die Höhe des Faktoreinkommens auch wesentlich von der Ausgangsverteilung der Produktionsfaktoren abhängt, also von den ererbten Fähigkeiten und dem ererbten Vermögen. Die Vermögensverteilung hat wesentlichen Einfluss auf die Einkommensverteilung. Die Akzeptanz der durch den Markt

erzeugten Einkommensverteilung nach der Leistungsfähigkeit hängt auch davon ab, dass die Ausgangsverteilung der Vermögen nicht zu ungleich ist. Dazu bedarf es einer entsprechenden Vermögensbildungspolitik, vor allem einer entsprechenden (Humanvermögens-)Bildungspolitik.

In den meisten Gesellschaften besteht nun ein breiter politischer Konsens darüber, dass auch jenen ein gewisser Mindestlebensstandard garantiert sein muss, die über keine oder nur über eine für die eigene Existenzsicherung unzureichende Leistungsfähigkeit verfügen. Hier kommt dem Staat die Aufgabe der Umverteilung mittels Gebrauch seiner Hoheitsgewalt zu. Im einfachsten Fall erhebt er eine Steuer auf die Einkommen der Leistungsfähigen, aus deren Aufkommen er die Sozialhilfe der weniger Leistungsfähigen bezahlt. Die Einkommensverteilung nach der Leistungsfähigkeit durch den Markt wird so durch die nach der Bedürftigkeit durch den Staat korrigiert. Die breite Akzeptanz dieser Umverteilung auch bei denen, die besteuert werden, basiert sicherlich zu einem Teil auf reinem Altruismus. Wichtig für die Akzeptanz einer Umverteilung bei den negativ Betroffenen ist jedoch vermutlich auch die Erkenntnis, dass eine zu ungleiche Einkommensverteilung die Sicherung der Eigentumsrechte über den Justiz- und Polizeiapparat erheblich verteuern kann. Dies gilt insbesondere, wenn das untere Ende der Verteilung absolut gesehen nahe dem Existenzminimum liegt. Fatal ist es insbesondere, wenn es keine funktionsfähigen Arbeitsmärkte gibt, welche einen Aufstieg durch Leistung ermöglichen. Wer nicht nur nichts zu verlieren hat, sondern auch nichts mehr gewinnen kann, wird nicht einsehen, warum er sich weiterhin an die Spielregeln halten soll. Man könnte in diesem Zusammenhang von einer Art rationalem Zweckaltruismus der Gutverdienenden sprechen. Hinzu kommt drittens die Einsicht, dass man selbst bedürftig werden könnte. Mit seiner Umverteilungsfunktion fungiert der Staat sozusagen als eine Art existenzsichernde Grundversicherung. Die zwecks Umverteilung Besteuerten dürfen ihren diesbezüglichen Steuerbeitrag als eine Art Versicherungsprämie gegen die großen Lebensrisiken wie beispielsweise frühe Berufsunfähigkeit und lang anhaltende Arbeitslosigkeit begreifen. Vor dem Hintergrund dieser drei Gründe für die breite politische Akzeptanz einer Einkommensumverteilung darf man jedoch nicht übersehen, dass eine Umverteilung stets auch Kosten in Form von Wohlfahrtsverlusten hat. So untergräbt sie unvermeidlich den Arbeitsanreiz, und zwar im Falle einer Einkommenssteuer sowohl auf der Aufbringungsseite als auch auf der Seite der Begünstigten. Es wird also gemessen am Wohlfahrtsoptimum ohne Umverteilung weniger gearbeitet.

7.5   Zusammenfassung

1. Da ungerechtfertigte Marktmacht die Wohlfahrt senkt, besteht eine erste Aufgabe des Staates in der Verhinderung und der Kontrolle von Marktmacht durch entsprechende Wettbewerbsgesetze. Marktmacht zu verhindern bedeutet in erster Linie Kartelle und Fusionen bei Verdacht auf Marktmachtbildung zu verhindern. Liegt Marktmacht schon vor, muss sie mit Blick auf ihren eventuellen Missbrauch kontrolliert werden.

2. Gemäß dem Gesetz gegen Wettbewerbsbeschränkungen sind Kartelle generell verboten. Sie können allerdings in bestimmten Ausnahmefällen erlaubt werden. Fusionen sind generell erlaubt, können aber bei Überschreiten bestimmter Umsatz- und Marktanteilsschwellen untersagt werden. Marktmächtige Unternehmen unterliegen einer Missbrauchsaufsicht.

3. Da externe Effekte die Wohlfahrt senken und nicht immer durch den Markt alleine internalisiert werden können, ist die Internalisierung externer Effekte eine zweite Aufgabe des Staates. Ein zentrales staatliches Betätigungsfeld ist hier die Internalisierung ubiquitärer negativer Umweltexternalitäten.

4. Bei der Implementierung einer vorgegebenen Schadstoffgesamtmenge stehen dem Staat drei alternative Instrumente zur Verfügung: Mengenauflagen (z. B. von jedem Betrieb einzuhaltende Emissionsobergrenzen), Pigou-Steuern (z. B. eine von jedem Emittenten zu zahlende Abgabe pro emittierter Schadstoffeinheit) und handelbare Zertifikate (Rechte zur Emission einer bestimmten Schadstoffmenge).

5. Die Kriterien der Instrumentenwahl sind Treffsicherheit (Genauigkeit der Realisierung der politisch gesetzten Schadstoffgesamtmenge), Kosteneffizienz (Realisierung dieser Schadstoffgesamtmenge zu volkswirtschaftlich minimalen Kosten) und Anreizeffizienz (Setzen von effizienten Anreizen zur Verbesserung der Schadstoffvermeidungstechnologien).

6. Die Zertifikatelösung kombiniert den Vorteil der höheren Treffsicherheit der Mengenauflage (im Vergleich mit der Pigou-Steuer) mit den Vorteilen der höheren Anreiz- und Kosteneffizienz der Pigou-Steuer (im Vergleich mit der Mengenauflage).

7. Da neben der Leistungsfähigkeit auch die Bedürftigkeit ein akzeptiertes Verteilungskriterium ist, kommt dem Staat mit der Korrektur der marktlichen Einkommensverteilung durch eine staatliche Umverteilungspolitik eine dritte Aufgabe zu.

7.6 Leseempfehlung

Einen einführenden Überblick über die Wettbewerbspolitik gibt das Unterkapitel C.V.1 von Bartling und Luzius (2014). Ebenfalls empfehlenswert ist hier das Unterkapitel C.V.3 zur Umweltpolitik. Näher an unserer Darstellung zur Internalisierung externer Effekte ist Abschn. 18.2 in Pindyck und Rubinfeld (2015). Hinsichtlich staatlicher Eingriffe zur Einkommensumverteilung sei auf das zwölfte Kapitel von Bofinger (2015) hingewiesen.

Literatur

Bartling, H., Luzius, F.: Grundzüge der Volkswirtschaftslehre, 17. Aufl. Vahlen, München (2014)
Bofinger, P.: Grundzüge der Volkswirtschaftslehre, 4. Aufl. Pearson, München (2015)
Pindyck, R., Rubinfeld, D.: Mikroökonomie, 8. Aufl. Pearson, München (2015)

Makroökonomische Analyse

8

Inhaltsverzeichnis

8.1   Überblick

Nachdem wir das ökonomische Geschehen in den vorangegangenen Kapiteln aus der mikroökonomischen Perspektive der einzelwirtschaftlichen Entscheidungen und deren Konsequenzen auf der Marktebene analysiert haben, sind die kommenden Kapitel der makroökonomischen Analyse gewidmet. Dabei ist im vorliegenden Kapitel zunächst einmal zu klären, was eine makroökonomische Analyse ausmacht. Dazu werden wir vier zentrale Kennzeichen des makroökonomischen Denkens erläutern, denen je ein Unterkapitel gewidmet ist: Das nächste Unterkapitel thematisiert das für die Makroökonomik

konstitutive Denken in hoch aggregierten gesamtwirtschaftlichen Größen wie beispielsweise „der Staat", „das Volkseinkommen" und „die Geldmenge". Im dritten Unterkapitel
geht es um die für die Makroökonomik grundlegende Sicht des gesamtwirtschaftlichen
Geschehens als einem geschlossenen Wirtschaftskreislauf. Dieser konzeptionelle Grund-
gedanke führt zur Abbildung der volkswirtschaftlichen Aktivitäten im volkswirtschaftlichen Rechnungswesen als in doppelter Buchführung geführtem Kontensystem und in
der makroökonomischen Theorieformulierung als Gleichungssystem. Im vierten Unterkapitel wird näher darauf eingegangen, dass makroökonomische Modelle im Kern
als konsistente Zusammenführung von Einzelhypothesen bezüglich des Verhaltens
bestimmter Wirtschaftsakteure zu verstehen sind, welche mittels so genannter makroökonomischer Verhaltensfunktionen formuliert werden. Das fünfte Unterkapitel befasst
sich schließlich mit der Rolle des Geldes in der makroökonomischen Analyse. Wir
erläutern in diesem letzten Unterkapitel sowohl die Grundlagen des Geldangebots durch
Zentralbank und Geschäftsbanken als auch die Bestimmungsgründe der Geldnachfrage
der Nichtbanken und führen diese beiden Seiten anschließend in einer Betrachtung des
makroökonomischen Geldmarktes zusammen.

8.2   Makroökonomik als gesamtwirtschaftliche Analyse

Im Gegensatz zu der auf das einzelwirtschaftliche Entscheidungsverhalten fokussieren-
den Mikroökonomik ist die Makroökonomik gesamtwirtschaftliche Analyse. Ihr primärer
Gegenstand ist die empirische Erfassung zentraler volkswirtschaftlicher Größen, beispielsweise des gesamtwirtschaftlichen Investitionsniveaus und des Volkseinkommens,
sowie die Analyse der Zusammenhänge zwischen diesen gesamtwirtschaftlichen Größen.
Ziel der makroökonomischen Analyse ist es letztlich, auf der Basis eines Verständnisses
dieser Zusammenhänge gesamtwirtschaftliche Prognosen und Politikempfehlungen formulieren zu können.

8.2.1   Makroökonomik als Aggregateökonomik

Die empirische Erfassung einer makroökonomischen Größe erfolgt idealtypischer Weise
als Aggregation einzelwirtschaftlicher Daten. Beispielsweise kann man den gesamtwirtschaftlichen Produktionswert als Summe der Produktionswerte der Wirtschaftszweige
ermitteln, die sich ihrerseits als Summe der Produktionswerte der einzelnen Unternehmen des jeweiligen Wirtschaftszweiges ergeben. Wie dieses Beispiel schon nahelegt,
wird man allerdings in der Praxis im Regelfall eine Aggregation auf der Basis von Stich-
probenergebnissen einer Vollerhebung vorziehen. In jedem Fall handelt es sich um eine
Aggregation von unten (einzelwirtschaftliche Ebene) nach oben (gesamtwirtschaftliche
Ebene), sodass wir dies als eine gesamtwirtschaftliche Analyse im vertikalen Sinne verstehen können.

Dagegen kann man die Analyse der Zusammenhänge zwischen derartigen durch vertikale Aggregation zustandegekommenen makroökonomischen Größen als gesamtwirtschaftliche Analyse in einem horizontalen Sinne verstehen. Diese Beziehungen zwischen gesamtwirtschaftlichen Größen können rein definitorischer Art sein oder auf einem entsprechenden einzelwirtschaftlichen Entscheidungsverhalten basieren. Beispielsweise haben wir uns im fünften Kapitel überlegt, dass das Investitionsvolumen einer Unternehmung mit steigendem Zinssatz tendenziell abnehmen wird. Und tatsächlich zeigt eine Gegenüberstellung von gesamtwirtschaftlichen Investitionsvolumen und Zinssätzen, dass diese negative Beziehung auch auf der makroökonomischen Ebene zu beobachten ist. Hier kann man diese makroökonomische Beziehung mit einzelwirtschaftlichem Entscheidungsverhalten begründen. Man spricht dann von einer Mikrofundierung der Makroökonomik.

Jede im vertikalen Sinne gesamtwirtschaftliche Analyse ist makroökonomische Analyse. Insofern erkennt man eine makroökonomische Analyse stets daran, dass sie sich mit gesamtwirtschaftlichen Aggregaten wie Volkseinkommen, gesamtwirtschaftlichem Konsum usw. befasst. Im horizontalen Sinne kann eine makroökonomische Analyse alle Aspekte ökonomischen Handelns in einer Volkswirtschaft berücksichtigen oder aber nur einige ausgewählte. Im ersten Fall spricht man von einer makroökonomischen Totalanalyse, im zweiten von einer makroökonomischen Partialanalyse. Eine makroökonomische Partialanalyse liegt z. B. vor, wenn man den Zusammenhang zwischen gesamtwirtschaftlichem Lohnniveau einerseits und gesamtwirtschaftlichem Arbeitsangebot und gesamtwirtschaftlicher Arbeitsnachfrage andererseits betrachtet. Das ist dann eine makroökonomische Analyse nur des gesamtwirtschaftlichen Arbeitsmarktes. Eine makroökonomische Totalanalyse einer offenen Volkswirtschaft erfordert, dass darüber hinaus auch alle anderen gesamtwirtschaftlichen Märkte sowie das Staatshandeln und die ökonomischen Beziehungen mit dem Ausland berücksichtigt werden.

Makroökonomische Analyse ist also immer gesamtwirtschaftliche Analyse, entweder nur im vertikalen oder auch im horizontalen Sinne. Sie ist aber nicht zwingend eine Totalanalyse. Umgekehrt muss eine Totalanalyse nicht zwingend makroökonomisch sein. Zumindest modelltheoretisch kann man die Arbeits- bzw. Beschäftigungs- und Spar- bzw. Investitionsentscheidungen – und damit auch die Produktions- bzw. Konsumentscheidungen – aller einzelnen Wirtschaftssubjekte miteinander zu einem mikroökonomischen Totalmodell formulieren.

8.2.2   Eine Klassifikation makroökonomischer Aggregate

Wie eben erläutert, ist die Aggregation bzw. die Betrachtung von ökonomischen Aggregaten das konstituierende Kennzeichen der Makroökonomik. Dabei muss man drei Arten von Aggregaten auseinanderhalten.

Da gibt es erstens die Zusammenfassung möglichst gleichartiger Wirtschaftssubjekte zu so genannten institutionellen Aggregaten. Man spricht dann von einer institutionellen Aggregation. Die wichtigsten institutionellen Aggregate sind

- die privaten Haushalte (im Folgenden Index H; umfasst nur die inländischen privaten Haushalte),
- die privaten Unternehmen (Index U; umfasst nur die inländischen privaten Unternehmen),
- der Staat als Zusammenfassung aller Gebietskörperschaften und der Sozialversicherungen (Index St) sowie
- das Ausland als Zusammenfassung aller nicht inländischen privaten Haushalte, Unternehmen und Gebietskörperschaften (Index Aus). Dabei erfolgt die Zuordnung zu In- und Ausland nach dem Wohn- bzw. Firmensitz.

Zweitens gibt es die Zusammenfassung möglichst gleichartiger einzelwirtschaftlicher Vorgänge zu so genannten funktionalen Aggregaten. Man spricht dann von einer funktionalen Aggregation. Vorgänge sind Stromgrößen, d. h. sie sind auf einen Zeitraum bezogen (z. B. bezogen auf das Jahr 2020) und sie haben institutionelle Aggregate als Ausgangs- und als Endpunkt (sind also in diesem Sinne gerichtet). Die für das Weitere wichtigsten funktionalen Aggregate sind

- das Einkommen Y,
- der Konsum C,
- das Sparen S,
- die Investitionen I,
- die Steuern T mit dem Index dir für die direkten Steuern (insbesondere Einkommenssteuern und Gewinnsteuern) und dem Index ind für die indirekten Steuern (insbesondere Umsatzsteuern),
- die Subventionen bzw. Sozialtransfers Z,
- die Importe Im sowie
- die Exporte Ex.

Diese Stromgrößen sind im Folgenden stets als monetär bewertete Größen zu verstehen. Oft ist ihnen ein entsprechender Güter- oder Produktionsfaktorstrom entgegen gerichtet. So steht beispielsweise C für die Konsumausgaben bzw. für die Einnahmen aus dem Verkauf von Konsumgütern. Diesem monetären Strom entgegen gerichtet ist der Strom der Konsumgüter. Dem monetären Strom der Einkommen entgegen gerichtet ist der Strom der damit entgoltenen Faktorleistungen.

Schließlich ist als dritte Aggregateart die Zusammenfassung möglichst gleichartiger ökonomischer Bestandsgrößen zu nennen. Bestandsgrößen sind im Gegensatz zu Stromgrößen auf einen bestimmten Zeitpunkt bezogen (z. B. auf den 31.12.2020) und sind nicht zwischen institutionellen Aggregaten gerichtet, sondern einem oder mehreren

institutionellen Aggregaten zugeordnet. Beispiele für Bestandsgrößen sind der Kapitalstock und das Vermögen. Die Bestandsgrößen werden manchmal wie die Stromgrößen
als funktionale Aggregate bezeichnet. Zwischen Bestands- und Stromgrößen besteht
ein offensichtlicher definitorischer Zusammenhang: Der Anfangsbestand zu einem
bestimmten Zeitpunkt vermehrt um die Zuströme während eines bestimmten Zeitraums
und vermindert um die Abströme während dieses Zeitraums ergibt den Endbestand
zum Endzeitpunkt des Zustrom-Abstrom-Zeitraums. Addiert man beispielsweise zum
Anfangsbestand des Kapitalstocks einer Volkswirtschaft am 01.01.2020 die im Laufe des
Jahres 2020 getätigten Bruttoinvestitionen und zieht die Abschreibungen (und eventuelle
Verkäufe ins Ausland) dieses Jahres ab, so erhält man den Endbestand des Kapitalstocks
zum 31.12.2020. Der Saldo aus Zu- und Abströmen ist die Bestandsänderung zwischen
Anfangs- und Endzeitpunkt. Im Beispiel sind das die Nettoinvestitionen des Jahres 2020.

8.3 Makroökonomik als Kreislaufanalyse

Das ökonomische Geschehen lässt sich als ein Kreislauf verstehen und darstellen. Zentrale Bestandteile dieses Wirtschaftskreislaufs sind institutionelle Aggregate als Transaktoren und funktionale Aggregate (Stromgrößen) als Transaktionen.

8.3.1 Das Konzept des Wirtschaftskreislaufs

Die einfachste Variante des Wirtschaftskreislaufs umfasst lediglich drei Transaktoren:
die privaten Haushalte H, die privaten Unternehmen U und einen fiktiven Transaktor
„Vermögensänderung" $V\ddot{A}$. Letzterer ist die logische Schnittstelle zwischen den Strömen des Kreislaufs und den zugehörigen Beständen. Von den Unternehmen strömen
die Einkommen Y_U zu den Haushalten und von diesen die Konsumausgaben C_H zu den
Unternehmen und das Sparen S_H zur Vermögensänderung. Von der Vermögensänderung
strömen die Investitionen I zu den Unternehmen. Diese Investitionen sind hier als Nettoinvestitionen zu verstehen. Sie stellen den Saldo aus Bruttoinvestitionen als Zufluss bei
den Unternehmen und den Abschreibungen als zumindest buchhalterischem Abfluss dar.
   Erweitert man diesen Kreislauf um einen Transaktor Staat St, der per (Vereinfa-
chungs-) Annahme selber nicht produzierend und investierend tätig sei, so kommen
noch folgende wichtige Transaktionen hinzu: Von den privaten Unternehmen und den
privaten Haushalten strömen direkte und im Falle der Unternehmen zusätzlich indirekte
Steuern T^{dir} und T^{ind} zum Transaktor Staat. Von diesem weg strömen Ausgaben für den
so genannten Staatskonsum C_{St} sowie Subventionen bzw. Sozialleistungen Z zu den
Unternehmen bzw. zu den privaten Haushalten. Sein Sparen S_{St} strömt zur Vermögensänderung. Dabei ist das Sparen des Staates in den meisten Ländern im Regelfall negativ, also eine Neuverschuldung. Unter dem Staatskonsum versteht man den Unternehmen
und Haushalten ohne direktes Entgelt zur Verfügung gestellte Güter. Diese stellt der

Staat im Folgenden annahmegemäß nicht selbst her, sondern kauft sie bei den privaten Unternehmen. Mangels direkten Entgelts sind diese Güter steuerfinanziert. Daneben gibt es auch viele vom Staat bereitgestellte Güter, für die er ein direktes Entgelt erhebt. Beispiele sind die Benutzung öffentlicher Straßen gegen Mautgebühren, die Benutzung öffentlicher Parkplätze gegen Parkgebühren und die Gebühren für einen neuen Personalausweis. Diese (teilweise) gebührenfinanzierten Güter zählen – zumindest nach Maßgabe des Grades der Kostendeckung durch die Gebühr – nicht zum Staatskonsum und werden in diesem Unterkapitel ebenso wie die zugehörigen Gebühren vernachlässigt.

Schließlich wollen wir noch den Transaktor Ausland *Aus* erfassen, allerdings in diesem Unterkapitel ebenfalls nur in sehr vereinfachter Form. Vom Ausland fließen an das Inland die Exporteinnahmen des Inlands *Ex,* in die Gegenrichtung fließen die Importausgaben des Inlands *Im.* Die Begriffe „Import" und „Export" sind also stets aus Sicht des Inlands zu verstehen. Im Weiteren werden wir zur Vereinfachung der Darstellung annehmen, dass diese Ströme nur zwischen dem Ausland und den inländischen Unternehmen fließen. Das entspricht der Vorstellung, private Haushalte und der Staat kauften importierte Güter nicht direkt bei ausländischen Unternehmen, sondern immer über eine inländische Vertriebstochter dieser Unternehmen. Den Saldo aus Exporteinnahmen und Importausgaben bezeichnet man als Außenbeitrag. Neben diesen durch den Warenverkehr generierten Zahlungsströmen gibt es noch drei weitere wichtige Ströme zwischen In- und Ausland: Faktoreinkommensströme, Ströme von Subventionen und Sozialtransfers sowie Sparströme. Alle drei fließen generell in beide Richtungen, also z. B. Faktoreinkommen vom Transaktor (inländische) Unternehmen an den Transaktor Ausland und vom Transaktor Ausland an den Transaktor (inländische) Haushalte. In unserer Modellwirtschaft berücksichtigen wollen wir Sozialtransfers des (inländischen) Staates an anspruchsberechtigte Wohnsitz-Ausländer Z_{Aus}. Ein bekanntes Beispiel ist die Rente eines deutschen Rentners mit Mallorca als Erstwohnsitz. Außerdem seien Faktoreinkommen (inländischer) Haushalte aus dem Ausland berücksichtigt. Hält beispielsweise ein Inländer Aktien eines ausländischen Unternehmens, so fließen ihm Vermögenseinkommen als Faktorentgelt aus dem Ausland Y_{Aus} zu. Des Weiteren können Ausländer neu gebildete Ersparnisse im Inland anlegen. Dies wird hier als S_{Aus} notiert. Alle anderen Verflechtungen zwischen In- und Ausland wollen wir für unsere Prinzipdarstellung außer Acht lassen.

Jenseits der obigen verbalen Erläuterung lässt sich der Wirtschaftskreislauf auf vier verschiedene Arten darstellen: als Flussdiagramm, als Verflechtungsmatrix, als Kontensystem und als (Un-)Gleichungssystem. Alle diese Darstellungsformen sind übersichtlicher als die verbale Schilderung, insbesondere wenn man mehr als nur den obigen stark vereinfachten Modellkreislauf abbilden will. Alle vier Darstellungsformen haben, je nach konkretem Verwendungszweck, ihre Vor- und Nachteile. Auf die Darstellung als Flussdiagramm greift man vor allem dann zurück, wenn es um eine erste Erfassung und begriffliche Abbildung eines Kreislaufs geht. Die Abb. 8.1 zeigt unseren kleinen Modellkreislauf als Flussdiagramm. Eingezeichnet sind die monetären Ströme, sodass beispielsweise die Investitionen von der Vermögensänderung zu den Unternehmen fließen.

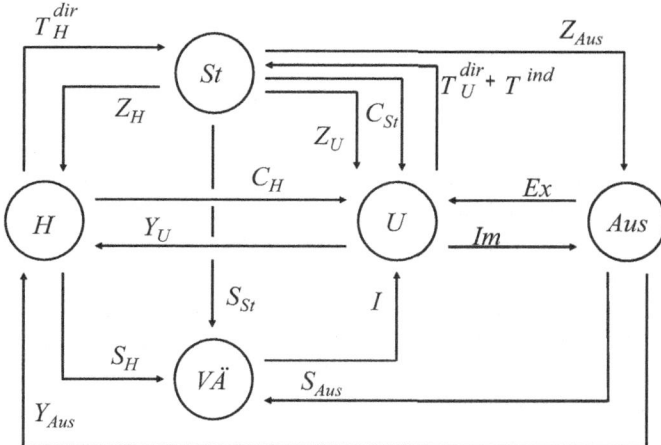

Abb. 8.1 Der Wirtschaftskreislauf als Flussdiagramm

Der Leser beachte, dass durch die tiefgestellten Indizes z. T. der Ursprung des Stroms angezeigt wird, wie etwa bei C_{St}, z. T. aber auch das Ziel des Stroms, wie etwa bei Z_{Aus}.

Das Flussdiagramm ist bei Vorliegen relativ weniger Transaktoren und Transaktionen die anschaulichste Darstellungsform. Sie wird allerdings schnell unübersichtlich, wenn die Zahl der Verflechtungen zwischen den Transaktoren steigt. Bei hohem Verflechtungsgrad hat die Darstellung als Verflechtungsmatrix Vorteile. Die Abb. 8.2 setzt unseren Wirtschaftskreislauf in eine solche Matrix um. Hier kann man an der Zeile eines Transaktors ersehen, welche Ströme von ihm abfließen und wo sie hinfließen. Die Spalte eines Transaktors zeigt, welche Ströme zu ihm hinfließen und wo diese herkommen. Die Ströme innerhalb eines Transaktors, die so genannten In-Sich-Transaktionen, haben wir hier, wie auch in allen anderen Darstellungen, nicht berücksichtigt. Die Verflechtungs-

	U	H	St	Aus	$VÄ$
U	—	Y_U	$T_U^{dir} + T^{ind}$	Im	
H	C_H	—	T_H^{dir}		S_H
St	$C_{St} + Z_U$	Z_H	—	Z_{Aus}	S_{St}
Aus	Ex	Y_{Aus}		—	S_{Aus}
$VÄ$	I				—

Abb. 8.2 Der Wirtschaftskreislauf als Verflechtungsmatrix

matrix ist beispielsweise in der volkswirtschaftlichen Input-Output-Rechnung beliebt, weil sich mit ihr die hohe Verflochtenheit zwischen den vielen Wirtschaftszweigen übersichtlich darstellen lässt.

Für unsere späteren Ausführungen sind die beiden Darstellungsformen des Kontensystems und des (Un-)Gleichungssystems wichtiger. Die Abb. 8.3 zeigt unseren einfachen Wirtschaftskreislauf als Kontensystem. Dabei wird für jeden Transaktor ein Konto geführt, auf dem in monetärer Rechnung links die Abflüsse (Ausgaben) und rechts die Zuflüsse (Einnahmen) verbucht werden. Es handelt sich hierbei um ein System der doppelten Buchführung: Jeder Abfluss wird anderswo ein Zufluss. In diesem Sinne ist der Kreislauf konzeptionell geschlossen. Es gibt keine Zuflüsse von außen oder Abflüsse nach außen. Die Kontendarstellung des Wirtschaftskreislaufs wird u. a. in der Volkswirtschaftlichen Gesamtrechnung (VGR) verwendet. Zweck dieser Volkswirtschaftlichen Gesamtrechnung ist die empirische Erfassung des Wirtschaftsgeschehens einer Volkswirtschaft für eine abgeschlossene Wirtschaftsperiode (also „ex post"). Mit dieser gesamtwirtschaftlichen empirischen Ex-post Analyse werden wir uns im zehnten Kapitel ausführlich beschäftigen. Wie wir dann sehen werden, wird in der VGR für jeden Sektor bzw. Transaktor als institutionellem Aggregat eine ganze Reihe von Konten geführt, auf denen jeweils bestimmte Ströme als funktionale Aggregate verbucht werden.

Bleibt schließlich noch die Darstellung des Wirtschaftskreislaufs als (Un-) Gleichungssystem. Für unseren Modellkreislauf und speziell in der Ausprägung als Gleichungssystem entspricht diese den Gl. 8.1 bis 8.5. Analog zur Kontendarstellung sind jeweils auf der linken Seite der Gleichung die monetären Abflüsse und auf der rechten Seite die monetären Zuflüsse zu finden. Gilt speziell das Gleichheitszeichen, so ist die Zustrom-Abstrom-Bilanz des betreffenden Transaktors ausgeglichen. Dies muss nicht zwingend so sein. Generell kann für jeden Transaktor auch ein positiver oder negativer Saldo bestehen. Dann gilt anstelle einer Gleichung die entsprechende Ungleichung.

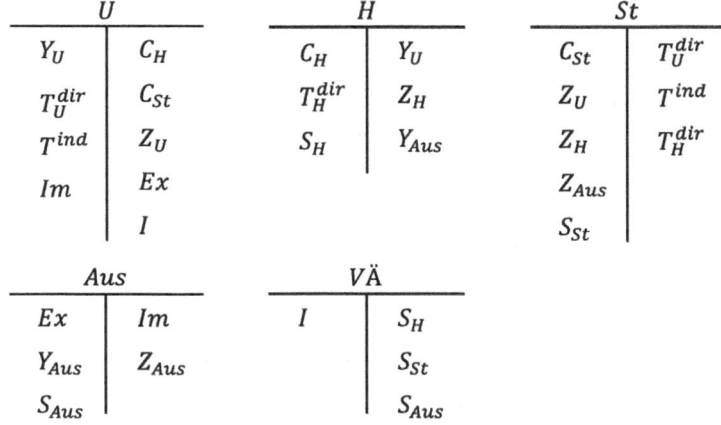

Abb. 8.3 Der Wirtschaftskreislauf als Kontensystem

Die konzeptionelle Geschlossenheit des Kreislaufs impliziert lediglich, dass die Summe aller Transaktoren-Salden null ergibt. Die Gleichung für den Transaktor Unternehmen lautet

$$Y_U + T_U^{dir} + T^{ind} + Im = C_H + C_{St} + Z_U + Ex + I. \tag{8.1}$$

Hier stehen den zu zahlenden Faktorentgelten und den Ausgaben für importierte Güter sowie den zu zahlenden Steuern die Einnahmen aus Güterverkäufen vermehrt um staatliche Subventionen gegenüber. Die Investitionen sind hier als Nettoinvestitionen zu verstehen, die sich als Saldo von Bruttoinvestitionen als Zufluss und Abschreibungen als buchhalterischem Abfluss ergeben. Die Gleichung für den Transaktor Haushalte lautet

$$C_H + T_H^{dir} + S_H = Y_U + Z_H + Y_{Aus}. \tag{8.2}$$

Hier stehen den Konsumausgaben, den Steuerzahlungen und dem Sparen die Faktoreinkommen sowie die Sozialtransfers des Staates gegenüber. Für den Transaktor Staat unserer Modellökonomie ergibt sich

$$C_{St} + Z_U + Z_H + Z_{Aus} + S_{St} = T_U^{dir} + T^{ind} + T_H^{dir}. \tag{8.3}$$

Hier stehen dem so genannten Staatskonsum und den Subventionen und Sozialtransfers die Steuereinnahmen gegenüber. Dieser Transaktor ist wie gesagt sehr vereinfacht dargestellt. Insbesondere haben wir die staatliche Produktions- und Investitionstätigkeit außen vor gelassen. Auf das Wesentliche verkürzt ist auch der Transaktor Ausland, für den sich in Gleichungsform ergibt

$$Ex + Y_{Aus} + S_{Aus} = Im + Z_{Aus}. \tag{8.4}$$

Hier stehen den Ausgaben für die Exporte des Inlands und den Faktorentgelten an Inländer sowie dem Sparstrom in das Inland die Einnahmen aus den Importen des Inlands und die Subventionen und Sozialtransfers des inländischen Staates an Ausländer gegenüber. Es war vereinfachend angenommen worden, dass ein Warenverkehr direkt nur mit inländischen Unternehmen stattfindet. Außerdem haben wir auf die Abbildung der Faktorentgeltzahlungen von Inländern an das Ausland sowie von Subventionen und Sozialtransfers des Auslands an Inländer abgesehen. Diesbezüglich kann der Leser die obigen Größen Y_{Aus} und Z_{Aus} jedoch als Salden zwischen dem Transaktor Ausland und einem konsolidierten Transaktor „Inland" betrachten. In Gl. 8.4 sind dann Y_{Aus} der Saldo der Faktoreinkommensströme (also der Erwerbs- und Vermögenseinkommen) zwischen dem In- und dem Ausland und Z_{Aus} der Saldo der Subventions- und Sozialtransferströme zwischen In- und Ausland. Bleibt noch die Gleichung für den Transaktor Vermögensänderung; sie lautet

$$I = S_H + S_{St} + S_{Aus}. \tag{8.5}$$

Bei diesem Transaktor werden die Investitionen dem gesamten Sparen gegenübergestellt, womit zum einen die Geschlossenheit des Kreislaufs erreicht ist und zum zweiten die Brücke von der Strom- zur Bestandsanalyse geschlagen wird. Dabei kann man S_{Aus} als

Saldo der Sparströme zwischen In- und Ausland deuten. Das Vorzeichen dieses Saldos ist empirisch gesehen offen und kann sich für ein Land im Zeitablauf ändern. Da der Staat in den meisten Ländern im Regelfall eine negative Ersparnis hat, werden die Netto-investitionen der Unternehmen in den meisten Ländern ganz überwiegend durch das Sparen der inländischen Haushalte gedeckt. Eine wichtige Ausnahme ist hier das Leit-währungsland USA, dessen Haushalte kaum sparen. Daher werden die inländischen Investitionen der US-Unternehmen überwiegend durch aus dem Ausland zufließende Sparströme gedeckt.

8.3.2   Das Konzept des Kreislaufgleichgewichts

Kreislaufgleichgewicht herrscht, wenn für jeden einzelnen Transaktor der Saldo aus Zu- und Abströmen gleich null ist. Wegen der Geschlossenheit des Wirtschaftskreis-laufs (Summe aller Salden gleich null) gilt dabei, dass wenn vier der fünf Transaktoren ausgeglichene Konten haben, dies auch für den fünften gelten muss. Das kann man sich am Gleichungssystem Gl. 8.1 bis Gl. 8.5 schnell klarmachen. Wenn in den ersten vier Gleichungen tatsächlich das Gleichheitszeichen gilt, dann muss beim Transak-tor Vermögensänderung zwingend die Summe des Sparens den Nettoinvestitionen ent-sprechen. In einem Buchungssystem (Ex-post Analyse) wie der Volkswirtschaftlichen Gesamtrechnung wird Kreislaufgleichgewicht definitionsgemäß dadurch hergestellt, dass beim Rechnungsabschluss z. B. bei den Haushalten alle zugeflossenen Faktorein-kommen und Sozialtransfers, die nicht für Konsum und Steuerzahlungen verwendet wur-den, als Sparen verbucht werden. Im Haushaltskonto der Abb. 8.3 hat damit S_H in der Ex-post Rechnung die Funktion eines das Konto ausgleichenden Saldos. Entsprechendes gilt für die Transaktoren Staat und Ausland. Bei den Unternehmen gelten alle in der Betrachtungsperiode produzierten, aber nicht verkauften Güter als Lagerinvestitionen. Damit bekommt in der Ex-post Rechnung auf dem Unternehmenskonto die Investition den Charakter des das Konto ausgleichenden Saldos. Diese Salden der Transaktoren Unternehmen, Haushalte, Staat und Ausland finden sich via Gegenbuchung auf dem Ver-mögensänderungskonto wieder – das damit infolge der Geschlossenheit jeder doppelten Buchführung ebenfalls ausgeglichen ist. Die Entsprechung von Investitionen und Sparen gemäß Gl. 8.5 ist also in der Ex-post Analyse eine definitionsgemäß erfüllte Buchungs-identität. Anders liegen die Dinge in einer Ex-ante Analyse, bei der die Pläne der Wirt-schaftssubjekte betrachtet werden. Hier ist es nicht zwingend, dass beispielsweise die Investitionspläne der Unternehmen betragsmäßig den Sparplänen der übrigen Sektoren entsprechen. In einer solchen Ex-ante Analyse hat daher die Gl. 8.5 den Charakter einer Gleichgewichtsbedingung. Ist diese Gleichung erfüllt, so gehen alle Pläne auf, ist sie nicht erfüllt, so wird eine Seite rationiert. Kreislaufgleichgewicht bedeutet also in der Ex-ante Analyse Plänekompatibilität und ist keinesfalls garantiert.

Neben diesen beiden auf das Gesamtsystem der Transaktoren bezogenen Kon-zepten des definitionsgemäß erfüllten Buchungskreislaufgleichgewichts und des

Pläne-Gleichgewichts der Ex-ante Betrachtung gibt es noch eine Reihe von auf einzelne Transaktoren gemünzten Gleichgewichtskonzepten. Für das Weitere von Bedeutung ist dabei das Konzept des staatlichen Budgetgleichgewichts. Ein solches liegt vor, wenn die Staatseinnahmen genau die Staatsausgaben decken, sodass speziell $S_{St} = 0$ gilt. Eine Rolle wird später auch das Konzept des außenwirtschaftlichen Gleichgewichts spielen. Ein solches liegt mit Blick auf den Waren- und Dienstleistungsverkehr vor, wenn die Importe genau den Exporten entsprechen bzw. wenn hinsichtlich des Außenbeitrags als Saldo von Ex- und Importen speziell $Ex - Im = 0$ gilt.

8.4 Makroökonomische Verhaltensfunktionen und Modelle

Unter einer makroökonomischen Verhaltensfunktion versteht man eine funktionale Beziehung zwischen makroökonomischen Aggregaten. Anders als bei den Gl. 8.1 bis Gl. 8.5 handelt es sich dabei weder um Definitionsgleichungen, noch um Gleichgewichtsbedingungen oder Budgetrestriktionen, sondern um kausal zu interpretierende Ursache-Wirkungs-Hypothesen. Ein Beispiel hatten wir zu Beginn dieses Kapitels mit der Investitionsfunktion $I = I(i)$ schon erwähnt. Diese Verhaltensfunktion formalisiert die Hypothese, dass das gesamtwirtschaftliche Investitionsniveau I vom Zinssatz i abhängt. Dies ist eine mikroökonomisch fundierte („mikrofundierte") makroökonomische Verhaltensfunktion, denn sie lässt sich aus dem einzelwirtschaftlichen Entscheidungsverhalten der Investoren ableiten (siehe Abschn. 5.3.1). Die Investitionsfunktion verläuft fallend: Je höher der Zinssatz ist desto niedriger sind die Investitionen.

Fügt man mehrere makroökonomische Verhaltensfunktionen zusammen um einen Teil des Geschehens oder das gesamte Geschehen in einer Volkswirtschaft zu erklären, so erhält man ein makroökonomisches Modell. Ergänzt man beispielsweise die obige Investitionsfunktion um eine makroökonomische Sparhypothese, so ergibt sich ein makroökonomisches Modell des (primären) Finanzkapitalmarktes und damit ein makroökonomisches Partialmodell. Eine solche makroökonomische Sparhypothese ist beispielsweise, dass das gesamtwirtschaftliche Sparen umso höher ist je höher der Zinssatz ist – dass also eine steigend verlaufende makroökonomische Sparfunktion $S = S(i)$ vorliegt. Für diese Hypothese spricht der positive Anreizeffekt eines höheren Zinssatzes auf das Sparen (siehe Abschn. 5.3.2).

Ergänzt man dieses Partialmodell um eine gesamtwirtschaftliche Produktionsfunktion $Y = Y(A, R)$ – mit A als dem gesamtwirtschaftlichen Arbeitseinsatz und R als dem gesamtwirtschaftlichen Kapitaleinsatz – sowie um makroökonomische Verhaltensfunktionen für den gesamtwirtschaftlichen Arbeitsmarkt, so hat man schon ein rudimentäres makroökonomisches Totalmodell einer geschlossenen Volkswirtschaft ohne Geld. Für den gesamtwirtschaftlichen Arbeitsmarkt könnte man beispielsweise anknüpfend an unsere Überlegungen im Abschn. 5.2 den Reallohnsatz w/P (mit w als dem Geldlohnsatz und P als dem Güterpreisniveau) als zentralen Bestimmungsgrund sowohl der Arbeitsnachfrage der Unternehmen als auch des Arbeitsangebots der Haushalte

sehen. Dann haben wir eine fallend verlaufende makroökonomische Arbeitsnachfragefunktion $A^N = A^N(w/P)$ und eine steigend verlaufende makroökonomische Arbeitsangebotsfunktion $A^A = A^A(w/P)$ (siehe Abschn. 5.2 zur Mikrofundierung). Das damit
insgesamt skizzierte rudimentäre makroökonomische Totalmodell bezeichnet man als
neoklassisches Makromodell. Hier ist kennzeichnend, dass Mengenentscheidungen
auf der Basis von Güter- und Faktorpreisen fallen. Das typische neoklassische Entscheidungsszenario sieht so aus: Die Wirtschaftssubjekte entscheiden auf der Basis fle-
xibler Güterpreise, Lohnsätze und Zinssätze über Höhe und Struktur ihres Konsums
und über ihr Arbeits- und Kapitalangebot. Das (Gesamt-)Einkommen ist in diesem
Entscheidungsszenario ein Ergebnis der Entscheidungen über das Arbeitsangebot (und
damit das Arbeitseinkommen) und über das Kapitalangebot (und damit das Kapitaleinkommen).

Dieser letzte Aspekt trifft aber nicht immer die Realität. So besteht das Einkommen
für sehr viele Haushalte im Wesentlichen aus dem Arbeitseinkommen und dieses
Arbeitseinkommen ist oft nicht Gegenstand einer nutzenmaximalen Disposition über die
verfügbare Gesamtzeit, sondern durch arbeitsrechtliche Regelungen festgelegt. Damit
ist das Einkommen nicht Ergebnis des Entscheidungsprozesses, sondern eine seiner
Nebenbedingungen. Ein solches Entscheidungsszenario steht hinter dem von Keynes
entwickelten makroökonomischen Ansatz und führt zu den keynesianischen Verhaltensfunktionen $C = C(Y)$ und $S = S(Y)$. Diese sind der Kern des keynesianischen Makromodells. Hinzu kommt, dass im Rahmen des keynesianischen makroökonomischen
Ansatzes die Rolle des Geldes viel bedeutender ist als im mikroökonomisch geprägten
neoklassischen Ansatz. Im neoklassischen Denken hat Geld im Wesentlichen die Funktionen einer Recheneinheit und eines Zahlungsmittels. Dagegen macht es aus neoklassischer Sicht bei verzinslichen Alternativen keinen Sinn, Geld sozusagen in bar und
unverzinst als Wertaufbewahrungsmittel zu halten. Unter solchen Umständen hat die
Menge des umlaufenden Geldes keinen Einfluss auf die Höhe von Konsum, Investition
und Produktion. In der keynesianischen Makroökonomik wird dagegen berücksichtigt,
dass Geld auch ein Wertaufbewahrungsmittel sein kann und als solches mit anderen Anlageformen konkurriert. Notwendige Bedingung dafür ist Unsicherheit über die
künftige Entwicklung der Renditen der konkurrierenden Anlageformen. Unter solchen
Umständen kann die Höhe der Geldmenge Einfluss auf die realen Größen der Volkswirtschaft haben.

8.5 Makroökonomik als monetäre Analyse

Anders als die traditionelle Mikroökonomik und ihre neoklassischen Makrovarianten
ist die keynesianische Makroökonomik seit ihrer Entstehung stets auch eine monetäre Analyse. Das vorliegende Unterkapitel soll die im mikroökonomischen Teil dieses
Buches nicht betrachteten Bestimmungsgründe von Geldangebot und Geldnachfrage
herausarbeiten und anschließend das Zusammentreffen dieser beiden Seiten auf dem

makroökonomischen Geldmarkt näher betrachten. Zunächst gilt es jedoch, in einem ersten Abschnitt Grundlegendes abzuklären.

8.5.1 Geldfunktionen und Geldmengenkonzepte

Geld lässt sich zunächst einmal als in einer Volkswirtschaft allgemein akzeptiertes Zahlungsmittel definieren. Als solches hat Geld drei zentrale Funktionen:

- Geld ist das allgemein anerkannte Tauschmittel. Als solches reduziert es die Transaktionskosten in einer arbeitsteiligen Volkswirtschaft, indem es den Tauschakt Ware gegen Ware aufspaltet in Kauf (Ware gegen Geld) und Verkauf (Geld gegen Ware). Durch diese Aufspaltung entfällt die ohne anerkanntes Tauschmittel bestehende Notwendigkeit, stets jemanden finden zu müssen, der etwas hat, was man will, und der zugleich etwas will, was man hat.
- Geld ist die allgemein anerkannte Recheneinheit. Als solche führt es ebenfalls zu einer Reduktion der Transaktionskosten. Schauen wir beispielhaft auf eine Volkswirtschaft mit 100 verschiedenen Gütern, von denen keines als Recheneinheit anerkannt ist. Dann kann man jedes Gut in Einheiten von 99 anderen Gütern rechnen – es gibt also insgesamt 9900 Preise. Ist dagegen eines der Güter die allgemein anerkannte Recheneinheit, so gibt es nur 99 Preise.
- Geld kann schließlich als Wertaufbewahrungsmittel dienen. Bei Ware-Geld-Ware-Beziehung statt Ware-Ware-Beziehung kann der Anspruch auf Gegenleistung sozusagen gelagert werden, z. B. mittels Geld.

Hinsichtlich seiner Erscheinungsform war Geld historisch gesehen zunächst einmal Warengeld. Als Warengeld geeignet waren Güter, welche die Kriterien der Homogenität, der Haltbarkeit und der Seltenheit erfüllten. Frühe Beispiele sind hier Getreide, Salz und Tierhäute. Später fanden vorrangig seltene Metalle Verwendung. Heute hat Geld fast überall die Form des Kreditgelds. Darunter versteht man

- Bargeld, also Münzen (mit einem Nennwert über dem Stoffwert) und Banknoten. Letztere sind formal eine Forderung an die emittierende staatliche Zentralbank.
- Giralgeld (synonym: Buchgeld), definiert als nicht verbriefte Forderungen an die Geschäftsbanken und/oder gegenüber der Zentralbank, über die jederzeit verfügt werden kann.

Hinsichtlich der konkreten Ermittlung der Höhe der in einer Volkswirtschaft bzw. in einem Währungsraum umlaufenden Geldmenge existieren eine ganz Reihe von Konzepten. Beispielhaft erwähnt seien hier nur die Geldmengenkonzepte M1, M2 und M3 (mit „M" für „money") in der Definition der Europäischen Zentralbank EZB. Danach umfasst

- M1 den gesamten Bargeldumlauf außerhalb des Bankensektors sowie die Giroeinlagen der Nichtbanken bei den Banken.
- M2 zusätzlich zu M1 alle Termineinlagen mit einer vereinbarten Laufzeit von bis zu zwei Jahren sowie alle Spareinlagen mit einer vereinbarten Kündigungsfrist von bis zu drei Monaten.
- M3 zusätzlich zu M2 alle marktfähigen Verbindlichkeiten der Banken (z. B. emittierte Anteile an Geldmarktfonds) sowie alle Bankschuldverschreibungen mit einer Ursprungslaufzeit von weniger als zwei Jahren.

Hinter dieser Unterscheidung von drei verschiedenen Geldmengen steht die Überlegung, dass es wichtig ist zu wissen, wie schnell bzw. zu welchem Grad die Geldmenge in realwirtschaftliche Transaktionen umgesetzt werden kann, wie hoch also die Liquidität ist. M1 gibt definitionsgemäß die sofortige Liquidität wieder. Teile von M2 und M3 stehen dagegen nicht unmittelbar für realwirtschaftliche Transaktionen zur Verfügung, wohl aber mit gewissem Zeitverzug.

8.5.2   Das Geldangebot der Zentral- und der Geschäftsbanken

Das Geldsystem des Euro-Raums ist ein so genanntes zweistufiges Mischgeldsystem. Auf der ersten Stufe gibt die EZB Zentralbankgeld heraus, also insbesondere Euro-Banknoten als gesetzliches Zahlungsmittel und Sichtguthaben von Geschäftsbanken bei ihr. Auf der zweiten Stufe können die Geschäftsbanken auf der Basis des Zentralbankgeldes Giralgeld schöpfen. Da die Nichtbanken ihr Geld nur zu einem Bruchteil in bar halten, den weitaus größeren Teil aber als Giroeinlage oder nicht sofort fällige Anlage im Geschäftsbankensystem lassen, können die Geschäftsbanken via sukzessiver Kreditvergabe auf der Basis der bei ihnen gehaltenen Einlagen aus jedem Euro Zentralbankgeld mehrere Euro Giralgeld machen.

8.5.2.1 Schaffung von Zentralbankgeld

Neues Zentralbankgeld wird im Euro-Raum geschaffen, indem die EZB Aktiva, die nicht Zahlungsmittel des Euro-Raums sind, gegen Forderungen auf sich selbst erwirbt. Diesen Vorgang bezeichnet man als die Monetisierung von Aktiva. Er findet im Wesentlichen zwischen der EZB und den Geschäftsbanken statt. Dabei sind die Forderungen auf sich selbst die Euro-Banknoten sowie die bei der EZB (ganz überwiegend von den Geschäftsbanken) gehaltenen Sichteinlagen. Beides zusammen sind die Zahlungsmittel des Euro-Raums. Die EZB monetisiert zwei Arten von Aktiva:

- Devisen, Gold und einschlägige Wertpapiere als so genannte primäre Aktiva. Einschlägige Wertpapiere sind vor allem Schatzwechsel und Schatzanweisungen öffentlicher Haushalte, aber auch börsengehandelte private Schuldverschreibungen. Kauft oder verkauft die EZB derartige Wertpapiere, so bezeichnet man dies als Offenmarktpolitik, da sie diese Transaktionen dann am für alle zugänglichen Wertpapiermarkt abwickelt.

- Eigene Forderungen gegen die Geschäftsbanken als so genannte sekundäre Aktiva. Beispiele sind hier Rediskont- und Lombardkredite. Bei einem Rediskontkredit übernimmt die EZB von einer Geschäftsbank Handelswechsel für deren Laufzeit und räumt der Geschäftsbank im Gegenzug ein befristetes Sichtguthaben ein. Beim Lombardkredit verpfänden die Geschäftsbanken börsengängige Wertpapiere bei der EZB und erhalten im Gegenzug wiederum ein Sichtguthaben eingeräumt. Diese Kreditgeschäfte der EZB bezeichnet man als Refinanzierungspolitik, weil es hier um die Refinanzierung der Geschäftsbanken durch die EZB geht.

Will die EZB die Zentralbankgeldmenge erhöhen, wird sie Devisen oder Gold oder einschlägige Wertpapiere aufkaufen oder zusätzliche Rediskont- oder Lombard- kredite an die Geschäftsbanken vergeben. Eine Alternative zu der Erhöhung der Kredit- kontingente der Geschäftsbanken bei der EZB ist die Verbilligung dieser Kredite durch die EZB. Dazu kann sie den Diskontsatz als Zinssatz für Rediskontkredite und/oder den Lombardsatz als Zinssatz für Lombardkredite senken. Die Refinanzierungspolitik kann somit Mengenpolitik in Form einer Änderung der Kontingente oder Preispolitik in Form einer Änderung der einschlägigen Zinssätze sein. Will die EZB die Zentralbankgeld- menge senken, wird sie umgekehrt verfahren.

8.5.2.2 Giralgeldschöpfung der Geschäftsbanken

Den Geschäftsbanken ist es erlaubt, auf der Basis des Zentralbankgeldes privatwirtschaft- lich zusätzliches Giralgeld zu schöpfen, indem sie das Zentralbankgeld nicht nur einmal, sondern nach Rückfluss in den Bankensektor immer wieder verleihen. Dabei ist diese Geld- und Kreditschöpfung allerdings dadurch beschränkt, dass von einem Euro Kredit nicht alles wieder als Einlage bei den Banken landet, sondern ein Teil von den Nicht- banken bar gehalten wird. Außerdem verlangen viele Zentralbanken, dass die Geschäfts- banken bei ihnen Mindestreserveeinlagen nach Maßgabe ihrer Bilanzvolumina halten. Immer wenn ein Kredit des Geschäftsbankensystems an eine Nichtbank nach Abzug der Bargeldhaltung wieder, z. B. als Giroeinlage, ins Bankensystem zurückkommt, muss ein gewisser Teil davon als Mindestreserve bei der Zentralbank sozusagen stillgelegt werden.

Schauen wir als Beispiel auf ein ganz zweistufiges Mischbankensystem ohne Mindestreservehaltung und mit einer Bargeldhaltungsquote der Nichtbanken von zehn Prozent. Durch ein entsprechendes Offenmarktgeschäft der Zentralbank kommen die Geschäftsbanken an 1000 € zusätzliches Zentralbankgeld. Dieses verleihen sie umgehend an Nichtbanken, die den Kredit für realwirtschaftliche Transaktionen verausgaben. Dadurch geraten neunzig Prozent der Kreditsumme, also 900 €, als Giroeinlagen wieder ins Bankensystem. Zehn Prozent bleiben als Kassenhaltung bei den Nichtbanken. Damit können die Geschäftsbanken maximal weitere 900 € Kredit vergeben (bei Existenz einer Mindestreservepflicht entsprechend weniger). Nutzen sie diesen Kreditvergaberahmen voll aus, so fließen danach wiederum 810 € zu ihnen zurück. Und so geht es immer wei- ter. Aus 1000 € Zentralbankgeld werden nach zwei Kreditrunden 1710 € zusätzliches Giralgeld, nach drei Runden 2439 € usw. usf. Denkt man diese Geldschöpfung bis gegen unendlich, so ergibt sich bei einer Bargeldhaltungsquote von 0,1 ein so genannter Giral-geldschöpfungsmultiplikator von 10. Aus jedem Euro Zentralbankgeld werden bei voller Ausschöpfung der Kreditvergabemöglichkeiten und ohne Mindestreservepflicht zehn Euro Giralgeld.

Durch die Zulässigkeit der privatwirtschaftlichen Geldschöpfung des Geschäfts-bankensektors verliert die Zentralbank die vollständige Kontrolle über die gesamt-wirtschaftliche Geldmenge. Eine solche vollständige Kontrolle hätte sie nur dann noch, wenn die Bargeldhaltungsquote der Nichtbanken in der Zeit konstant oder aber zumindest ihr Verlauf perfekt vorhersehbar wäre und die Geschäftsbanken im Zeitver-lauf immer den gleichen Prozentsatz des Kreditvergaberahmens ausnutzen würden oder aber die Entwicklung dieses Prozentsatzes für die Zentralbank prognostizierbar wäre. Denn dann könnte sie stets genau berechnen, um wie viel sich die Geldmenge (z. B. M1) ändert, wenn sie einen Euro Zentralbankgeld schafft oder vernichtet. Während die Bargeldhaltungsquote relativ gut einschätzbar ist, fällt eine Prognose des Kreditver-gabeverhaltens der Geschäftsbanken schon viel schwerer. Von der Zentralbank nicht vorhergesehene Einbrüche der Kreditvergabequote führen zu einer Senkung von M1, wirken also trotz unveränderter Zentralbankgeldmenge wie eine Zentralgeldmengen-senkung (bei konstanter Kreditvergabequote). Umgekehrt nimmt die Liquidität der Volkswirtschaft zu ohne dass die Zentralbank dies wollte, wenn z. B. die Kreditver-gabequote im wirtschaftlichen Aufschwung stärker ansteigt als von der Zentralbank prognostiziert.

8.5.3   Die Geldnachfrage der Nichtbanken

Die Nichtbanken fragen Geld zum Zwecke der Abwicklung von realen Transaktionen sowie zum Zwecke der Spekulationskassenhaltung nach. Letzteres ist ein von Keynes nachhaltig betontes Nachfragemotiv, dessen Existenz unbestritten ist, dessen Bedeutung allerdings sehr von der gesamtwirtschaftlichen Situation abhängt.

8.5.3.1 Geldnachfrage zu Transaktionszwecken

Unternehmen, Haushalte und der Staat fragen Geld zunächst einmal als Zahlungsmittel nach, also um ihre güterwirtschaftlichen Transaktionen abwickeln zu können. Diese Geldnachfrage zu Transaktionszwecken notieren wir im Weiteren als L_{Tr} (mit „L" für „liquidity" und „Tr" für „zu Transaktionszwecken"). Die Transaktionskassenhaltung setzt sich im Regelfall hauptsächlich aus den M1-Bestandteilen Bargeld und Giralgeld bei den Geschäftsbanken zusammen. Sie steigt in ihrer Höhe mit der Zahl und dem Wert der Transaktionen in der betrachteten Wirtschaftsperiode und damit mit der Höhe der gesamtwirtschaftlichen Produktion bzw. des gesamtwirtschaftlichen Einkommens. Empi-risch bewährt hat sich hier ein einfacher linearer Zusammenhang der Art

$$L_{Tr} = hPY,$$
(8.6)

mit h als dem Kassenhaltungskoeffizienten. Die Abb. 8.4 illustriert diesen Teil der Geldnachfrage. Der Kassenhaltungskoeffizient h ist hier der Steigungswert der Funktion. Er
gibt an, wie viel Euro Geld in der betrachteten Volkswirtschaft pro Euro Produktion bzw.
Einkommen zu Transaktionszwecken gehalten wird:

$$h = \frac{L_{Tr}}{PY}.$$

Sein Kehrwert ist die Umlaufgeschwindigkeit des (Transaktionskassen-)Geldes g. Diese
gibt an, wie oft ein Euro der Transaktionskasse in der betrachteten Periode umgeschlagen
wird:

$$g = \frac{1}{h} = \frac{PY}{L_{Tr}}.$$

Schauen wir beispielhaft auf eine kleine Modellwirtschaft, in der die Arbeiter Konsumgüter produzieren und ihr Arbeitsentgelt genau dem Wert dieser Produktion entspricht
(z. B. zwölf Mrd. €). Andere Aktivitäten gebe es nicht. Es sei zunächst angenommen,
den Arbeitern werde jeweils am ersten Tag des Jahres der gesamte Jahreslohn auf ihre
Girokonten überwiesen und sie verausgaben diesen anschließend im Jahresverlauf völlig gleichmäßig für den Kauf der Konsumgüter. Dann entspricht die Transaktionskasse
dem Produktionswert (also zwölf Mrd. €) und sowohl der Kassenhaltungskoeffizient
als auch die Umlaufgeschwindigkeit des Geldes belaufen sich auf eins. Im Jahresverlauf befinden sich durchschnittlich sechs Mrd. € auf den Konten der Arbeiter und sechs
Mrd. € auf den Unternehmenskonten. In der Realität liegt die Umlaufgeschwindigkeit
über eins, jeder Euro Transaktionskasse wechselt also mehrfach den Besitzer. Das ergibt
sich in unserer Modellökonomie, wenn wir auf eine monatliche Lohnzahlung umstellen:
An jedem ersten Tag eines Monats bekommen die Arbeiter eine Mrd. € überwiesen, die

Abb. 8.4 Geldnachfrage zu
Transaktionszwecken

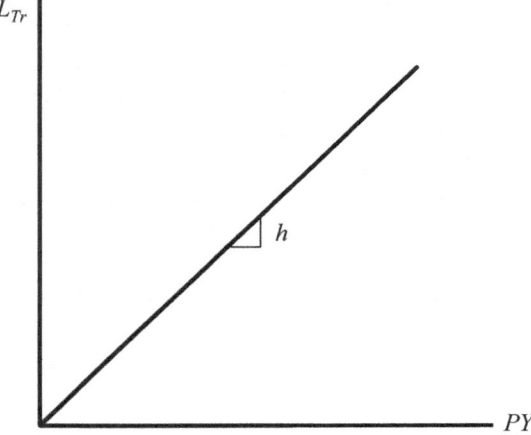

sie dann im Monatsverlauf für Konsumgüter ausgeben. In diesem Fall beläuft sich die benötigte Transaktionskasse der Volkswirtschaft lediglich auf eine Mrd. €. Die Umlaufgeschwindigkeit beträgt dann zwölf, der Kassenhaltungskoeffizient lautet 0,0833.

8.5.3.2 Geldnachfrage zu Spekulationszwecken

Aus neoklassischer Sicht ist mit dem Obigen das Wesentliche zur Geldnachfrage gesagt. Insbesondere wird aus dieser Sicht einer Geldnachfrage zum Zwecke der Wertaufbewahrung keine große Bedeutung zugemessen. Denn die Geldhaltung ist entweder überhaupt nicht verzinst (größerer Teil von M1 bis M3) oder gemessen an der Anlage in festverzinslichen Wertpapieren wie Staats- und Unternehmensanleihen nur gering verzinst (Teile von M2 und M3). Es war insbesondere Keynes, der darauf hinwies, dass diese Überlegung bei Unsicherheit über die zukünftige Kurs- bzw. Renditeentwicklung der Wertpapiere zu kurz greift. Denn bei einer diesbezüglichen Unsicherheit müssen sich die (potentiellen) Wertpapierkäufer Erwartungen über die künftigen Kurse und damit über die künftige Effektivverzinsung der Wertpapiere bilden, und diese Erwartungen werden nicht bei allen gleich ausfallen. Dies führt dazu, dass die tatsächlich realisierten Kurse bzw. Renditen immer nur eine Art Durchschnitt der mehr oder weniger streuenden Einschätzungen der Marktteilnehmer sind. Schauen wir nun auf einen Marktteilnehmer, der mit seinen kurzfristigen Kurserwartungen über den aktuellen Kursen liegt, für den also die erwartete Verzinsung unter der aktuellen liegt. Ein solcher wird schnell Wertpapiere kaufen, um dem von ihm erwarteten Kursanstieg bzw. dem erwarteten Sinken der Verzinsung zuvorzukommen. Keinesfalls will er die Alternative Geld halten. Anders sieht es aber für jene Marktteilnehmer aus, die mit ihren Kurserwartungen unter den aktuellen Kursen liegen und daher fallende Kurse bzw. eine steigende Verzinsung der Wertpapiere erwarten. Diese werden keinesfalls sofort Wertpapiere kaufen, sondern erst einmal das dazu notwendige Geld „parken" und den erwarteten Fall der Wertpapierkurse abwarten. Für sie macht es also Sinn, unverzinstes Geld statt verzinste Wertpapiere zu halten, denn sie spekulieren auf fallende Kurse bzw. eine steigende Verzinsung. Diese Geldnachfrage in Erwartung fallender Wertpapierkurse bzw. steigender Zinssätze bezeichnet man als Geldnachfrage zu Spekulationszwecken (mit Index „Sp"). Die zugehörige Spekulationskasse wird in der Regel auf dem Girokonto oder einem von den Banken oft angebotenen niedrigverzinslichen direkten Verrechnungskonto zum Wertpapierdepot gehalten, also im Rahmen von M1.

Für den Einzelnen gilt, dass der von ihm kurzfristig erwartete Zinssatz unter dem aktuellen Zinssatz liegt und er dann keine Spekulationskasse hält – oder es verhält sich umgekehrt und er hält Spekulationskasse. Insgesamt aber streuen die Zinssatzerwartungen am Markt, sodass manche schon bei recht hoher aktueller Verzinsung Spekulationskasse halten (weil sie noch höhere Zinssätze erwarten), während andere erst bei sehr niedrigen Zinssätzen Geld zu Spekulationszwecken nachfragen (weil dann auch sie mit steigenden Zinssätzen rechnen). Gesamtwirtschaftlich gesehen ergibt sich daher eine mit steigendem Zinssatz fallende Geldnachfrage zu Spekulationszwecken:

$$L_{Sp} = L_{Sp}(i) \quad \text{mit} \quad \frac{\partial L_{Sp}}{\partial i} < 0. \qquad (8.7)$$

Abb. 8.5 Geldnachfrage zu Spekulationszwecken

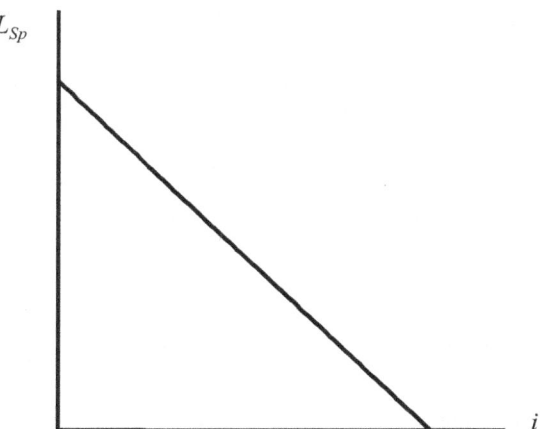

Die Abb. 8.5 zeigt ein lineares Beispiel für diesen Teil der Geldnachfrage. Hier gibt es mit dem Abszissenabschnitt einen Zinssatz der so hoch ist, dass niemand mehr Spekulationskasse halten will.

8.5.4 Der makroökonomische Geldmarkt

Auf dem makroökonomischen Geldmarkt trifft das Geldangebot von Zentralbank und Geschäftsbanken auf die Geldnachfrage der Nichtbanken zu Transaktions- und zu Spekulationszwecken. Dieser makroökonomische Geldmarkt ist keinesfalls zu verwechseln mit jenem als Interbankenmarkt organisierten Geldmarkt im (viel) engeren Sinne, auf dem zur kurzfristigen Liquiditätsbeschaffung emittierte abgezinste Schuldverschreibungen (z. B. unverzinsliche Schatzanweisungen des Bundes oder der US-Regierung) gehandelt werden. Darauf, dass infolge der Giralgeldschöpfung der Geschäftsbanken die Zentralbank das Geldangebot nur bedingt kontrollieren kann, hatten wir schon hingewiesen. Im Folgenden lassen wir diesen Aspekt beiseite und betrachten das gesamtwirtschaftliche Geldangebot als von der Zentralbank unter geldpolitischen Aspekten vorgegeben. Dies entspricht der Annahme eines in der Zeit konstanten und der Zentralbank bekannten Geldschöpfungsmultiplikators des Geschäftsbankensystems. Dieses exogen vorgegebene Geldangebot notieren wir mit M und denken dabei an M1. Mit Blick auf die Bestimmungsgründe der Geldnachfrage unterscheiden wir in einen lehrbuchhaft stilisierten neoklassischen Ansatz, in dem die Geldnachfrage nur einkommensabhängig ist, und einen ebensolchen keynesianischen Ansatz, in dem sie auch zinssatzabhängig ist.

8.5.4.1 Die klassische Quantitätstheorie des Geldes

Aus klassischer Sicht steht auf dem Geldmarkt dem letztlich von der Zentralbank gesetzten Geldangebot eine im Wesentlichen nur einkommensabhängige Geldnachfrage zu Transaktionszwecken gegenüber. Im Geldmarktgleichgewicht muss daher gelten

$$M = hPY \tag{8.8}$$

mit h als Kassenhaltungskoeffizient bzw.

$$gM = PY \tag{8.9}$$

mit g als Umlaufgeschwindigkeit des Geldes. Die Gl. 8.8 bezeichnet man auch als Cambridge-Gleichung, die Gl. 8.9 als Quantitätsgleichung. Beide Gleichungen sind zunächst einmal Gleichgewichtbedingungen. Eine Geldwirkungstheorie wird daraus, wenn man festlegt, welche Größen auf eine Veränderung des Geldangebots reagieren und welche nicht. Hier ist nun der klassische Ansatz sehr eindeutig: Das Einkommen ist Ergebnis von Faktorangebot und Faktornachfrage, also sozusagen ein Spiegel der Faktormarktgleichgewichte. Diese Faktormarktgleichgewichte legen im klassischen Modell die Einsatzhöhe von Arbeit und Kapital fest und damit die Höhe von Produktion und Einkommen. Mit dem Geldmarkt hat dies alles nichts zu tun. Als Verhaltensparameter ebenfalls unabhängig vom Geldangebot ist der Kassenhaltungskoeffizient bzw. die Umlaufgeschwindigkeit des Geldes. Damit ist klar, dass eine Erhöhung des Geldangebots lediglich das Güterpreisniveau P erhöht, also ausschließlich Preiseffekte hat. Mengeneffekte bezüglich der Produktion sind damit nicht erreichbar. Bei auf den Faktormärkten determinierter Einkommenshöhe Y^* resultiert am Geldmarkt das gesamtwirtschaftlich gleichgewichtige Preisniveau

$$P^* = g\frac{M}{Y}. \tag{8.10}$$

Diese Sicht der Dinge bezeichnet man als die Quantitätstheorie des Geldes. Die Abb. 8.6 illustriert, wie bei Gültigkeit dieser Quantitätstheorie des Geldes eine Geldmengenerhöhung ausschließlich zu Preisniveaueffekten (Inflation) führt.

8.5.4.2 Die keynesianische LM-Kurve

Aus keynesianischer Sicht ist die Geldnachfrage wegen der Spekulationskassenhaltung auch merklich zinssatzabhängig. Damit lautet die Geldmarktgleichgewichtsbedingung nun

$$M = hPY + L_{Sp}(i). \tag{8.11}$$

Bei exogen vorgegebener Geldmenge M und festem Kassenhaltungskoeffizienten gibt es hier drei endogene Variablen: das Einkommen, den Zinssatz und das Güterpreisniveau. Diese werden im keynesianischen Lehrbuchmodell – wie wir im elften Kapitel zeigen werden – simultan bestimmt. Ein üblicher Zwischenschritt hin zur Analyse des Gesamtmodells ist eine Betrachtung mit vorgegebenem Preisniveau, also

Abb. 8.6 Quantitätstheorie
des Geldes

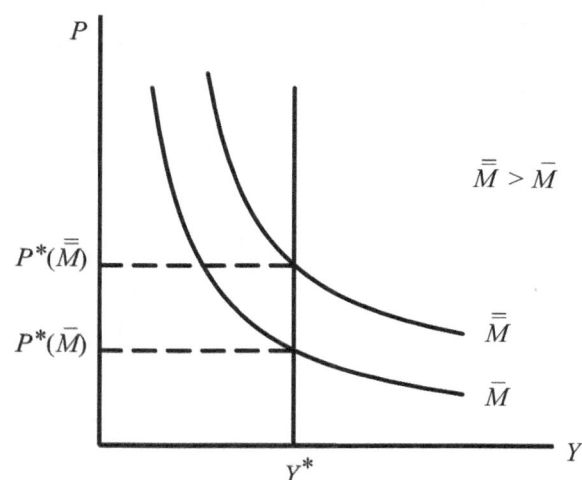

mit P als exogenem Parameter. Dann besteht bei gegebener Geldmenge zwischen den beiden Geldnachfrageteilen im gleichgewichtstheoretischen Sinne folgende Verwendungskonkurrenz: Ist M gegeben und wird vollständig nachgefragt, so erfordert eine Einkommenserhöhung wegen der dann höheren Transaktionskassennachfrage eine Zinssatzerhöhung, damit die Spekulationskasse fällt und somit aus ihr Geld für die gestiegenen Transaktionserfordernisse freigegeben wird (und umgekehrt). Der Leser beachte, dass dies keine Ursache-Wirkungs-Logik ist, sondern eine Gleichgewichts-bedingungs-Logik darstellt. Wir sehen an ihr, dass in Geldmarktgleichgewichten relativ hohe Einkommen mit relativ hohen Zinssätzen einhergehen müssen und umgekehrt (bei gegebenem Geldangebot und gegebenem Preisniveau). Diesen Zusammenhang kann man in ein Zinssatz-Einkommens-Diagramm einzeichnen. Die sich ergebende steigende Funktion bezeichnet man als LM-Kurve, womit man L = M-Kurve meint. Sie ist keine Verhaltensfunktion, sondern der geometrische Ort aller keynesianischen Geldmarkt-gleichgewichte für gegebene Geldmenge und gegebenes Preisniveau. Wird das Geld-angebot M erhöht, so ergibt sich eine andere LM-Kurve, die dann insgesamt niedriger liegt. Denn im Normalfall absorbieren dann beide Kassen zusätzliches Geld, was einen niedrigeren Zinssatz und ein höheres Einkommen erfordert. Diesen Zusammenhang zeigt die Abb. 8.7.

Damit bleibt zunächst offen, ob bzw. wie die Geldmenge im keynesianischen Modell das Einkommen beeinflusst. An der isolierten LM-Kurve sieht man nur, dass bei festgehaltenem Preisniveau und festgehaltenem Zinssatz eine Ausweitung des Geld-angebots zu einer Produktionserhöhung führt. Die Frage ist, ob dies auch bei Berück-sichtigung der Effekte der Geldmengenerhöhung auf Zinssatz und Güterpreise noch so ist – und wenn ja, warum das so ist. Diesen Fragen werden wir im elften Kapitel aus-führlich nachgehen.

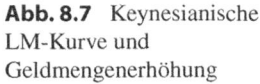

Abb. 8.7 Keynesianische
LM-Kurve und
Geldmengenerhöhung

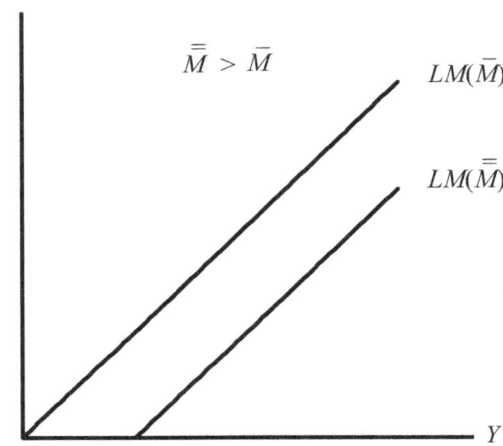

8.6   Zusammenfassung

1. Das zentrale Kennzeichen der makroökonomischen Analyse ist das Denken in gesamtwirtschaftlichen Aggregaten. Ihr zentrales Ziel ist es, über die Analyse der Zusammenhänge zwischen diesen Aggregaten zu brauchbaren Politikempfehlungen zu kommen.

2. Mit Blick auf die makroökonomischen Aggregate unterscheidet man in institutionelle Aggregate (Transaktoren) wie Haushalte, Unternehmen und Staat einerseits und funktionale Aggregate andererseits. Bei letzteren muss man in Stromgrößen (Transaktionen) wie Einkommen, Konsum, Sparen und Investitionen einerseits und Bestandsgrößen wie Kapitalstock und Geldmenge andererseits unterscheiden.

3. Die makroökonomische Analyse basiert auf dem Grundkonzept eines geschlossenen Wirtschaftskreislaufs: Die Summe der Salden von Zu- und Abflüssen aller Transaktoren beläuft sich auf null. Abbilden kann man diesen Wirtschaftskreislauf als Flussdiagramm, als Verflechtungsmatrix, als Kontensystem und als (Un-) Gleichungssystem.

4. Ist der Saldo jedes einzelnen Transaktors gleich null, so liegt ein Kreislaufgleichgewicht vor. Letzteres ist in der Ex-post Analyse definitionsgemäß der Fall.

5. In der Makroökonomik unterscheidet man idealisierend und lehrbuchhaft in zwei Denkschulen: Der so genannte neoklassische Ansatz ergibt sich als aggregierte Variante der traditionellen Mikroökonomik. Kennzeichnend ist hier, dass die Entscheidungen über die zentralen Mengengrößen Einkommen, Konsum, Investition und Beschäftigung auf der Basis von Preisen, Lohnsätzen und Zinssätzen getroffen werden. Der so genannte keynesianische Ansatz nimmt dagegen u. a. an, dass das Einkommen nicht Ergebnis, sondern Nebenbedingung der Entscheidungen ist. Damit

erhält man eine Konsum- bzw. Sparfunktion, in der das Einkommen die wesentliche Determinante darstellt. Hinzu kommt, dass im keynesianischen Ansatz die Höhe der Geldmenge Einfluss auf die Höhe der Produktion haben kann. Im neoklassischen Ansatz ist das nicht der Fall.

6. Geld erfüllt in einer Volkswirtschaft drei Funktionen: Es ist allgemein anerkannte Recheneinheit sowie allgemein anerkanntes Tauschmittel und kann der Wertaufbewahrung dienen.

7. Bei der Operationalisierung des Geldbegriffs verwendet man eine ganze Reihe von Geldmengenkonzepten. Von Bedeutung sind hier vor allem die Abgrenzungen M1 (Bargeldumlauf und Giralgeld der Nichtbanken), M2 und M3.

8. Im Euro-Währungsraum besteht ein zweistufiges Mischgeldsystem: Die EZB schafft Zentralbankgeld (Euro-Banknoten und Sichtguthaben der Geschäftsbanken bei ihr) und die Geschäftsbanken schöpfen auf dieser Basis Giralgeld (und Kredite).

9. Die EZB schafft Zentralbankgeld durch den Erwerb einschlägiger Aktiva gegen Zahlung mit Euro-Banknoten oder EZB-Guthaben (also gegen Hergabe von Zahlungsmitteln des Euro-Raums). Diesen Vorgang bezeichnet man als Monetisierung von Aktiva.

10. Im Rahmen ihrer Offenmarktpolitik kauft und verkauft die EZB beispielsweise Gold, Devisen und Staatsschuldpapiere.

11. Im Rahmen ihrer Refinanzierungspolitik vergibt die EZB Rediskontkredite (Handelswechsel werden den Geschäftsbanken für deren Laufzeit gegen EZB-Guthaben abgenommen) und Lombardkredite (gegen Verpfändung börsengängiger Wertpapiere bekommen die Geschäftsbanken EZB-Guthaben eingeräumt).

12. Die Geschäftsbanken schöpfen aus einem Euro Zentralbankgeld mehrere Euro Giralgeld, indem sie das ins Bankensystem zurückfließende Geld jeweils zu einem Teil immer wieder verleihen. Dabei ist der Giralgeldschöpfungsmultiplikator umso höher, je geringer die Bargeldhaltungsquote der Nichtbanken und die Mindestreservesätze der Zentralbank sind.

13. Die Geldnachfrage der Nichtbanken dient zum einen zur Abwicklung ihrer realwirtschaftlichen Transaktionen. Diese so genannte Transaktionskasse steigt mit steigender gesamtwirtschaftlicher Produktion. Zum zweiten kann es sinnvoll sein, Geld zu halten statt es sofort verzinslich anzulegen, wenn man auf demnächst steigende Zinsen spekuliert. Diese von Keynes thematisierte Spekulationskassenhaltung steigt gesamtwirtschaftlich mit fallendem Zinssatz.

14. Im neoklassischen Ansatz wird die Höhe von Produktion und Einkommen auf den Faktormärkten determiniert. Geld dient lediglich Transaktionszwecken. Gemäß der klassischen Quantitätstheorie des Geldes erschöpft sich eine Geldmengenerhöhung in Preisniveaueffekten. Im keynesianischen Modell mit seiner zinsabhängigen Spekulationskassenhaltung werden Einkommen, Preisniveau und Zinssatz simultan auf allen Märkten determiniert.

15. Die Situation auf dem keynesianischen Geldmarkt kann man für jeweils gegebene Geldmenge und gegebenes Preisniveau mit Hilfe der so genannten LM-Kurve abbilden. Die LM-Kurve ist der geometrische Ort aller Zins-Einkommens-Kombinationen, die bei der vorgegebenen Höhe der Geldmenge und des Preisniveaus zu einem Geldmarktgleichgewicht führen.

8.7   Leseempfehlung

Grundlegende Konzepte der Makroökonomik kommen beispielsweise im zweiten Kapitel von Frenkel und John (2016) zur Sprache. Empfehlenswert ist auch das dritte Kapitel dieses Lehrbuchs, in dem es um die Makroökonomik als Kreislaufanalyse geht. Ein mehr oder weniger ausführliches Kapitel zum Geld findet sich in jedem einführenden makroökonomischen Lehrbuch. Hier sei auf die Anfangskapitel der Einführung in die Geldtheorie von Issing (2011) hingewiesen: Das erste Kapitel widmet sich dem Geldbegriff, das zweite Kapitel der Geldnachfrage und das dritte Kapitel schließlich dem Geldangebot. In letzterem findet sich u. a. eine recht ausführliche Darstellung des Geldschöpfungsprozesses.

Literatur

Frenkel, M., John, K.D.: Volkswirtschaftliche Gesamtrechnung, 8. Aufl. Vahlen, München (2016)
Issing, O.: Einführung in die Geldtheorie, 15. Aufl. Vahlen, München (2011)

Makroökonomische Ziele des Staates

9

Inhaltsverzeichnis

9.1 Überblick

Makroökonomische Ziele werden dem deutschen Staat vor allem durch das Stabilitäts- und Wachstumsgesetz von 1967 sowie durch den Europäischen Stabilitäts- und Wachstumspakt von 1997 vorgegeben. Darauf werden wir in einem einleitenden Unterkapitel kurz eingehen. Anschließend werden diese Ziele in jeweils eigenen

© Springer-Verlag GmbH Deutschland, ein Teil von Springer Nature 2019
B. Woeckener, *Volkswirtschaftslehre,* https://doi.org/10.1007/978-3-662-59222-9_9

Unterkapiteln näher betrachtet: Der Behandlung des makroökonomischen Ziels der Preisniveaustabilität und der Ziele des angemessenen und stetigen Wirtschaftswachstums in den Abschn. 9.3 und 9.4 folgen ein Blick auf das eigenständige Ziel eines hohen Beschäftigtenstandes in Abschn. 9.5 und abschließend in Abschn. 9.6 einige Erläuterungen zu den Soll-Grenzen für das staatliche Budgetdefizit und den staatlichen Schuldenstand. In jedem dieser Unterkapitel werden wir zum einen darauf eingehen, warum es sich jeweils um ein makroökonomisches Ziel handelt. Zum zweiten werden wir stets aufzeigen, wie das jeweilige Ziel in ein statistisch messbares Konzept umgesetzt wird. Dieser Aspekt der Operationalisierung der politischen Ziele durch messbare Konzepte ist sehr wichtig, denn Ziele, deren Erreichen nicht statistisch ermittelt und nachgeprüft werden kann, sind wenig wert.

Außen vor lassen werden wir in diesem Kapitel das im Stabilitäts- und Wachstumsgesetz erwähnte Ziel des außenwirtschaftlichen Gleichgewichts. Dieses Ziel hatte zur Zeit der Verabschiedung des Stabilitäts- und Wachstumsgesetzes eine weitgehend andere Bedeutung als heute. Heute gilt in Deutschland eine europäische Währung und deren Wechselkurs ist zu (fast) allen wichtigen anderen Währungen frei. Dadurch kann es mit Blick auf den gesamten Waren- und Kapitalverkehr zu keinen dauerhaften Ungleichgewichten kommen. Beispielsweise führen Defizite im Waren- und Kapitalverkehr mit dem US-Dollar-Raum zu einer Abwertung des Euro gegenüber dem Dollar und wirken dadurch in Richtung mehr Warenexport und Kapitalimport, also in Richtung eines Gleichgewichts. Zur Zeit der Verabschiedung des Stabilitäts- und Wachstumsgesetzes hatte Deutschland mit der D-Mark eine nationale Währung und deren Wechselkurs zum Dollar war fest. Dadurch gab es diese Gleichgewichtstendenz über den Auf/Abwertungs-Mechanismus nicht.

9.2   Die rechtliche Verankerung makroökonomischer Ziele

Die zentralen makroökonomischen Ziele sind im Gesetz zur Förderung der Stabilität und des Wachstums der Wirtschaft (im Folgenden kurz Stabilitäts- und Wachstumsgesetz) aus dem Jahre 1967 sowie im Rahmen des so genannten Europäischen Stabilitäts- und Wachstumspaktes aus dem Jahre 1997 verankert.

9.2.1   Das deutsche Stabilitäts- und Wachstumsgesetz

Im Stabilitäts- und Wachstumsgesetz werden der Bund und die Bundesländer explizit auf vier (bis fünf) makroökonomische Ziele verpflichtet:

- Stabilität des Preisniveaus,
- stetiges und angemessenes Wirtschaftswachstum (das sind eigentlich zwei unabhängige Ziele),

- hoher Beschäftigtenstand und
- außenwirtschaftliches Gleichgewicht.

Dabei heißt es im Gesetzestext, dass Bund und Länder zum Erreichen dieser Ziele „im Rahmen der marktwirtschaftlichen Ordnung … beizutragen" haben. Damit wird durch das Stabilitäts- und Wachstumsgesetz einerseits das Primat der Marktallokation festgeschrieben. Andererseits wird mit diesem Gesetz aber auch dokumentiert, dass der Gesetzgeber nicht von einem perfekten Funktionieren der Marktwirtschaft im Sinne einer Vollkommenen Konkurrenz auf allen Märkten ausgeht. Denn dann bedürfte es keiner Formulierung von staatlich zu verfolgenden makroökonomischen Zielen. Das wird beim Wachstumsziel und beim Beschäftigungsziel besonders deutlich. Bei Vollkommener Konkurrenz auf allen Faktormärkten kämen die volkswirtschaftlich nutzenmaximale Wachstumsrate der Produktion und das nutzenmaximale Beschäftigungsniveau zustande. Staatliche Eingriffe könnten dann die Wohlfahrt nur senken. Offensichtlich gibt es aber als Folge externer Effekte und der Existenz von Marktmacht diverse Marktunvollkommenheiten und damit gute Gründe für die Verfolgung makroökonomischer Ziele durch den Staat.

Gemäß dem Gesetzestext haben Bund und Bundesländer zum Erreichen der oben genannten Ziele „beizutragen". Dahinter steht der Willen des Gesetzgebers, dass die Bundesregierung und die Landesregierungen diese Ziele bei ihren steuer- und ausgabenpolitischen Entscheidungen berücksichtigen sollen. „Beizutragen" bedeutet, dass sie mitverantwortlich für das Erreichen dieser Ziele sind, aber keinesfalls alleinverantwortlich. Den Staat für das Erreichen der genannten makroökonomischen Ziele alleine verantwortlich zu machen, wäre auch wenig sinnvoll. Denn der Einfluss der Bundes- und Landesregierungen auf die Zielerreichung ist gemessen am Einfluss der Notenbank (heute: der EZB) und am Einfluss der Tarifparteien (Arbeitgeber und Gewerkschaften) eher begrenzt. Dies betrifft insbesondere die letztlich ganz maßgeblich von der Notenbank zu verantwortende Preisniveaustabilität, aber auch die Höhe des maßgeblich aus den Ergebnissen der Tarifverhandlungen resultierenden Beschäftigtenstandes.

Mit Blick auf die vier Ziele insgesamt stellt sich die Frage, inwieweit zwischen ihnen Zusammenhänge bestehen, aus denen man eine Zielhierarchie ableiten könnte. Beispielsweise dient ein hohes Produktionswachstum auch dem Beschäftigungsziel. Es gibt jedoch auch offensichtliche Zielkonflikte. Beispielsweise führt ein außenwirtschaftliches Gleichgewicht verstanden als ein Außenbeitrag nahe null im Vergleich zu dem für Deutschland seit Jahrzehnten typischen Exportüberschuss zu einem relativ geringen Beschäftigtenstand. In Teilen des Keynesianismus glaubt man, einen höheren Beschäftigtenstand zumindest kurzfristig durch Inflation, also dem Gegenteil von Preisniveaustabilität, erreichen zu können. Zu derartigen Zielkonflikten sagt das Gesetz, dass die vier makroökonomischen Ziele „gleichzeitig" zu verfolgen sind. Bei Zielkonflikten muss man also Kompromisse in der Zielerreichung finden. Wie diese Kompromisse konkret aussehen, liegt zu einem gewissen Teil im Ermessen der Regierungen. Damit trägt der Gesetzgeber der Tatsache Rechnung, dass das Abwägen zwischen konkurrierenden makroökonomischen Zielen eine politische Aufgabe ist und keine, die aufgrund ökonomischer Gesetzmäßigkeiten ein für alle Mal geklärt werden könnte.

9.2.2   Der Europäische Stabilitäts- und Wachstumspakt

Eine Art Ergänzung erfuhr das Stabilitäts- und Wachstumsgesetz 1997 durch den Europäischen Stabilitäts- und Wachstumspakt. In diesem wird u. a. mit Blick auf die staatliche Neuverschuldung festgelegt, dass ein Überschuss der staatlichen Ausgaben über die Einnahmen nicht mehr als drei Prozent des Bruttoinlandsprodukts (BIP) – also des Wertes aller produzierten Güter nach Abzug der Vorleistungen – betragen soll. Dabei ist mit diesem staatlichen Budgetdefizit das gesamtstaatliche Defizit gemeint, also inklusive des Saldos der Defizite der Länder- und Kommunalhaushalte. Daneben wurde auch eine Soll-Grenze für die Höhe des kumulierten Schuldenstandes des Staates in Relation zum laufenden BIP festgelegt. Diese Schuldenstandsquote des Staates soll sechzig Prozent nicht übersteigen. Beide Regelungen sind wie gesagt Soll-Regelungen. Dennoch bleibt ein Verstoß gegen diese Regeln nicht ohne Konsequenzen. Die EU-Kommission wird im Regelfall bei Verstoß gegen die Defizitgrenze ein so genanntes Defizitverfahren einleiten. In diesem muss der betroffene Staat u. a. darlegen, wie er sich die Rückführung seines Defizits unter die 3 %-Grenze vorstellt. Dieser Rückführungsplan muss von der Kommission gebilligt werden. Gibt es bei der Umsetzung Verzögerungen, können Sanktionen bis hin zu Geldstrafen verhängt werden.

Anders als im deutschen Stabilitäts- und Wachstumsgesetz sind im Europäischen Stabilitätspakt mit drei Prozent für das Budgetdefizit und sechzig Prozent für die Schuldenquote konkrete Obergrenzen vorgegeben worden. Dies ist sinnvoll, weil das Budgetdefizit und die Staatsschuldquote anders als die Wachstumsrate der Produktion und die Arbeitslosenquote wesentlich von den Regierungen zu verantworten sind. Die konkrete Höhe der Werte ist allerdings keinen generellen ökonomischen Erwägungen entsprungen, sondern erschien bei gegebenen Ausgangswerten für Defizit und Schuldenstand der potenziellen Mitglieder der Währungsunion als das bis zur Einführung des Euro realistischerweise Erreichbare.

9.3   Stabilität des Preisniveaus

Mit dem Ziel der Preisniveaustabilität beginnen wir die nähere Betrachtung der einzelnen makroökonomischen Ziele. Im ersten Abschnitt ist zu klären, wieso dies überhaupt ein Ziel darstellt. Anschließend betrachten wir die Operationalisierung dieses Ziels über das Konzept des Preisindex und seiner Wachstumsraten.

9.3.1   Preisniveaustabilität als Ziel

Das Ziel der Preisniveaustabilität soll nicht bedeuten, dass sich die einzelnen Güterpreise im Zeitverlauf nicht verändern sollen. Dies würde dem Sinn des Preissystems, veränderte Knappheiten und Bedürfnisse anzuzeigen, völlig zuwiderlaufen. Vielmehr geht es bei diesem makroökonomischen Ziel darum, dass das gesamte Niveau der Preise (nicht fallen und) nicht zu stark steigen soll. Wie wir im Abschn. 8.5 schon gesehen haben, wäre so etwas beispielsweise bei zu laxer Geldpolitik, also wenn das Geldmengenwachstum dem Produktionswachstum nachhaltig vorauseilt, möglich. Man spricht dann von einer Inflation. Eine Inflation hat eine ganze Reihe von unerwünschten Folgen:

- Zum einen verschleiert sie die tatsächliche Entwicklung der relativen Preise und damit der realwirtschaftlichen Knappheitsrelationen. Denn wenn alle Preise im Steigen sind, ist es nicht leicht auseinanderzuhalten, was beim Anstieg eines bestimmten Preises tatsächlich knappheitsbedingt ist und was nur inflationsbedingt ist. Ist das Gut überhaupt in Relation zu anderen Gütern knapper geworden oder nur in Relation zur expandierenden Geldmenge? Kommt es hier bei den Wirtschaftssubjekten zu größeren Irrtümern, so sind gesamtwirtschaftliche Fehlallokationen die Folge.
- Eine weitere gravierende Fehlallokation als Folge einer Inflation ist die so genannte Flucht in die Sachwerte. Da die Inflation die definitionsgemäß nominal denominierten Geldvermögen entwertet, versuchen sich die Wirtschaftssubjekte durch Anlage in Sachvermögen vor Vermögensverlusten zu schützen. Dies ist aber meist relativ unproduktiv. Beispielsweise hören Haushalte auf Ersparnisse zu bilden, auf deren Basis die Banken langfristige Investitionskredite vergeben könnten, und kaufen stattdessen lieber Goldbarren, moderne Kunst u. ä.
- Die Inflation entwertet jedoch nicht nur alle nominal denominierten Geldvermögen, sondern auch alle Faktoreinkommen, die auf nominal formulierten Kontrakten basieren. Dieser negative Einkommensverteilungseffekt der Inflation trifft insbesondere jene Einkommensbezieher, die in langfristigen Verträgen stecken und die bei deren Abschluss die zukünftige Inflation unterschätzt haben.

Wie im vorangegangenen Unterkapitel schon erwähnt wurde, ist im Stabilitäts- und Wachstumsgesetz keine konkrete Grenze für die noch tolerierbare Inflationsrate angegeben. Dies ergab sich aus der Weisungsunabhängigkeit der Deutschen Bundesbank, die dem Staat hier die Verantwortung in gewisser Weise abnahm (heute: die EZB). Heute operiert die EZB mit einer Zielgröße von (knapp unter) zwei Prozent Preisniveausteigerungsrate.

9.3.2   Zur statistischen Erfassung der Preisniveauentwicklung

Statistisch gesehen ist es gar nicht so einfach festzustellen, ob nun Preisniveaustabilität im Sinne der EZB vorliegt oder nicht. Da die Niveauentwicklung der Preise eingefangen werden soll, muss man einen Preisindex, also einen gewichteten Durchschnitt von Preisen betrachten. Aber welche Preise werden einbezogen und wie erfolgt deren Gewichtung? Die Antwort auf diese beiden Fragen hängt von der konkreten Problemstellung ab. Will man beispielsweise die Entwicklung der Kaufkraft der Verbrauchereinkommen abbilden, wird man in die Indexberechnung die Preise der einschlägigen Konsumgüter gewichtet mit deren typischen Verbrauchsmengen eingehen lassen. Hier ergibt dann das Verhältnis der so gewichteten aktuellen Preise zu den gewichteten Preisen eines Referenzjahres (Basisjahres) einen aussagekräftigen Preisindex. Dabei bleibt allerdings noch das Problem zu lösen, dass sich der Warenkorb des Durchschnittsverbrauchers im Zeitverlauf ändert. In der Preisindexberechnung will man aber definitionsgemäß die Entwicklung der Preise isoliert von Gewichtungsänderungen abbilden. Würde man die aktuellen Preise mit dem aktuellen Verbrauchsmengengerüst und die Preise des Basisjahres mit dem Verbrauchsmengengerüst des Basisjahres gewichten, so erhielte man einen Index für die Ausgabenentwicklung, nicht für die Preisniveauentwicklung. Von der Fragestellung her liegt es nahe, mit dem Warenkorb des Basisjahres zu gewichten. Man spricht dann im Gedenken an den Erfinder dieses Indexkonzepts von einem Laspeyres-Preisindex. Mit $t = 0$ als Basisperiode und N als die Anzahl der eingehenden Güter lautet er

$$P(t) = \frac{\sum\limits_{i=1}^{N} p_i(t)x_i(0)}{\sum\limits_{i=1}^{N} p_i(0)x_i(0)}. \tag{9.1}$$

Im Nenner des Laspeyres-Preisindex stehen die tatsächlichen Ausgaben des Basisjahres, im Zähler jene Ausgaben im aktuellen Jahr, wie sie sich bei unverändertem Warenkorb (Mengengerüst) ergeben hätten. Damit hat man die um Mengenänderungen bereinigte Preisentwicklung eingefangen. Ein konstruktionsbedingtes Problem dieses Indextyps ist die Veralterung des Mengengerüsts. Je weiter das Basisjahr zurückliegt, desto irrelevanter wird der zugrunde liegende Warenkorb. Liegt das Basisjahr lange zurück, bekommt man zwar eine lange Indexzeitreihe der isolierten Preisentwicklung, aber diese Indexzeitreihe basiert dann auf einem mittlerweile ziemlich irrelevanten Warenkorb. Daher wird das Mengengerüst in der statistischen Praxis auch bei Verwendung des Laspeyres-Konzepts in bestimmten Abständen aktualisiert.

Ein wichtiges Beispiel für einen Laspeyres-Preisindex ist der für die Mitgliedsstaaten der Eurozone in einheitlicher Weise ermittelte Verbraucherpreisindex VPI. Dieser erfasst definitionsgemäß nur Konsumgüter und wird für den Durchschnittsverbraucher jedes einzelnen Staates berechnet. Die Basisperiode, die das Mengengerüst stellt, wird ungefähr alle fünf Jahre auf das aktuelle Vorjahr geändert. Die wichtigsten Ausgaben-positionen des Mengengerüsts waren in der jüngeren Vergangenheit im Falle von Deutschland

- Wohnung, Wasser, Energie (ca. dreißig Prozent Anteil an den Gesamtausgaben),
- Verkehr (ca. dreizehn Prozent Anteil an den Gesamtausgaben),
- Freizeit, Unterhaltung und Kultur (gut elf Prozent Anteil an den Gesamtausgaben) sowie
- Nahrungsmittel und alkoholfreie Getränke (gut zehn Prozent Anteil an den Gesamt-ausgaben).

Zugrunde liegt der statistisch ermittelte Warenkorb eines durchschnittlichen deutschen Konsumenten. Die Abb. 9.1 zeigt die vom Statistischen Bundesamt ermittelte zeitliche Entwicklung des VPI für Deutschland seit 1991. Dabei wurde der Indexwert im Basis-jahr 2010 auf 100 gesetzt. Wie man sieht, gibt es kein Jahr, in dem er nicht gestiegen ist.

Von großer Bedeutung ist zudem der vom Statistischen Bundesamt berechnete BIP-Deflator. Dieser dient zur Deflationierung des im Rahmen der Volkswirtschaft-lichen Gesamtrechnung zunächst zu jeweils aktuellen Preisen ermittelten Brutto-inlandsprodukts. Mit seiner Hilfe kann die zeitliche Entwicklung des BIP um Preisniveauänderungen bereinigt dargestellt werden (worauf wir in Abschn. 9.4 näher eingehen werden). Zu diesem Zweck müssen in die Ausgabensummen der Basis-periode und der aktuellen Periode neben den jeweiligen Preisen die Mengen der aktu-ellen Periode eingehen. Diese Art von Preisindex bezeichnet man in Gedenken an ihren Erfinder als Paasche-Preisindex. Der Paasche-Preisindex lautet allgemein formuliert

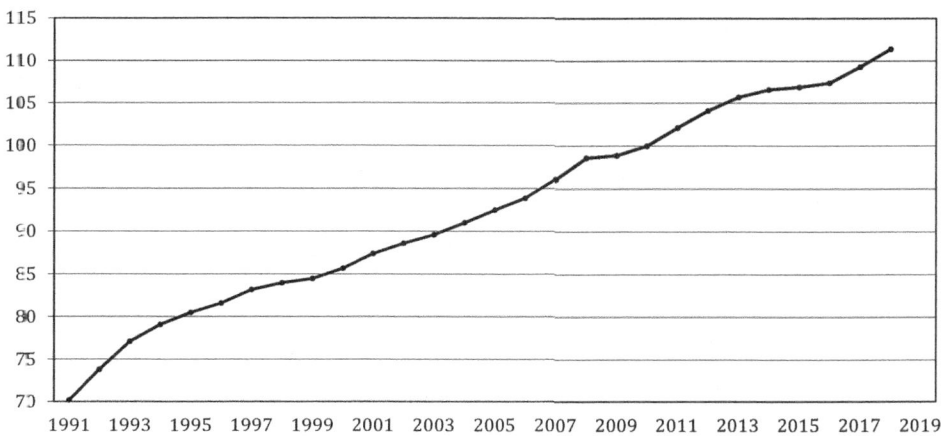

Abb. 9.1 Entwicklung des Verbraucherpreisindex für Deutschland. (Datenquelle: Statistisches Bundesamt)

$$P(t) = \frac{\sum\limits_{i=1}^{N} p_i(t)x_i(t)}{\sum\limits_{i=1}^{N} p_i(0)x_i(t)}. \tag{9.2}$$

Beim BIP-Deflator ist die Basisperiode speziell immer die Vorperiode. Gemäß der Definition des Bruttoinlandsprodukts werden im Mengengerüst alle für die Endnachfrage produzierten Güter erfasst, also insbesondere auch die Investitionsgüter. Neben dem BIP-Deflator werden auch Deflatoren für Teilgrößen des Bruttoinlandsprodukts wie den Konsum und die Investitionen mit entsprechend engerem Mengengerüst ermittelt. Die Werte des BIP-Deflators weichen wegen des anderen Mengengerüsts z. T. nicht unerheblich von denen des VPI ab.

Die Veränderung eines Preisindex zwischen zwei Zeitpunkten kann man mittels seiner absoluten Veränderung und mittels seiner relativen Veränderung abbilden. Die absolute Veränderung entspricht der Differenz der Preisindexwerte

$$\Delta P(t, t-1) = P(t) - P(t-1),$$

die relative Veränderung entspricht der Änderungsrate des Preisindex

$$\hat{P}(t, t-1) = \frac{P(t) - P(t-1)}{P(t-1)} = \frac{P(t)}{P(t-1)} - 1.$$

Diese Änderungsraten sind die Inflationsraten (die auch Deflationsraten sein können). Dabei bezeichnet man den Quotienten aus aktuellem Indexwert und dem Indexwert der Vorperiode als Wachstumsfaktor. Die Abb. 9.2 zeigt den zeitlichen Verlauf der Änderungsraten des Verbraucherpreisindex für Deutschland. Man sieht, dass die von der EZB sich selbst gesetzte Zielgröße von (knapp unter) zwei Prozent Inflation gemessen an diesem Index und für Deutschland seit 1997 über weite Strecken eingehalten wurde.

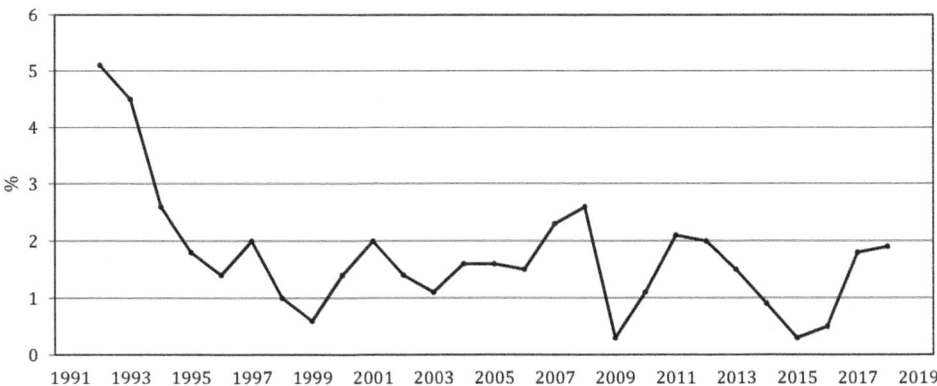

Abb. 9.2 Entwicklung der Veränderungsraten des Verbraucherpreisindex für Deutschland. (Datenbasis: VPI-Daten des Statistischen Bundesamtes)

9.4 Stetiges und angemessenes Wirtschaftswachstum

Das Stabilitäts- und Wachstumsgesetz verpflichtet die Bundesregierung und die Länderregierungen darauf, im Rahmen ihrer Haushaltsaufstellung zum Ziel eines angemessenen und stetigen Wirtschaftswachstums beizutragen. Dabei stellt „angemessen" auf die Höhe des Wachstums ab, während sich „stetig" auf die Volatilität des Wachstums bezieht.

9.4.1 Wirtschaftswachstum als Ziel

Hinter dem Ziel eines angemessenen Wirtschaftswachstums steht die Intention, die Bevölkerung mit immer mehr Gütern versorgen zu können. Die betrachtete Größe, um deren Wachstum es geht, ist dabei das Bruttoinlandsprodukt als (in Euro) bewertetes Maß aller produzierten Konsum- und Investitionsgüter. Da ein lediglich durch Preisniveausteigerungen bedingter Zuwachs des Bruttoinlandsprodukts nichts zur Güterversorgung beiträgt, schaut man auf die Entwicklung des um Preisniveauänderungen bereinigten BIP. Die Wahl des BIP-Wachstums als politische Zielvorstellung sollte nicht dahingehend überinterpretiert werden, dass das BIP damit zu einer Art offiziellem Wohlfahrtsmaß würde. Es ist ein guter Indikator für die Güterversorgung, nicht mehr, aber auch nicht weniger. Wie wir aus der Mikroökonomik wissen, hat es mit der Wohlfahrt im ökonomischen Sinne nur entfernt zu tun. Denn auf der Marktebene entspricht das BIP den Erlösen der Anbieter bzw. den Ausgaben der Nachfrager. Die Wohlfahrt entspricht jedoch der Differenz zwischen der Zahlungsbereitschaft für ein Gut und seinen Produktionskosten. Davon einmal ganz abgesehen hängt die Wohlfahrt der Bevölkerung im weiteren Sinne offensichtlich nicht ausschließlich – und vielleicht nicht einmal maßgeblich – von der ökonomischen Güterversorgung ab.

Akzeptiert man die zeitliche Entwicklung des BIP als Indikator für die Entwicklung der Güterversorgung, so stellt sich die Frage, ob man dabei eher auf die absoluten Veränderungen oder auf die Veränderungsraten schauen sollte. Üblich ist der Blick auf die BIP-Veränderungsrate. Diese ist in der öffentlichen Berichterstattung schlicht „die Wachstumsrate". Für die Entwicklung der Güterversorgung wäre jedoch an sich der absolute Zuwachs an Gütern aussagekräftiger. Bei der Verwendung der Wachstumsrate ist insbesondere zu beachten, dass sie infolge ihrer Berechnung als durch den Ausgangswert geteilte absolute Änderung einen so genannten Basiseffekt aufweist: Die gleiche Wachstumsrate steht bei geringer Ausgangsbasis für einen geringen absoluten Zuwachs an Gütern, bei hoher Ausgangsbasis aber für eine hohe absolute Zunahme. Dieser an sich triviale Basiseffekt ist im Auge zu behalten, wenn man die langfristige Entwicklung der Wachstumsraten in Deutschland betrachtet. Bildet man für die letzten sechzig Jahre für jedes Jahrzehnt einen Wachstumsratendurchschnitt als mittelfristigen Trend, so wird deutlich, dass die Raten im Zeitverlauf im Trend sinken. In den sechziger Jahren gab es Wachstumsraten von fünf Prozent und mehr. Heute liegt der Zehn-Jahres-Trend bei unter 1,5 %. Die absoluten Zuwächse sinken im Durchschnitt aber nicht. Ein Prozent

Wachstum heute ist eben ein mehrfacher absoluter Zuwachs als es ein Prozent Wachstum in den sechziger Jahren war.

Schließlich sei hier auch noch vermerkt, dass es bei der Güterversorgung der Bevölkerung eigentlich um die Pro-Kopf-Versorgung gehen sollte. Daher liegt es nahe, eher auf das Wachstum des BIP pro Kopf zu schauen. Dieses kann auch dann wachsen, wenn das absolute BIP sinkt. Dazu muss nur die Bevölkerung noch schneller schrumpfen. Berechnet wird die Wachstumsrate des Pro-Kopf-BIP als Differenz aus der BIP-Wachstumsrate und der Bevölkerungswachstumsrate.

Mit dem Aspekt der Stetigkeit des Wachstums hat der Gesetzgeber neben dem Aspekt des Wachstums an sich auch den Gedanken der Glättung der Wachstumsraten-entwicklung in das Stabilitäts- und Wachstumsgesetz einfließen lassen. Die zeitliche Entwicklung der BIP-Wachstumsraten war und ist durch eine recht hohe Volatilität gekennzeichnet. Einigen Jahren mit relativ hoher Wachstumsrate folgen oft Jahre mit sehr viel geringerer Wachstumsrate und umgekehrt. Es ist auch ohne weitere Analyse der Ursachen dieser Konjunkturschwankungen einsichtig, dass deren Existenz die Wirtschaftssubjekte vor größere Erwartungsbildungs- und Planungsprobleme stellt als sie sich bei stetiger wirtschaftlicher Entwicklung ergeben würden. Außerdem bringt die relativ schwer prognostizierbare Abfolge von Auf- und Abschwüngen Anpassungskosten mit sich, die bei einem stetigen Wachstum nicht zu tragen wären. Man denke hier beispielsweise aus Unternehmenssicht an die Entlassungskosten im Abschwung und die Einstellungskosten im Aufschwung. Zur Zeit der Verabschiedung des Stabilitäts- und Wachstumsgesetzes war man auch in Ökonomenkreisen sehr zuversichtlich, die Konjunkturzyklen über eine so genannte ökonomische Globalsteuerung glätten zu können. Im Kern sah dieses Konzept vor, dass der Staat die Nachfrageschwankungen der privaten Haushalte und Unternehmen durch seine Staatsnachfrage ausgleicht. Im Abschwung verschuldet er sich und kompensiert den Rückgang der privaten Güternachfrage durch Staatsnachfrage. Im Aufschwung legt er Staatseinnahmen als Sparen zurück oder baut die im Abschwung entstandene Verschuldung ab und reduziert seine Güternachfrage. Dieses Konzept der makroökonomischen Globalsteuerung ist in der Praxis an den Prognoseproblemen der Globalsteuerer sowie an dem einer antizyklischen Fiskalpolitik entgegenstehenden politischen Anreizsystem gescheitert.

9.4.2 Zur statistischen Erfassung des Wirtschaftswachstums

Wie eben ausgeführt, misst man das Wachstum einer Volkswirtschaft an der Veränderungsrate ihres Bruttoinlandsprodukts. Diese BIP-Wachstumsrate errechnet sich zu laufenden Preisen gemäß der Definitionsgleichung

$$\hat{BIP}^r (t, t-1) = \frac{BIP^r(t) - BIP(t-1)}{BIP(t-1)} = \frac{BIP^r(t)}{BIP(t-1)} - 1$$

mit dem BIP zu laufenden Preisen als

$$\text{BIP}(t) = \sum_{i=1}^{N} p_i(t)x_i(t).$$

Benutzt man bei der Berechnung des BIP die Preise des Vorjahres, so erhält man das so genannte reale BIP

$$\text{BIP}^r(t) = \sum_{i=1}^{N} p_i(t-1)x_i(t).$$

Mit dessen Hilfe kann man die Definitionsgleichung für die um Preisniveauänderungen bereinigte so genannte reale BIP-Wachstumsrate aufstellen:

$$\hat{\text{BIP}}^r(t, t-1) = \frac{\text{BIP}^r(t) - \text{BIP}(t-1)}{\text{BIP}(t-1)} = \frac{\text{BIP}^r(t)}{\text{BIP}(t-1)} - 1. \tag{9.3}$$

Das Statistische Bundesamt berechnet das reale BIP über eine so genannte Verkettung. Dahinter steht folgende Überlegung: Zunächst einmal muss man sehen, dass der Wachstumsfaktor der obigen Definitionsgleichung Gl. 9.3 den Charakter eines Laspeyres-Mengenindex hat; es gilt

$$X(t, t-1) = \frac{\text{BIP}^r(t)}{\text{BIP}(t-1)} = \frac{\sum\limits_{i=1}^{N} p_i(t-1)x_i(t)}{\sum\limits_{i=1}^{N} p_i(t-1)x_i(t-1)}.$$

Durch Multiplikation zeitlich sukzessiver Wachstumsfaktoren erhält man einen so genannten Kettenmengenindex über mehrere Perioden, beispielsweise

$$X(t, t-2) = X(t, t-1)X(t-1, t-2) = \frac{\text{BIP}^r(t)}{\text{BIP}(t-1)}\frac{\text{BIP}^r(t-1)}{\text{BIP}(t-2)}.$$

Durch Umstellung folgt aus diesem Kettenmengenindex über zwei Perioden

$$\text{BIP}^r(t) = \frac{X(t, t-2)\text{BIP}(t-1)\text{BIP}(t-2)}{\text{BIP}^r(t-1)}.$$

In dieser Gleichung ist der uns aus dem Abschn. 9.3 bekannte BIP-Deflator enthalten:

$$P(t-1) = \frac{\sum\limits_{i=1}^{N} p_i(t-1)x_i(t-1)}{\sum\limits_{i=1}^{N} p_i(t-2)x_i(t-1)} = \frac{\text{BIP}(t-1)}{\text{BIP}^r(t-1)}.$$

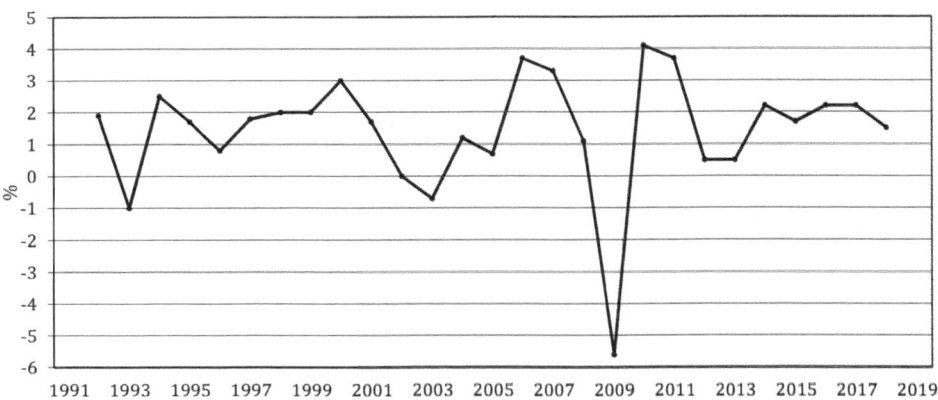

Abb. 9.3 Entwicklung der realen BIP-Wachstumsraten für Deutschland. (Datenquelle: Statistisches Bundesamt)

Mit ihm können wir das aktuelle reale BIP unter Hinzuziehung des obigen Kettenmengenindex sowie des BIP der Vorvorperiode berechnen als

$$\text{BIP}^r(t) = X(t, t-2)P(t-1)\text{BIP}(t-2). \tag{9.4}$$

Dies eingesetzt in die Definitionsgleichung (9.3) ergibt jene Gleichung, gemäß der das Statistische Bundesamt die preisbereinigten und verketteten BIP-Wachstumsraten berechnet:

$$\hat{\text{BIP}}^r(t, t-1) = \frac{X(t, t-2)P(t-1)\text{BIP}(t-2) - \text{BIP}(t-1)}{\text{BIP}(t-1)}. \tag{9.5}$$

Die Abb. 9.3 zeigt die zeitliche Entwicklung dieser realen Wachstumsraten in Deutschland seit 1992. Deutlich sieht man den zyklischen Charakter des Wachstumsprozesses.

9.5   Hoher Beschäftigtenstand

Kein makroökonomisches Ziel steht wohl mehr im Blickpunkt des öffentlichen Interesses als das eines hohen Beschäftigtenstandes bzw. einer geringen Arbeitslosigkeit. Dies liegt zu einem guten Teil daran, dass die Konsequenzen der Arbeitslosigkeit für die Betroffenen viel härter sind als die Konsequenzen einer etwas höheren Inflation oder eines vergleichsweise geringen Wirtschaftswachstums.

9.5.1   Ein hoher Beschäftigtenstand als Ziel

Zwischen den Zielen eines angemessenen Wirtschaftswachstums und eines hohen Beschäftigtenstandes besteht über die Produktionsfunktion ein direkter gleichgerichteter Zusammenhang. Für ein hohes Bruttoinlandsprodukt braucht man einen hohen Beschäftigtenstand und umgekehrt. Insofern hätte es keiner expliziten Verankerung des Beschäftigungsziels im Stabilitäts- und Wachstumsgesetz bedurft. Der Gesetzgeber wollte jedoch mit einer expliziten Erwähnung des hohen Beschäftigtenstandes klarmachen, dass dies kein aus dem Wachstumsziel abgeleitetes Unterziel ist, sondern ein eigenständiges Oberziel. Dahinter steht die Überlegung, dass eine dauerhaft hohe Arbeitslosigkeit zu einer immer höheren Einkommens- und Vermögensungleichheit führt und damit langfristig die Akzeptanz und Stabilität der Marktwirtschaft unterläuft.

9.5.2   Zur statistischen Erfassung des Beschäftigtenstands

Die Höhe des Beschäftigtenstandes einer Volkswirtschaft ist auch eine Frage seiner Definition und der Art und Weise seiner statistischen Messung. Das Statistische Bundesamt misst die Höhe des absoluten Beschäftigtenstandes als Zahl der (zivilen) Erwerbstätigen. Dazu zählen alle abhängig Beschäftigten, Selbstständigen und mithelfenden Familienangehörigen. Als erwerbstätig gelten alle Personen zwischen 15 und 74 Jahren, die einer auf Erwerb gerichteten Tätigkeit nachgehen. Jene Personen, die eine solche Tätigkeit suchen aber zurzeit nicht ausüben, sind die Erwerbslosen. Erwerbstätige und Erwerbslose ergeben zusammen die Zahl der Erwerbspersonen. Den relativen Beschäftigtenstand ermittelt das Statistische Bundesamt mittels des Anteils der Erwerbslosen an den Erwerbspersonen, also über die Erwerbslosenquote

$$\text{Erwerbslosenquote} = \frac{\text{Erwerbslose}}{\text{Erwerbspersonen}}.$$

Etwas anders sieht die Messung des relativen Beschäftigtenstandes durch die Bundesagentur für Arbeit aus. Diese ermittelt den relativen „Unbeschäftigtenstand" als Verhältnis der bei ihr registrierten Arbeitslosen zu den Erwerbspersonen, also als Arbeitslosenquote

$$\text{Arbeitslosenquote} = \frac{\text{registrierte Arbeitslose}}{\text{Erwerbspersonen}}.$$

Im Wesentlichen ist es diese von der Bundesagentur für Arbeit bekannt gegebene Arbeitslosenquote, an der die Erfüllung des Beschäftigungszieles in der Öffentlichkeit gemessen wird. Bei der Ermittlung dieser Quote werden nur jene Arbeitslosen auch als arbeitslos erfasst

- die nur vorübergehend nicht in einem Beschäftigungsverhältnis stehen,
- sich bei einer Agentur für Arbeit oder einem Job-Center persönlich gemeldet haben,
- der Vermittlung tatsächlich zur Verfügung stehen und
- eine versicherungspflichtige Beschäftigung von mindestens fünfzehn Wochenstunden suchen.

Damit sind zugleich vier Kategorien von eigentlich auch Arbeitslosen definiert, die aus der Berechnung der offiziellen Arbeitslosenquote herausgelassen werden. Würden sie berücksichtigt, wäre die Arbeitslosenquote erheblich höher. Gemäß dem ersten Punkt werden beispielsweise Personen nicht als Arbeitslose gezählt, die sich zwar bei der Bundesagentur für Arbeit gemeldet haben und die auch arbeiten wollen, die aber wegen zu hohen Alters als nicht mehr vermittelbar eingestuft werden. Gemäß dem dritten Punkt werden alle Arbeitssuchenden, die aktuell eine Umschulungs- oder Weiterbildungsmaß-nahme der Bundesagentur für Arbeit absolvieren, nicht als Arbeitslose gezählt.

Bei den Beratungen zum Stabilitäts- und Wachstumsgesetz ging man davon aus, dass das Ziel eines hohen Beschäftigtenstandes bei einer Arbeitslosenquote von um die drei Prozent als erfüllt betrachtet werden kann. Die Abb. 9.4 und 9.5 zeigen die Entwicklung der Zahl der registrierten Arbeitslosen sowie der aus ihr berechneten Arbeitslosenquote seit 1991. Da beide Größen definitorisch eng verknüpft sind, nehmen beide Zeitreihen einen sehr ähnlichen Verlauf. An der Abb. 9.5 kann man ersehen, wie weit das Ziel des hohen Beschäftigtenstandes zeitweise gemessen an den ursprünglichen Zielvorstellungen verfehlt wurde.

Vergleicht man diese beiden Zeitreihen mit jener der BIP-Wachstumsraten in Abb. 9.3, so sieht man deutlich, wie in den drei wirtschaftlichen Abschwüngen zwischen 1991 und

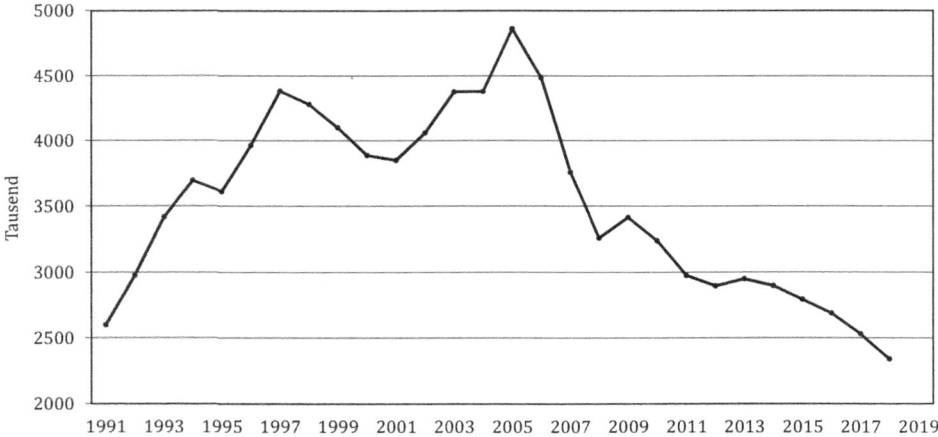

Abb. 9.4 Entwicklung der registrierten Arbeitslosen in Deutschland. (Datenquelle: Bundes-agentur für Arbeit)

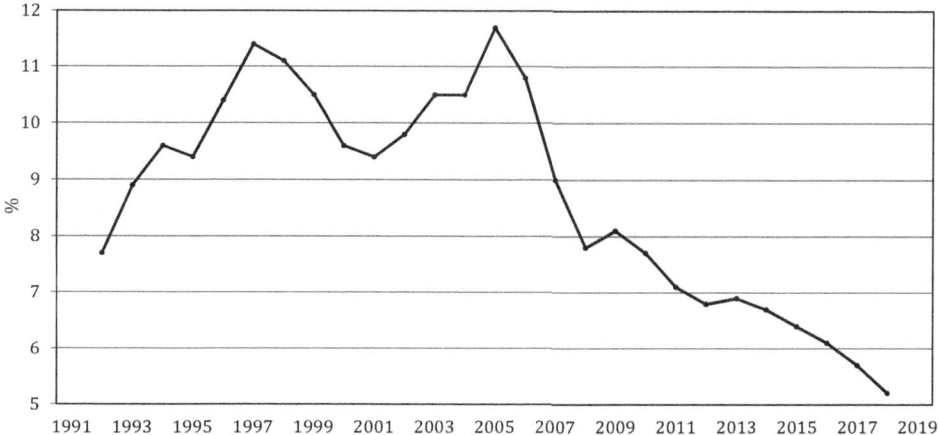

Abb. 9.5 Entwicklung der Arbeitslosenquote in Deutschland. (Datenquelle: Bundesagentur für Arbeit)

2008 die Arbeitslosigkeit stets beträchtlich anstieg. Vor allem aber sieht man, dass sie in den ersten beiden folgenden Aufschwüngen nicht wieder zurückgeführt werden konnte. Das bedeutet, der Sockel der Arbeitslosen ist mit jedem Abschwung dauerhaft gestiegen. Dieses Phänomen kann man bis in die siebziger Jahre hinein zurückverfolgen: Nie wurde die im Abschwung entstandene Arbeitslosigkeit im folgenden Aufschwung wieder merklich zurückgeführt. Erstmalig im Aufschwung nach 2005 ist es gelungen, am Ende des Aufschwungs weniger Arbeitslose zu haben als vor Beginn des vorangegangenen Abschwungs. Bemerkenswert ist, dass der BIP-Einbruch im Krisenjahr 2009 nur geringe Spuren in der Arbeitslosenstatistik hinterlassen hat.

9.6   Begrenzung des staatlichen Defizits und Schuldenstands

Denkt man über die Gründe für eine Einführung von Obergrenzen für das laufende Staatsdefizit und die kumulierte Staatsverschuldung nach, so mag einem zunächst einmal die intergenerative Gerechtigkeit in den Sinn kommen. Grenzen für das laufende staatliche Budgetdefizit und für die Verschuldungsquote des Staates hindern die gegenwärtige Generation daran, sich beliebig zulasten der nachfolgenden Generationen zu bereichern. Dieses Ziel war jedoch nicht im Blick, als man sich an die Formulierung des Europäischen Stabilitäts- und Wachstumspaktes mit seiner 3 %-Defizit- und seiner 60 %-Verschuldungsgrenze machte.

9.6.1　Staatliche Defizit- und Verschuldungsgrenzen als Ziel

Hintergrund für die Verankerung zunächst einer 60%-Obergrenze für den staatlichen Schuldenstand und etwas später einer 3%-Obergrenze für das laufende staatliche Budgetdefizit im Rahmen des Europäischen Stabilitäts- und Wachstumspaktes war die Sicherung der Stabilität des vor der Einführung stehenden Euro. Diese Stabilität ist bedroht, wenn sich einzelne Euro-Länder derart hoch verschulden, dass an den Finanzmärkten Zweifel an ihrer Bonität aufkommen – insbesondere Zweifel hinsichtlich ihrer Fähigkeit, auch in Zukunft die Zinsen auf die umlaufende Staatsschuld begleichen zu können. Solche Zweifel an der Bonität eines Schuldners treffen auch seine Währung und bei einer gemeinsamen Währung damit letztlich auch die anderen Mitglieder der Währungsunion. Der Europäische Stabilitäts- und Wachstumspakt ist also in erster Linie als Euro-Stabilitäts-Pakt zu verstehen. Er sollte die an der Preisniveaustabilität orientierte Politik der weisungsunabhängigen EZB auf der fiskalpolitischen Seite durch entsprechende Vorgaben zur stabilitätsorientierten Haushaltspolitik absichern.

9.6.2　Zur statistischen Erfassung von Staatsdefizit und -schulden

Zur Ermittlung des staatlichen Budgetdefizits als Überschuss der Staatsausgaben über die Staatseinnahmen werden von den nationalen statistischen Ämtern alle wichtigen Einnahmen- und Ausgabenkategorien nach einem europaweit standardisierten Verfahren detailliert erhoben. Dabei zählen zum Staat neben allen Gebietskörperschaften auch die Sozialversicherungen. Die wichtigsten Kategorien auf der Einnahmenseite sind die empfangenen Steuern und die empfangenen Sozialbeiträge. Die wichtigsten Ausgabenkategorien sind die monetären Sozialleistungen, Arbeitnehmerentgelte und die sozialen Sachleistungen. Die Differenz zwischen Ausgaben und Einnahmen in Relation zur BIP-Höhe ergibt die Defizitquote als Operationalisierung des relativen Budgetdefizits:

$$\text{Defizitquote} = \frac{\text{Budgetdefizit}}{\text{BIP}}.$$

Die Abb. 9.6 zeigt die zeitliche Entwicklung der deutschen Defizitquote seit Beginn der neunziger Jahre. Man sieht, dass die Einhaltung der 3%-Grenze im ökonomischen Aufschwung nach Verabschiedung des Stabilitäts- und Wachstumspaktes in 1997 kein Problem war. Schon im sich nach 2000 anschließenden Abschwung wurde sie jedoch klar verfehlt. Dasselbe Muster wiederholt sich nach 2005.

Analog wie bei der Defizitquote werden die Schuldenstandsquoten der Euro-Länder alljährlich nach einem vereinheitlichten Verfahren ermittelt. Die bei weitem bedeutsamsten Schuldarten sind dabei die öffentlichen Anleihen und die öffentlichen Schuldscheindarlehen bei Kreditinstituten. Die Schuldenstandsquote als Operationalisierung der relativen Staatsverschuldung ergibt sich als

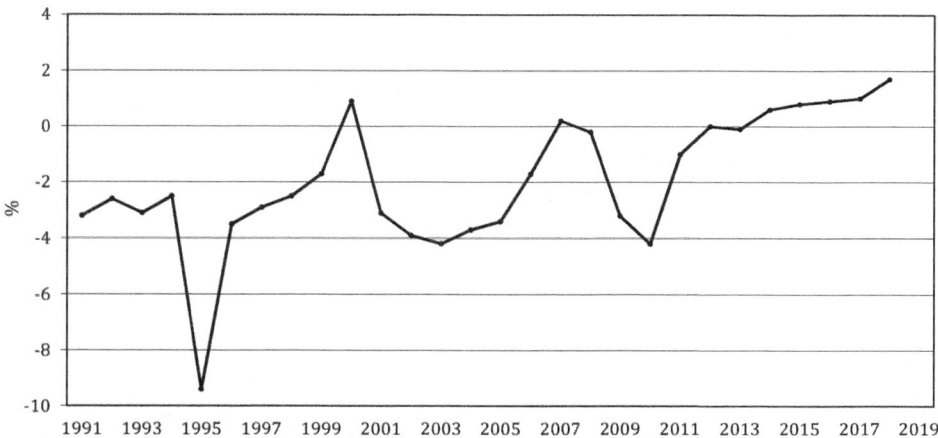

Abb. 9.6 Entwicklung der deutschen Defizitquote. (Datenquelle: Statistisches Bundesamt)

$$\text{Schuldenstandsquote} = \frac{\text{Schuldenstand}}{\text{BIP}}.$$

Die Abb. 9.7 gibt die Entwicklung der deutschen Schuldenstandsquote wieder. Es wird deutlich, dass es lediglich in den Jahren 2000 bis 2002 gelang, die Soll-Grenze des Stabilitäts- und Wachstumspaktes von sechzig Prozent einzuhalten. Dazu ist noch zu sagen, dass ein nicht geringer Teil der Staatsverschuldung in Sonderfonds außerhalb des von der bei dieser Schuldenstandsberechnung erfassten Staatsbereichs gehalten wird.

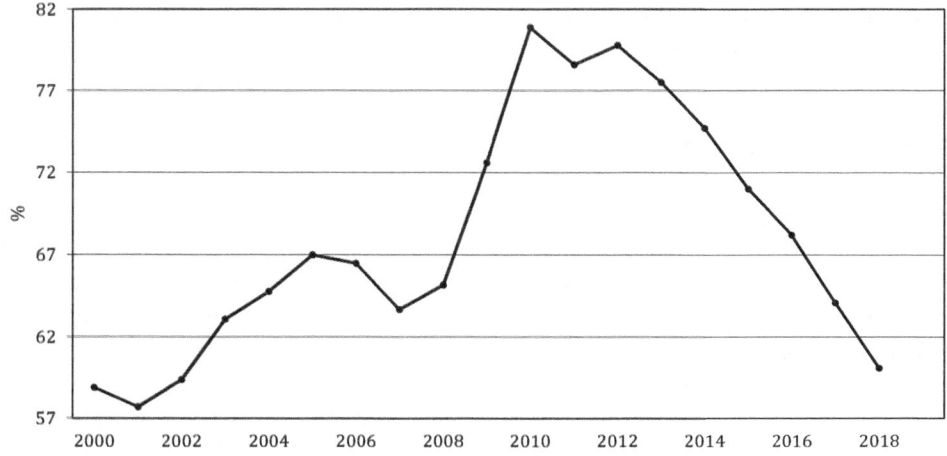

Abb. 9.7 Entwicklung der deutschen Schuldenstandsquote. (Datenquelle: Eurostat)

9.7   Zusammenfassung

1. Im deutschen Gesetz zur Förderung der Stabilität und des Wachstums der Wirtschaft aus dem Jahre 1967 werden die Bundes- und Länderregierungen darauf verpflichtet, zu den makroökonomischen Zielen der Preisniveaustabilität, des angemessenen und stetigen Wirtschaftswachstums, eines hohen Beschäftigtenstandes sowie des außenwirtschaftlichen Gleichgewichts beizutragen.
2. Im Europäischen Stabilitäts- und Wachstumspakt von 1997 wird den Euro-Staaten eine Soll-Grenze für die staatliche Budgetdefizitquote von drei Prozent sowie eine Soll-Grenze für die staatliche Schuldenstandsquote von sechzig Prozent vorgegeben.
3. Preisniveaustabilität ist ein Ziel, weil Inflation zu volkswirtschaftlichen Fehlallokationen sowie zur Entwertung von Geldvermögen und nominal kontrahierten Faktorentgelten führt. Preisniveaustabilität wird anhand spezifischer Preisindizes wie beispielsweise dem Verbraucherpreisindex und den Deflatoren der VGR-Aggregate sowie an deren Veränderungsraten gemessen.
4. Angemessenes Wirtschaftswachstum ist ein Ziel, weil es zur Vermehrung der verteilbaren Güter führt. Gemessen wird es an der Veränderungsrate des preisniveaubereinigten BIP. Stetigkeit des Wirtschaftswachstums ist ein Ziel, weil sie zu vergleichsweise geringen Erwartungsirrtümern und Anpassungskosten führt.
5. Ein hoher Beschäftigtenstand ist ein eigenständiges Ziel, weil hohe und andauernde Arbeitslosigkeit die Einkommens- und Vermögensungleichheit erhöht und damit u. a. die Stabilität der marktwirtschaftlichen Ordnung unterläuft. In Deutschland wird der Stand der Arbeitslosigkeit insbesondere an der von der Bundesagentur für Arbeit ermittelten Arbeitslosenquote abgelesen.
6. Die Festlegung von Soll-Grenzen für die Defizit- und Schuldenstandsquoten der Euro-Länder im Europäischen Stabilitäts- und Wachstumspakt dient der Sicherung der Stabilität der gemeinsamen Währung. Darüber hinaus dienen solche Grenzen der intergenerativen Verteilungsgerechtigkeit.

9.8   Leseempfehlung

Eine sehr ausführliche Diskussion der Ziele des Stabilitäts- und Wachstumsgesetzes findet sich im Kap. E von Bartling und Luzius (2014). Hier wird auch detailliert auf das Ziel des außenwirtschaftlichen Gleichgewichts eingegangen. Die Datenreihen in unseren Schaubildern basieren auf den so genannten langen Reihen des Statistischen Jahrbuchs (2018). Zu Beginn des jeweils einschlägigen Kapitels finden sich hier auch relevante methodische Erläuterungen (z. B. zu den Index-Berechnungen). Herangezogen wurden zudem Zeitreihen zum Arbeitsmarkt von der Bundesagentur für Arbeit (2019) und zur Staatsverschuldung von der Deutschen Bundesbank (2019); aktuelle und aktualisierte

Werte finden sich hier in den jeweiligen Monatsberichten. Hingewiesen sei auch auf das umfassende Online-Datenangebot sowohl des Statistischen Bundesamtes als auch der Deutschen Bundesbank und der Bundesanstalt für Arbeit.

Literatur

Bartling, H., Luzius, F.: Grundzüge der Volkswirtschaftslehre, 17. Aufl. Schäffer-Poeschel, München (2014)

Bundesagentur für Arbeit: Monatsbericht Dezember und Jahr 2018. Bundesagentur für Arbeit, Nürnberg (2019)

Deutsche Bundesbank: Monatsbericht Januar 2019. Deutsche Bundesbank, Frankfurt a. M. (2019)

Statistisches Bundesamt: Statistisches Jahrbuch 2018 für die Bundesrepublik Deutschland. Statistisches Bundesamt, Wiesbaden (2018)

Die Volkswirtschaftliche Gesamtrechnung

Inhaltsverzeichnis

10.1 Überblick

In diesem Kapitel werden wir uns mit den Grundlagen des volkswirtschaftlichen Rechnungswesens und damit im Wesentlichen mit der Volkswirtschaftlichen Gesamtrechnung VGR beschäftigen. Wie im Abschn. 8.3 zur Kreislaufanalyse schon erwähnt, handelt es sich bei der VGR um die statistische Ex-post Analyse einer abgeschlossenen Wirtschaftsperiode einer Volkswirtschaft, die in Form eines Kontensystems mit doppelter Buchführung erstellt wird. Nach einer kurzen Einführung zu den Aufgaben und zum Gegenstand der VGR werden wir dieses Kontensystem im dritten und vierten Unterkapitel etwas genauer betrachten. Dabei wird es um den Aufbau und um die wichtigsten Inhalte der verschiedenen Konten gehen, nicht aber darum, wie man innerhalb dieses Systems bucht. Durch Aggregation und Konsolidierung lassen sich aus dem Kontensystem der VGR drei so genannte Standardtabellen zur Ermittlung bzw. Dokumentation der zentralen Einkommenskonzepte erstellen: die Entstehungsrechnung, die Verteilungsrechnung und die Verwendungsrechnung. Mit diesem Kern der VGR beschäftigen wir uns im Abschn. 10.5. Schließlich gibt es im weiteren Rahmen des volkswirtschaftlichen Rechnungswesens eine Reihe so genannter Ergänzungsrechnungen zur VGR. Eine von diesen Ergänzungsrechnungen ist die Zahlungsbilanz, die wir uns im abschließenden Abschn. 10.6 etwas näher anschauen werden.

10.2   Aufgaben und Gegenstand der VGR

Die Volkswirtschaftliche Gesamtrechnung VGR wird vom Statistischen Bundesamt erstellt. Ihre Aufgabe ist es,

- ein möglichst umfassendes,
- übersichtliches,
- hinreichend gegliedertes,
- quantitatives
- Gesamtbild des wirtschaftlichen Geschehens zu geben,
- in das alle Wirtschaftssubjekte
- mit ihren für die Beschreibung des Wirtschaftsablaufs wichtigen wirtschaftlichen Tätigkeiten

einbezogen sind. Da es in der VGR um die Erfassung von Tätigkeiten geht, ist sie eine Stromgrößenrechnung. Die Ergebnisse der VGR werden in Form eines geschlossenen Kontensystems mit doppelter Verbuchung aller nachgewiesenen Vorgänge ermittelt und dokumentiert. Wie wir uns schon im Abschn. 8.3 überlegt haben, steht hinter diesem Konzept die Vorstellung von einem geschlossenen Wirtschaftskreislauf. Da im System der doppelten Buchführung alle Konten mit anderswo gegengebuchten Abschlusssalden ausgeglichen werden, besteht per Konzeption stets Kreislaufgleichgewicht. Das VGR-Kontensystem ist sowohl institutionell als auch unter funktionalem Aspekt (Art der abgebildeten Transaktionen) gegliedert. Die institutionelle Gliederung bezeichnet man auch als Sektorengliederung. Die funktionale Gliederung der Konten firmiert etwas unscharf als Kontengliederung.

Im Folgenden wollen wir beide Gliederungsebenen inhaltlich näher betrachten, wobei deutlich werden wird, was im Detail Gegenstand der VGR ist. Was in der VGR nicht oder weniger detailliert dokumentiert wird, kann man sich erschließen, wenn man auf die so genannten Ergänzungsrechnungen zur VGR schaut:

- Da ist zunächst einmal die Zahlungsbilanzstatistik der Deutschen Bundesbank zu nennen. Im Rahmen dieser Zahlungsbilanzstatistik werden die Transaktionen zwischen In- und Ausland wesentlich umfangreicher und detaillierter erfasst als in der eher binnenwirtschaftsorientierten VGR.

- Von größerer Bedeutung ist zudem die volkswirtschaftliche Finanzierungs- und Vermögensrechnung, die in ihren zentralen Teilen ebenfalls von der Deutschen Bundesbank erstellt wird. Hier werden auf der Basis der aktuellen Finanzierungsströme bzw. der durch diese ausgelösten Vermögensänderungen die Geld- und Sachvermögensbestände der Wirtschaftssubjekte fortgeschrieben. Dadurch wird die Stromrechnung VGR um eine Bestandsrechnung ergänzt.

- Eine dritte Ergänzungsrechnung ist die vom Statistischen Bundesamt geführte volkswirtschaftliche Input-Output-Rechnung. Während das institutionelle Aggregationsprinzip der VGR im Wesentlichen die Unterscheidung nach Transaktoren mit für sie typischen Transaktionsarten (Haushalte, Staat usw.) ist, aggregiert die volkswirtschaftliche Input-Output-Analyse institutionell nach Wirtschaftszweigen. Dementsprechend wird hier ergänzend zur VGR dokumentiert, wie die Vorleistungsverflechtungen zwischen den einzelnen Wirtschaftszweigen aussehen, welche Beiträge die einzelnen Sektoren zur Endverwendung (Konsum, Investition, Außenbeitrag) bringen und welche Faktorentgelte in den einzelnen Wirtschaftszweigen entstehen.

- Schließlich wird die VGR zunehmend durch umweltökonomische Rechenwerke ergänzt. In diesen wird insbesondere das Zusammenwirken zwischen dem von der VGR abgebildeten Wirtschaftskreislauf und dem zugehörigen Stoffkreislauf dokumentiert. Ein Aspekt ist hier die Verbuchung der Entnahme natürlicher Ressourcen aus der Umwelt und die Abgabe von Abfallstoffen an die Umwelt.

10.3 Sektorengliederung

Bis vor wenigen Jahren folgte die VGR mit ihrer Sektorengliederung im Wesentlichen der Transaktorengliederung der volkswirtschaftlichen Kreislaufanalyse mit den Sektoren bzw. Transaktoren Unternehmen, Haushalte, Staat und Ausland (in der VGR-Terminologie die übrige Welt). Daneben gab es noch die so genannten Privaten Organisationen ohne Erwerbszeck. Mittlerweile folgt auch die deutsche VGR europäischen Vorgaben, bei denen der Transaktor Unternehmen sozusagen auf drei Sektoren verteilt wird. Hier unterscheidet man nun in Finanzielle und in Nichtfinanzielle Kapitalgesellschaften und schlägt alle anderen Unternehmen dem Sektor Haushalte zu. Diese neue Aggregation orientiert sich an Zweckmäßigkeiten der Datenerhebung und Datenaufbereitung. Unter kreislaufanalytischem Aspekt ist sie verquer. Im Einzelnen gibt es nun die folgenden sechs Sektoren:

- Nichtfinanzielle Kapitalgesellschaften: Dazu zählen alle nicht im finanziellen Sektor tätigen Kapitalgesellschaften wie AGs und GmbHs, aber auch Personengesellschaften wie OHGs und KGs. Ebenfalls zu diesem Sektor gehören Eigenbetriebe des Staates und der privaten Organisationen ohne Erwerbszweck sofern diese rechtlich nicht selbstständig sind (beispielsweise rechtlich unselbständige kommunale Krankenhäuser).
- Finanzielle Kapitalgesellschaften: Das sind im Wesentlichen die Zentralbank sowie alle Kreditinstitute und Versicherungen.
- Staat: Zu diesem zählen der Bund, die Bundesländer, die Kommunen und alle Sozialversicherungen.
- Private Haushalte: Wie schon erwähnt umfasst dieser Sektor in der VGR nicht nur die privaten Haushalte im eigentlichen Sinne, sondern auch die selbständigen Landwirte sowie alle Einzelunternehmer, Händler und Freiberufler. Damit liegt in diesem Sektor nun ein nicht unerheblicher Teil der Produktionstätigkeit.
- Private Organisationen ohne Erwerbszweck: Das sind u. a. Parteien, Kirchen, Gewerkschaften und Vereine.
- Übrige Welt: Diesen Sektor braucht man zur Gegenbuchung aller Transaktionen zwischen In- und Ausländern.

10.4   Kontengliederung

Für jeden der fünf inländischen Sektoren werden vier Konten geführt:

- das Produktionskonto,
- das Einkommensverwendungskonto,
- das Vermögensänderungskonto und
- das Finanzierungskonto.

Dabei wird auf den Produktionskonten zugleich die Einkommensentstehung dokumentiert. Die Einkommensverwendungskonten zeigen auch die Einkommensverteilung. Im Detail sieht das wie folgt aus:

10.4.1 Produktionskonten und Einkommensverwendungskonten

Auf den Produktionskonten stehen zunächst einmal dem Produktionswert des jeweiligen Sektors seine Vorleistungen gegenüber. Verbucht wird hier nicht nur die Produktion für den Markt, sondern auch die so genannte Nicht-Markt-Produktion, beispielsweise jene Produktion des Staates, die der Bereitstellung öffentlicher Güter dient. Daher ergeben sich auch in den Sektoren Staat und Private Organisationen ohne Erwerbszweck nennenswerte Produktionswerte. Die Differenz von Produktionswert und Vorleistungen entspricht dem Sektorbeitrag zur gesamten Bruttowertschöpfung. Diesem Sektorbeitrag zur Bruttowertschöpfung wiederum werden die bei seiner Produktion entstandenen verschiedenen Faktoreinkommen gegenübergestellt. Dies ist der Aspekt der Einkommensentstehung. In der Terminologie der VGR sind die Faktoreinkommen die Löhne und Gehälter für den Faktor Arbeit, die Mieten, Zinsen und Pachteinnahmen für den Faktor Kapital sowie die Gewinne als Entlohnung der Unternehmertätigkeit.

Auf den Einkommensverwendungskonten werden drei Sachverhalte dargestellt: die primäre Einkommensverteilung, die Einkommensumverteilung durch den Staat (die so genannte sekundäre Einkommensverteilung) und die Einkommensverwendung. Die primäre Einkommensverteilung resultiert im Wesentlichen aus der Gegenbuchung der auf den Produktionskonten entstandenen Faktoreinkommen. Diese werden zunächst mit den zu- und abfließenden Steuern und Subventionen bzw. Sozialbeiträgen zur sekundären Einkommensverteilung weitergerechnet. Bezüglich dieses Aspekts ist das Staatskonto das Spiegelbild der anderen Konten. Am Ende der Einkommenskonten wird schließlich die Einkommensverwendung dokumentiert, also die Verwendung des dem jeweiligen Sektor letztlich zugeflossenen Einkommens für Güterkäufe und Sparen. Das Sparen ist der Saldo, mit dem die Einkommenskonten geschlossen werden und der im Zuge der Gegenbuchung die Vermögensänderungskonten im buchungslogischen Sinne eröffnet.

10.4.2 Vermögensänderungskonten und Finanzierungskonten

Auf den Vermögensänderungskonten wird dem Sparen die Sach- und Geldvermögensbildung des jeweiligen Sektors gegenübergestellt. Dabei finden sich wegen der dem Haushaltssektor zugeschlagenen Unternehmen auch in diesem nennenswerte Investitionen. Die Vermögensänderungskonten schließen mit dem Saldo aus Sparen und Vermögensbildung, den man als Finanzierungssaldo bezeichnet. Dieser ist typischerweise nur beim Haushaltssektor positiv. Das bedeutet, die privaten Haushalte im engeren Sinne sparen (viel) mehr als die dem Haushaltssektor zugeschlagenen Landwirte, Einzelunternehmer, Freiberufler usw. per saldo investieren. Damit finanzieren sie auch die Investitionen der Nichtfinanziellen und der Finanzellen Kapitalgesellschaften sowie das Staatsdefizit. Der Finanzierungssaldo der übrigen Welt kann positiv oder negativ sein.

Auf den Finanzierungskonten wird der dort gegengebuchte Finanzierungssaldo den statistisch erhobenen Änderungen der Forderungen und Verbindlichkeiten des jeweiligen Sektors gegenübergestellt. Bei korrekter numerischer Erfassung müssten diese Konten definitionsgemäß ausgeglichen sein. Tatsächlich ergibt sich hier jedoch stets eine gewisse statistische Differenz zwischen den im VGR-System resultierenden Finanzierungssalden und den statistisch unabhängig davon erhobenen Salden der Änderungen der Forderungen und Verbindlichkeiten.

Insgesamt ergeben sich damit zwanzig Konten für das Inland (also ohne das Konto für die übrige Welt): jeweils vier Funktionskonten für fünf Sektoren. Die Abb. 10.1 gibt einen Überblick über dieses Kontensystem. Neben den sektorspezifischen Funktionskonten werden vom Statistischen Bundesamt auch vier über alle fünf Sektoren aggregierte Funktionskonten berechnet. Streicht man in diesen aggregierten Funktionskonten alle In-Sich-Transaktionen, also alle auf beiden Seiten eines Kontos identischen Buchungspositionen, so erhält man die bezüglich der Sektoren konsolidierten Funktionskonten. Diese konsolidierten Funktionskonten sind die Basis für die im folgenden Unterkapitel betrachteten so genannten VGR-Standardtabellen.

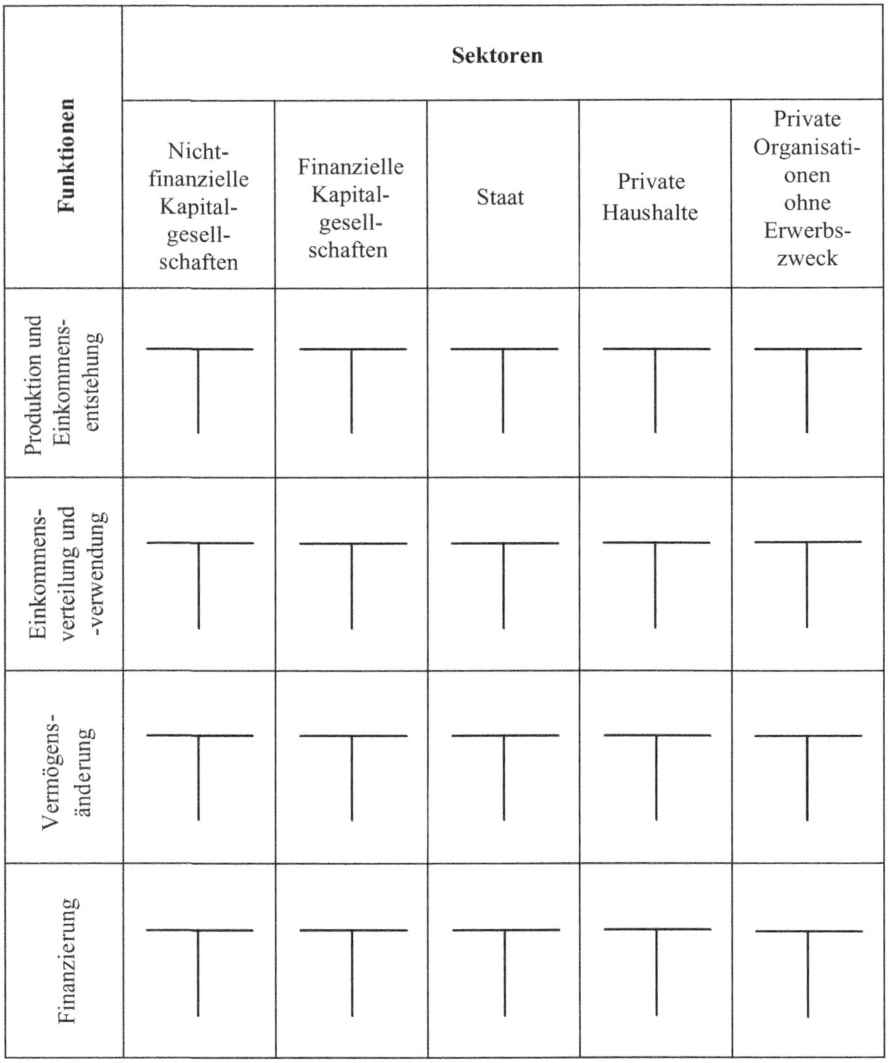

Abb. 10.1   Kontengliederung der VGR

10.5   Entstehungs-, Verteilungs- und Verwendungsrechnung

Wie die obige Erläuterung der Abfolge der Funktionskonten deutlich macht, ergibt sich mit Blick auf das Einkommen einer Volkswirtschaft der Dreiklang Einkommensentstehung durch Produktion, Einkommensverteilung sowie Einkommensverwendung. Dies kann man zunächst einmal als Sequenz verstehen, beispielsweise als den Weg, den ein Euro Arbeitseinkommen geht. Er entsteht in der Produktion durch Arbeitseinsatz, wird an den Arbeiter verteilt und am Ende für Konsum und/oder Sparen verwendet. Tatsächlich ist die Logik eines Buchungssystems aber statisch und Entstehung, Verteilung und Verwendung sind simultane Aspekte des Einkommenskonzepts. Für jeden dieser drei Aspekte ermittelt das Statistische Bundesamt im Rahmen der VGR eine gleichnamige Rechnung. Diese drei Rechnungen basieren, wie schon erwähnt, auf den konsolidierten Funktionskonten. Der im Zentrum stehende Einkommensbegriff ist der des Bruttoinlandsprodukts BIP. Von Interesse ist aber auch das Konzept des Volkseinkommens.

10.5.1 Entstehungsrechnung

Von der Entstehungsseite her kann man das BIP wie folgt ermitteln:

	Produktionswert
−	Vorleistungen
=	Bruttowertschöpfung
+	Nettogütersteuern
=	Bruttoinlandsprodukt

Dies ist der erste Teil der Entstehungsrechnung. Er ist dem aggregierten Produktionskonto entnommen. Dabei umfassen die Nettogütersteuern vor allem nichtabzugsfähige Umsatzsteuern und Einfuhrabgaben. Im Rahmen der Entstehungsrechnung wird dies nun wie folgt zum Konzept des Volkseinkommens fortgeführt:

	Bruttoinlandsprodukt
+	Saldo der Primäreinkommen mit der übrigen Welt
=	Bruttonationaleinkommen
−	Abschreibungen
=	Nettonationaleinkommen
−	Produktions- und Importabgaben
+	Subventionen
=	Volkseinkommen

Dabei stehen hinter den Produktionsabgaben vor allem Verbrauchssteuern und die Gewerbesteuer. Ganz generell kann man sich hier zwei Zusammenhänge merken: Zum einen die Umrechnung von Brutto- zu Nettogrößen mittels Abzugs der Abschreibungen. Zum zweiten steht zwischen einem Inlandsprodukt und einem Nationaleinkommen immer der Primäreinkommenssaldo mit der übrigen Welt.

10.5.2 Verteilungs- und Verwendungsrechnung

Von der Verteilungsseite her ergibt sich das Volkseinkommen als Summe der Faktoreinkommen, also in VGR-Terminologie als

	Arbeitnehmerentgelt
+	Unternehmens- und Vermögenseinkommen
=	Volkseinkommen

Die notwendigen Angaben entstammen dem aggregierten Einkommenskonto. Im Rahmen der Verteilungsrechnung wird das so ermittelte Volkseinkommen dann auf demselben Wege wie in der Entstehungsrechnung zum Bruttoinlandsprodukt weitergerechnet, also durch Abzug der Subventionen, Addition der Produktions- und Importabgaben usw.

Ebenfalls überwiegend aus dem aggregierten Einkommenskonto stammen die Daten für die Verwendungsrechnung. Diese lautet wie folgt:

	Private Konsumausgaben
+	Konsumausgaben des Staates
+	Bruttoinvestitionen
+	Vorratsänderungen und Nettozugang an Wertsachen
=	Letzte Inländische Verwendung
+	Exporte
−	Importe
=	Bruttoinlandsprodukt

Als Konsumausgaben des Staates firmieren hier die der Allgemeinheit ohne spezielles Entgelt zur Verfügung gestellten Leistungen.

Ein drittes wichtiges Einkommenskonzept neben Bruttoinlandsprodukt und Volkseinkommen ist das des Verfügbaren Einkommens. Dieses erhält man aus dem Nettonationaleinkommen durch Addition des Saldos der laufenden Transfers mit der übrigen Welt:

	Nettonationaleinkommen
+	Saldo der laufenden Transfers mit der übrigen Welt
=	Verfügbares Einkommen

In den Saldo der laufenden Transfers gehen unentgeltliche Leistungsströme wie beispielsweise die so genannten Gastarbeiterüberweisungen ein. Diese laufenden Transfers

sind nicht mit den Faktoreinkommensströmen zwischen In- und Ausländern zu verwechseln, die in den Primäreinkommenssaldo mit der übrigen Welt eingehen. Sie sind
auch nicht mit unentgeltlichen Vermögensübertragungen zwischen In- und Ausländern
zu vermengen, die im Saldo der Vermögenstransfers mit der übrigen Welt erfasst werden.
Vom Verfügbaren Einkommen der inländischen Wirtschaft kann man die Rechnung zum
Finanzierungssaldo der Volkswirtschaft gegenüber der übrigen Welt fortführen:

	Verfügbares Einkommen
−	Konsum
=	Sparen
+	Saldo der Vermögenstransfers mit der übrigen Welt
−	Bruttoinvestitionen
+	Abschreibungen
=	Finanzierungssaldo

Dieser über alle inländischen Sektoren aggregierte gesamtwirtschaftliche Finanzierungssaldo zeigt, wie sich die Nettovermögensposition des Inlands gegenüber der übrigen
Welt in der betrachteten Wirtschaftsperiode verändert hat.

10.6   Zahlungsbilanz

Die Zahlungsbilanz gehört nicht zur VGR im engeren Sinne, sondern zählt zu den
Ergänzungsrechnungen zur VGR. Während die VGR vom Statistischen Bundesamt
geführt wird, erstellt die Zahlungsbilanzstatistik die Deutsche Bundesbank.

10.6.1 Aufgabe und Gegenstand

Die Zahlungsbilanz ist die systematische quantitative Erfassung sämtlicher Transaktionen von Gütern, Dienst- und Faktorleistungen zwischen In- und Ausländern
(Wohnsitzprinzip) sowie aller Änderungen der Auslandsforderungen und Auslandsver-
bindlichkeiten für eine abgeschlossene Wirtschaftsperiode. Dokumentiert werden hier
also keine Bestände, sondern Transaktionen. Die Zahlungs-„Bilanz" ist daher gar keine
Bilanz, sondern – wie die VGR – eine reine Stromgrößenrechnung. Außerdem werden in
ihr Transaktionen auch dann erfasst, wenn sie in der Berichtsperiode zu keinen Zahlungen mehr führen, beispielsweise Exporte, die erst im Folgejahr bezahlt werden. Daher
ist die „Zahlungs"-Bilanz auch keine Einzahlungs-Auszahlungs-Rechnung, sondern vielmehr eine Einnahmen-Ausgaben-Rechnung.

Wie die VGR ist die Zahlungsbilanz eine in doppelter Buchführung in einem
geschlossenen Kontensystem geführte Rechnung. Dementsprechend ist sie immer ausgeglichen. Daher gibt es auch kein so genanntes Zahlungsbilanzdefizit. Dieser im

Zusammenhang mit dem Ziel des außenwirtschaftlichen Gleichgewichts oft gebrauchte Begriff ist irreführend. Gemeint ist damit meist ein Saldo einer oder mehrerer Unterbilanzen (Konten) der Zahlungsbilanz. Einem solchen Saldo steht dann allerdings an anderer Stelle der Zahlungsbilanz ein entsprechender Saldo mit umgekehrtem Vorzeichen gegenüber. Im Übrigen ist bei der Verbuchung in den Unterbilanzen der Zahlungsbilanz zu beachten, dass Transaktionen, die bei Inländern zu Zahlungszuflüssen führen, auf der Sollseite gebucht werden. Dementsprechend werden Transaktionen, die zu Zahlungsabflüssen führen, auf der Habenseite gebucht. Dies ist also umgekehrt wie in der VGR üblich und führt zu einer seitenverkehrten Vorzeichenlogik bei den Salden der Unterbilanzen.

Die Zahlungsbilanz umfasst drei Unterbilanzen, die man jeweils als Kontengruppe verstehen muss:

- die Leistungsbilanz als Erfassung der laufenden Posten,
- die Vermögensübertragungsbilanz als Erfassung von Übertragungen, welche als einmalig und vermögensändernd einzuschätzen sind, sowie
- die Kapitalbilanz als Erfassung aller Änderungen von Forderungen und Verbindlichkeiten gegenüber Ausländern inklusive der Zu- und Abnahmen der Währungsreserven.

10.6.2 Leistungsbilanz und Bilanz der Vermögensübertragungen

In der Leistungsbilanz wird im Kern der Güter- und Faktorhandel zwischen In- und Ausländern dokumentiert. Dabei unterscheidet sie hinsichtlich der Güter klassifikatorisch zwischen Waren und Dienstleistungen. Die Leistungsbilanz umfasst die folgenden vier Unterbilanzen:

- Die Handelsbilanz (der „Warenhandel") als Gegenüberstellung von Warenexporten (im Soll gebuchter Einnahmenstrom) und Warenimporten (im Haben gebuchter Ausgabenstrom).
- Die Dienstleistungsbilanz als Gegenüberstellung von Dienstleistungsexporten und Dienstleistungsimporten. Wichtige Posten sind hier der Reiseverkehr, Finanzdienstleistungen sowie Lizenzen und Patente.
- Die Bilanz der Erwerbs- und Vermögenseinkommen (der „Primäreinkommen") als Gegenüberstellung von empfangenen (Sollseite) und geleisteten (Habenseite) Erwerbs- und Vermögenseinkommen. Wichtige Posten sind die Arbeitseinkommen von Grenzgängern, die Zinsen aus Krediten und festverzinslichen Wertpapieren sowie die Dividenden aus Aktienbesitz.
- Die Bilanz der laufenden Übertragungen (das „Sekundäreinkommen") als Gegenüberstellung von empfangenen und geleisteten laufenden Übertragungen. Hier werden Transaktionen ohne Gegenleistung erfasst, wenn sie wiederkehrenden Charakter haben. Wichtige Posten sind von Gastarbeitern in ihre Herkunftsländer getätigte Überweisungen und staatliche Zahlungen an internationale Organisationen.

Die zweite Unterbilanz der Zahlungsbilanz ist die Bilanz der Vermögensübertragungen. In ihr werden die von Ausländern an Inländer geleisteten Vermögensübertragungen (Sollseite) den von Inländern an Ausländer geleisteten Vermögensübertragungen gegenübergestellt. Anders als die in der Leistungsbilanz verbuchten laufenden Übertragungen haben die Vermögensübertragungen nicht wiederkehrenden Charakter. Wichtige Posten sind Erbschaften und Schenkungen zwischen In- und Ausländern.

10.6.3 Kapitalbilanz

Bei der so genannten Kapitalbilanz handelt es sich um eine Kapitalverkehrsbilanz. In ihr werden alle Änderungen von Forderungen und Verbindlichkeiten gegenüber Ausländern inklusive der Änderung der Währungsreserven dokumentiert. Dazu dienen die folgenden fünf Unterbilanzen:

- Die Bilanz der Direktinvestitionen dokumentiert die zu- und abfließenden Direktinvestitionen. Dabei werden Kapitalströme insbesondere dann als Direktinvestitionen gewertet, wenn es sich um Beteiligungskapital handelt. Ein solches liegt vor, wenn der Investor mehr als zehn Prozent der Anteile oder Stimmrechte an dem betreffenden Unternehmen hat. Ist das der Fall, so werden neben den Beteiligungskapital zu- und -abströmen auch auf dieses zurückgehende einbehaltene Gewinne sowie Kredite des betreffenden Investors an das betreffende Unternehmen als Direktinvestition gewertet.
- Die Wertpapieranlagebilanz dokumentiert insbesondere den Handel mit Aktien (sofern keine Direktinvestition vorliegt), Investmentzertifikaten, langfristigen festverzinslichen Papieren sowie Geldmarktpapieren.
- Die Bilanz der Finanzderivate erfasst dagegen den Handel mit komplexeren Finanzprodukten wie beispielsweise Optionen.
- Die Bilanz der Währungsreserven.
- Die Bilanz des übrigen Kapitalverkehrs als Sammelposition für alles Übrige.

Wären die in der Kapitalbilanz dokumentierten Transaktionen ausschließlich durch den in der Leistungsbilanz erfassten Waren-, Dienstleistungs- und Faktorleistungsverkehr induziert, so wäre sie als Spiegelbild der Leistungsbilanz nur von untergeordneter Bedeutung. Tatsächlich liegt den meisten Kapitalbilanztransaktionen aber mittlerweile keine Leistungsbilanztransaktion mehr zugrunde. Diesbezüglich kann man eine über die letzten Jahrzehnte beständig zunehmende Entkoppelung des internationalen Kapitalverkehrs vom Güter- und Faktorhandel feststellen. Durch dieses Eigenleben des internationalen Kapitalverkehrs wird dieser von entscheidender Bedeutung für die Währungspositionen und Wechselkurse der Länder und damit auch für deren Leistungsbilanzsalden. Die Abb. 10.2 gibt abschließend einen schematischen Überblick über die Zahlungsbilanzstruktur.

Leistungsbilanz

- Warenhandel
- Dienstleistungen
- Primäreinkommen (Erwerbs- und Vermögenseinkommen)
- Sekundäreinkommen (laufende Übertragungen)

Bilanz der Vermögensübertragungen

Kapitalbilanz

- Direktinvestitionen
- Wertpapieranlagen
- Finanzderivate
- Währungsreserven
- übriger Kapitalverkehr

Saldo der statistisch nicht aufgliederbaren Transaktionen

Abb. 10.2 Zahlungsbilanzstruktur

10.7   Zusammenfassung

1. Die Volkswirtschaftliche Gesamtrechnung VGR dokumentiert in einem in doppelter Buchführung geführten geschlossenen Kontensystem das wirtschaftliche Geschehen in einer Volkswirtschaft für eine abgeschlossene Wirtschaftsperiode.
2. In der VGR werden für jeden der fünf inländischen Sektoren Nichtfinanzielle Kapitalgesellschaften, Finanzielle Kapitalgesellschaften, Staat, Haushalte und Private Organisationen ohne Erwerbszweck je vier funktionale Konten geführt: ein Produktionskonto (das auch die Einkommensentstehung dokumentiert), ein Einkommenskonto (das Einkommensverteilung, -umverteilung und -verwendung erfasst), ein Vermögensänderungskonto (das mit dem Finanzierungssaldo schließt) sowie ein Finanzierungskonto. Daneben gibt es noch ein aggregiertes Konto für die übrige Welt.
3. Aus der Aggregation über alle inländischen Sektoren ergeben sich drei Standardtabellen zur Berechnung der beiden wichtigsten Einkommenskonzepte Bruttoinlandsprodukt und Volkseinkommen: die Entstehungsrechnung, die Verteilungsrechnung und die Verwendungsrechnung.

4. Eine Ergänzungsrechnung zur VGR ist die Zahlungsbilanzstatistik. In dieser wird insbesondere der Güter- und Faktorhandel sowie der Kapitalverkehr zwischen In- und Ausländern erfasst. Wie die VGR ist die Zahlungsbilanz eine in doppelter Buchführung in einem geschlossenen Kontensystem geführte Stromgrößenrechnung.
5. Die Zahlungsbilanz besteht aus den Unterkonten der Leistungsbilanz (welche die Güter- und Faktortransaktionen sowie laufende Übertragungen dokumentiert), der Bilanz der Vermögensübertragungen und der Kapitalbilanz (die den Kapitalverkehr getrennt nach Direktinvestitionen, Wertpapieranlagen, Finanzderivaten, Währungsreserven sowie übrigem Kreditverkehr erfasst).

10.8 Leseempfehlung

Einen guten Überblick über die VGR im engeren Sinne (also ohne Zahlungsbilanz) bietet das dreizehnte Kapitel von Woll (2011). Zwei empfehlenswerte einschlägige deutschsprachige Lehrbücher sind Frenkel und John (2016) und Brümmerhoff und Grömling (2015). Frenkel und John behandeln sehr ausführlich den Kern der VGR in ihrem fünften Kapitel und die Zahlungsbilanz im dreizehnten Kapitel. Bei Brümmerhoff und Grömling findet sich Entsprechendes in den Kapiteln drei bzw. acht.

Literatur

Brümmerhoff, D., Grömling, M.: Volkswirtschaftliche Gesamtrechnungen, 10. Aufl. De Gruyter, Berlin (2015)
Frenkel, M., John, K.D.: Volkswirtschaftliche Gesamtrechnung, 8. Aufl. Vahlen, München (2016)
Woll, A.: Volkswirtschaftslehre, 16. Aufl. Vahlen, München (2011)

Grundmodelle der Makroökonomik

11

Inhaltsverzeichnis

11.1   Überblick

In diesem letzten Kapitel wollen wir uns mit den makroökonomischen Grundmodellen der kurzfristig orientierten Einkommens- und Beschäftigungstheorie befassen. Wie wir uns schon im Abschn. 8.4 überlegt hatten, ergeben sich derartige Grundmodelle aus der konsistenten Zusammenführung von in makroökonomischen Verhaltensfunktionen formulierten Einzelhypothesen. Mit Blick auf die Aussagen der Einzelhypothesen wird

© Springer-Verlag GmbH Deutschland, ein Teil von Springer Nature 2019   199
B. Woeckener, *Volkswirtschaftslehre*, https://doi.org/10.1007/978-3-662-59222-9_11

meist lehrbuchhaft in ein neoklassisches Grundmodell und ein keynesianisches Grundmodell unterschieden. Diesem Vorgehen wollen auch wir folgen. Im Abschn. 11.2 werden wir uns als erstes das neoklassische Grundmodell anschauen. In dieser Makrovariante der neoklassischen Mikroökonomik werden Einkommen und Beschäftigung auf den Faktormärkten, kurzfristig also auf dem Arbeitsmarkt determiniert. Die Höhe der Geldmenge spielt, wie im Abschn. 8.5.4 schon geschildert, für die Höhe beider Größen keine Rolle. Dieses Denken von der Faktormarktseite her bezeichnet man etwas irreführend als den „angebotsseitigen" Ansatz. Anschließend stellen wir diesem im Abschn. 11.3 das keynesianische Grundmodell gegenüber. Wie in Abschn. 8.4 erörtert, ist dieses Grundmodell durch eine Fokussierung auf den Gütermarkt gekennzeichnet. Dies ist eine Folge der von Keynes fokussierten Einkommensabhängigkeit des Konsums. Außerdem spielt wegen einer zinssatzabhängigen Geldnachfrage zu Spekulationszwecken auch der makroökonomische Geldmarkt bei der Bestimmung von Einkommen und Beschäftigung eine wichtige Rolle. Dieses Denken von der Geld- und Gütermarktseite her bezeichnet man als „nachfrageseitigen" Ansatz. Im anschließenden Abschn. 11.4 werden wir diese keynesianisch gedachte Nachfrageseite mit einem gemäß neoklassischem Denken funktionierenden Arbeitsmarkt auf der Angebotsseite kombinieren. Dieses hybride Modell bezeichnet man als Neoklassische Synthese, weil es trotz keynesianischer Nachfrageseite sehr neoklassische Ergebnisse produziert. Im abschließenden Abschn. 11.5 werden wir schließlich einen keynesianischen Arbeitsmarkt mit Lohnsatzrigiditäten einführen. Hier wird angenommen, dass in Tarifverträgen kurzfristig festgeschriebene Geldlohnsätze für den gesamtwirtschaftlichen Arbeitsmarkt kennzeichnend sind. Dadurch kann es zu unfreiwilliger Arbeitslosigkeit kommen. Geht man zudem von einem lohnsatzunabhängigen Arbeitsangebot der Haushalte aus und kombiniert dann diesen Arbeitsmarkt mit der keynesianischen Nachfrageseite, so erhält man das keynesianische Totalmodell. In dessen Rahmen kann Geld- und Fiskalpolitik unfreiwillige Arbeitslosigkeit beseitigen.

11.2   Die Neoklassik: ein angebotsseitiges Grundmodell

In der kurzfristig orientierten Einkommens- und Beschäftigungstheorie wird die Höhe des Kapitalstocks als gegeben betrachtet. Damit wird der Arbeitsmarkt zum Zentrum des faktormarktorientierten („angebotsorientierten") neoklassischen Ansatzes.

11.2.1 Das neoklassische Totalmodell

Gemäß der im fünften Kapitel im Zuge der Betrachtung des unternehmerischen Gewinnmaximierungskalküls hergeleiteten Grenzproduktivitätsregel fällt die Nachfrage nach Arbeit mit zunehmendem Reallohnsatz. Die Unternehmen fragen so viele Arbeiter nach, bis das Grenzprodukt der Arbeit auf die Höhe des Reallohnsatzes gefallen ist.

Da die Grenzproduktivität der Arbeit mit zunehmendem Arbeitseinsatz tendenziell fällt, bedeutet ein höherer Reallohnsatz weniger Arbeitsnachfrage (siehe Abb. 5.2). Das Arbeitsangebot der Haushalte steigt aus neoklassischer Sicht mit steigendem Reallohnsatz. Hier unterstellt die Neoklassik eine Dominanz des Substitutionseffekts einer Reallohnsatzerhöhung über den Einkommenseffekt. Steigt der Reallohnsatz, so wird die Freizeit teurer und die Konsumgüter verbilligen sich in Arbeitseinheiten gerechnet. Deshalb wird dann mehr gearbeitet und konsumiert (siehe dazu auch noch einmal Abb. 5.5). Ganz analog zur neoklassischen Mikroökonomik gelten somit für den gesamtwirtschaftlichen Arbeitsmarkt des neoklassischen Makromodells die beiden Verhaltensgleichungen

$$A^N = A^N\left(\frac{w}{P}\right) \quad \text{mit} \quad \frac{\partial A^N}{\partial\left(\frac{w}{P}\right)} < 0, \tag{11.1}$$

$$A^A = A^A\left(\frac{w}{P}\right) \quad \text{mit} \quad \frac{\partial A^A}{\partial\left(\frac{w}{P}\right)} > 0. \tag{11.2}$$

Ein funktionsfähiger Lohnsatzmechanismus sorgt auf dem neoklassischen Arbeitsmarkt für ein Gleichgewicht:

$$A^A\left(\frac{w}{P}\right) = A^N\left(\frac{w}{P}\right). \tag{11.3}$$

Bei kurzfristig gegebenem Kapitalstock steht mit der gleichgewichtigen Beschäftigung am Arbeitsmarkt via makroökonomischer Produktionsfunktion zugleich das Produktions- und Einkommensniveau fest. Dies ist in der Abb. 11.1 auf der rechten Seite dargestellt. Dabei gelten für diese aggregierte partielle Produktionsfunktion dieselben Verlaufseigenschaften wie für die einzelwirtschaftlichen Produktionsfunktionen. Insbesondere nimmt die Grenzproduktivität der Arbeit auch gesamtwirtschaftlich mit zunehmendem Niveau des Arbeitseinsatzes ab:

$$Y = Y(A) \quad \text{mit} \quad \frac{\partial Y}{\partial A} > 0 \quad \text{und} \quad \frac{\partial^2 Y}{\partial A^2} < 0. \tag{11.4}$$

Auf dem neoklassischen primären Finanzkapitalmarkt fallen gemäß der von uns im fünften Kapitel hergeleiteten Investitionsregel die Investitionen der Unternehmen mit steigendem Zinssatz. Dies liegt daran, dass sich mit steigenden Finanzierungskosten zunehmend weniger Investitionsprojekte rechnen (siehe Abb. 5.11). Das Sparen der Haushalte steigt gemäß neoklassischer Sparhypothese mit steigendem Zinssatz. Denn wie im fünften Kapitel geschildert dominiert nach neoklassischer Ansicht der Substitutionseffekt einer Zinssatzerhöhung deren Einkommenseffekt. Ein Zinssatzanstieg bedeutet mehr Zukunftskonsum für einen jetzt gesparten Euro, also quasi eine Verbilligung des Zukunftskonsums, sodass mehr Konsum via Sparen von jetzt in die Zukunft geschoben wird (siehe dazu auch

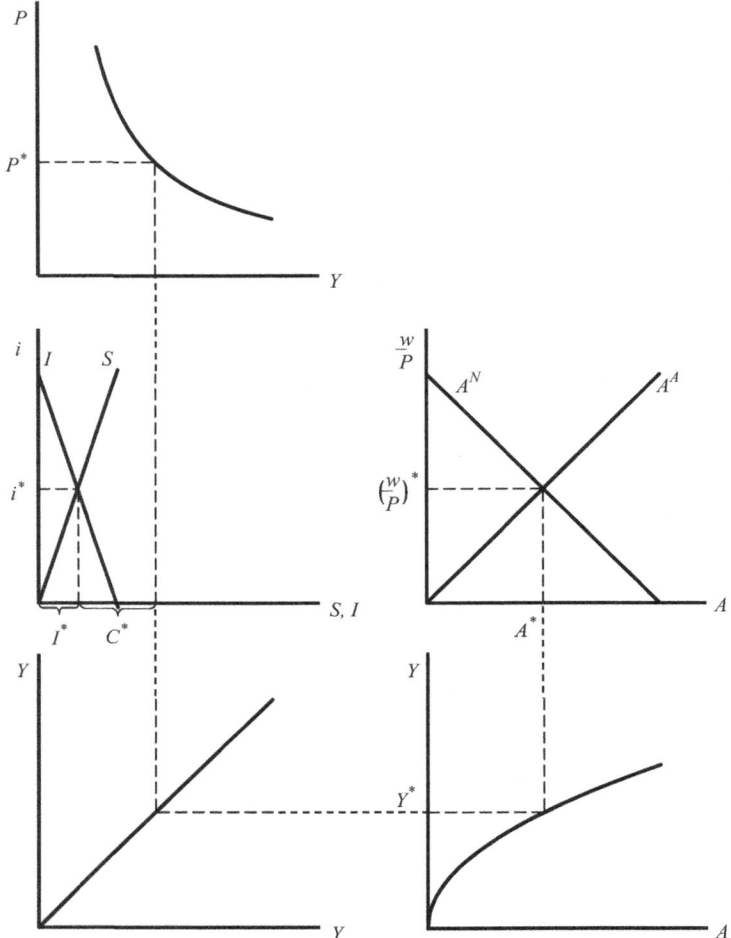

Abb. 11.1 Das neoklassische Totalmodell

noch einmal Abb. 5.14). Die beiden Verhaltensfunktionen für den neoklassischen primären Finanzkapitalmarkt lauten damit

$$I = I(i) \quad \text{mit} \quad \frac{\partial I}{\partial i} < 0, \tag{11.5}$$

$$S = S(i) \quad \text{mit} \quad \frac{\partial S}{\partial i} > 0. \tag{11.6}$$

Der Zinssatzmechanismus garantiert das Gleichgewicht:

$$I(i) = S(i). \tag{11.7}$$

Bei durch Arbeitsmarkt und Produktionstechnologie determinierter Höhe des Einkommens steht mit der Höhe des Sparens auch die Höhe des Konsums fest. Dies ist in der Abb. 11.1 auf der linken Seite dargestellt. Auf dem Primärkapitalmarkt des neoklassischen Modells werden Zinssatz und Einkommensverwendung determiniert, auf die Einkommenshöhe hat das keinen Einfluss. Entsprechen die Investitionen dem Sparen, so entspricht das Güteraufkommen Y auch der Güternachfrage $I + C$. Denn dann gilt die Verwendungsgleichung $Y = C + S$ mit $S = I$. Der Gütermarkt ist in unserer Darstellung des Modells nicht explizit behandelt. Wenn die drei explizit dargestellten Märkte des Modells im Gleichgewicht sind, muss auch er im Gleichgewicht sein. Auf diese Implikation eines Kreislaufgleichgewichts waren wir schon im Abschn. 8.3 eingegangen.

Schließlich wird auf dem neoklassischen makroökonomischen Geldmarkt Geld nur zu Transaktionszwecken nachgefragt:

$$L_{Tr} = L_{Tr}(Y, P) \quad \text{mit} \quad \frac{\partial L_{Tr}}{\partial Y} > 0 \quad \text{und} \quad \frac{\partial L_{Tr}}{\partial P} > 0. \tag{11.8}$$

Dies hatten wir uns schon im Abschn. 8.5.4 überlegt. Bei annahmegemäß von der Zentralbank kontrollierbarer und vorgegebener Geldmenge M bedeutet dies bei Geldmarktgleichgewicht

$$M = L_{Tr}(Y, P). \tag{11.9}$$

Mit funktional linear spezifizierter Geldnachfrage ergibt Gl. 11.9 die Quantitätsgleichung Gl. 8.9. Da das Einkommen auf dem Arbeitsmarkt determiniert ist und die Geldmenge von der Zentralbank vorgegeben wird, erschöpft sich die Rolle des neoklassischen Geldmarktes in der Preisniveaubestimmung. Siehe auch dazu noch einmal die Abb. 11.1. Bei linearem Ansatz für die Geldmarktgleichung Gl. 11.9 entspricht die hier eingezeichnete Funktion der nach dem Preisniveau aufgelösten Quantitätsgleichung Gl. 8.10.

Insgesamt gesehen gibt es damit im neoklassischen Grundmodell eine klare Trennung in einen sozusagen faktormarktgesteuerten realen Bereich, in dem die Höhe und die Verwendungsstruktur von Produktion und Einkommen determiniert werden, und einen monetären Bereich, in dem das Preisniveau bestimmt wird. Diese klare Trennung bezeichnet man als die neoklassische Dichotomie.

11.2.2 Wirkungen der Geld- und der Fiskalpolitik

Die wesentlichen Instrumente einer staatlichen Geldpolitik sind eine direkte Veränderung der Zentralbankgeldmenge, z. B. über Offenmarktgeschäfte, und eine Veränderung der Refinanzierungskosten der Geschäftsbanken bei der Zentralbank, z. B. eine Veränderung des Diskontsatzes. Beide Arten staatlicher Geldpolitik schlagen sich in einer Veränderung des gesamtwirtschaftlichen Geldangebots M nieder. Bei der folgenden Analyse der Wirkungen der Geldpolitik in den verschiedenen makroökonomischen Grundmodellen

werden wir die Geldpolitik als exogene Änderung des gesamtwirtschaftlichen Geldangebots *M* abbilden. Dies ist eine vereinfachte Darstellung, denn die Beziehung zwischen
der Zentralbankgeldmenge und dem gesamtwirtschaftlichen Geldangebot ist infolge der
Geldschöpfung der Geschäftsbanken weder vollständig prognostizierbar noch vollständig
kontrollierbar. Explizit behandeln werden wir jeweils den Fall der expansiven, also von
der Intention her beschäftigungserhöhenden Geldpolitik. Diese besteht in einer exogenen
Erhöhung der Geldmenge *M*. Es dürfte dem Leser nicht schwer fallen, sich den spiegelbildlichen Fall einer Geldmengensenkung selber zu erschließen.

Die Instrumente der staatlichen Fiskalpolitik sind sehr zahlreich. Letztlich kann der
Staat über alle seine Einnahmen- und Ausgabenentscheidungen versuchen, Einfluss auf
das Erreichen der makroökonomischen Ziele zu nehmen. Ein direkter Weg besteht hier
in der Veränderung seiner eigenen Güternachfrage, also insbesondere des Staatskonsums
und der staatlichen Investitionen. Er kann aber auch Einfluss auf die Konsum- und
Investitionsentscheidungen der Privaten nehmen, beispielsweise durch Änderungen von
Steuersätzen und Subventions- bzw. Sozialleistungen. Im Folgenden werden wir beispielhaft die Wirkungen einer Veränderung der staatlichen Investitionen betrachten. Auch
hier werden wir uns auf die Analyse der expansiven Variante dieser fiskalpolitischen
Maßnahme, also einer Erhöhung der Staatsinvestitionen beschränken.

Im Gleichgewicht des neoklassischen Makromodells gibt es weder unfreiwillige
Arbeitslosigkeit noch Inflation. Insofern gibt es auch keinen Anlass, durch wirtschafts-
politische Maßnahmen auf den Beschäftigtenstand und das Güterpreisniveau ein-
zuwirken. Dennoch macht es Sinn, sich zu überlegen, welche Wirkungen geld- und
fiskalpolitische Maßnahmen hier haben. Denn die dabei aufzuzeigenden (Nicht-)Wirkun-
gen sind die Argumente der Neoklassik gegen einen entsprechenden Einsatz der Geld-
und Fiskalpolitik.

11.2.2.1 Wirkungen der Geldpolitik

Gemäß der neoklassischen Quantitätstheorie des Geldes führt eine Geldmengenänderung
durch die Zentralbank letztlich nur zu einer Änderung des Güterpreisniveaus. Die Höhe
und die Verwendungsstruktur des Einkommens bleiben davon unberührt. Dies bezeichnet
man als die Neutralität des Geldes und meint damit die Unwirksamkeit der Geldpolitik
mit Blick auf die realen Größen. Eine Geldmengenerhöhung beispielsweise verschiebt
in der Abb. 11.1 die Funktion des Geldmarktgleichgewichts nach oben. Bei am Arbeitsmarkt unveränderter Beschäftigung und damit unveränderter Einkommenshöhe resultiert
ein höheres Güterpreisniveau. Eine expansive Geldmengenpolitik geht somit letztlich
ausschließlich in die Güterpreise, die Mengen bleiben unverändert.

Dieser Blick nur auf die Veränderung des Gleichgewichts lässt die dabei ablaufenden
Anpassungsprozesse unbeleuchtet. Oder anders formuliert: Beschränkt man sich auf
einen Vergleich des makroökonomischen Gleichgewichts vor der Geldmengenerhöhung
mit jenem nach der Geldmengenerhöhung, so bleibt offen, was auf dem Weg vom alten
zum neuen Gleichgewicht passiert. Im Falle einer Geldmengenerhöhung kann man sich
diesen Prozess der Anpassung der Volkswirtschaft an die höhere Geldmenge wie folgt

vorstellen: Wenn die Zentralbank die Geldmenge erhöht, können die Geschäftsbanken ihre Kreditschöpfung ausweiten. Dadurch bekommen die Nichtbanken mehr Geld in die Hand, das sie zur Nachfrage nach mehr Gütern nutzen. Entscheidend ist nun, dass im neoklassischen Denken diese Mehrnachfrage nicht in eine Mehrproduktion umgesetzt wird. Denn die Unternehmen produzieren im Gewinnmaximum gemäß der Regel Geldlohnsatz gleich Wert des Grenzprodukts der Arbeit bzw. Reallohnsatz gleich Grenzprodukt der Arbeit. Würden sie ihre Produktion bei unveränderten Preisen ausdehnen, würde ihr Gewinn sinken. Denn die zusätzlichen Produktionskosten würden durch die zusätzlichen Erlöse nicht gedeckt werden: Infolge der mit zunehmendem Arbeitseinsatz fallenden Grenzproduktivität der Arbeit fiele der Wert des Grenzprodukts der Arbeit unter den Geldlohnsatz. Also reagieren die Unternehmen auf die Nachfrageerhöhung am Gütermarkt mit Güterpreiserhöhungen, sodass insgesamt das Preisniveau ins Steigen kommt. Dadurch werden zwar die Reallohnsätze sinken, aber das schafft im neoklassischen Totalmodell auch keine Mehrbeschäftigung und Mehrproduktion. Denn hier reagieren zwar die Unternehmen mit steigender Arbeitsnachfrage auf die Reallohnsenkung, aber die Haushalte reduzieren bei fallendem Reallohnsatz ihr Arbeitsangebot. Dadurch kommt es am neoklassischen Arbeitsmarkt infolge des inflationären Impulses der Geldmengenerhöhung lediglich zu einem Nachfrageüberschuss mit der Folge steigender Geldlohnsätze. Diese steigen so lange, bis wieder der alte Reallohnsatz gilt, also um genau so viel wie das Preisniveau. Es ist letztlich die spezifische Reaktion der Arbeitsanbieter, die im neoklassischen Denken reale Wirkungen der Geldpolitik verhindert. Am Ende sind nur die Güterpreise und die Geldlohnsätze gestiegen.

11.2.2.2 Wirkungen der Fiskalpolitik

Als Beispiel einer expansiven Fiskalpolitik wollen wir eine Erhöhung der (zinssatz-) autonomen Investitionen (Index „a") des Staates betrachten. Der Staat investiert dann bei jedem Zinssatz mehr. In der Abb. 11.1 bedeutet dies eine Verschiebung der Investitionsfunktion nach rechts. Die Folgen sind ein höherer Zinssatz, höhere Investitionen und ein höheres Sparen. Beschäftigung und Einkommen bleiben jedoch unverändert. Dementsprechend muss der Konsum fallen. Hier gibt es also reale Veränderungen, aber nur mit Blick auf die Einkommensverwendungsstruktur, nicht mit Blick auf die Höhe von Einkommen und Beschäftigung. In der Abb. 11.2 haben wir diese Veränderung in der Einkommensverwendung eingezeichnet. Der Index „v" steht wieder für die Ausgangssituation („vorher"), der Index „n" für die Situation mit expansiver Fiskalpolitik („nachher"). Das expansive Investitionsprogramm führt zu einer Parallelverschiebung der Investitionsfunktion nach oben. Die Höhe der zusätzlichen autonomen Investitionen kann man am Abstand zwischen alter und neuer Investitionsfunktion ablesen. Diesen Abstand haben wir auf der Höhe des Ausgangszinssatzes als vertikal verlaufende Abstandslinie verdeutlicht. Diese Abstandslinie zeigt das Ausmaß des staatlichen Investitionsprogramms und damit das Ausmaß des durch dieses Ausgabenprogramm am primären Kapitalmarkt zunächst einmal entstehenden Nachfrageüberschusses. Die Banken können in der Folge nicht mehr allen Investitionswünschen durch eine Kreditvergabe

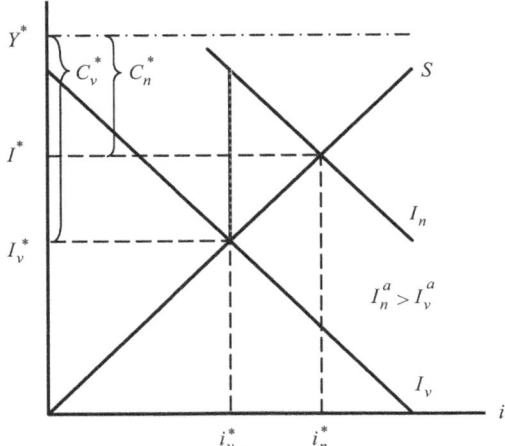

nachkommen, da ihnen das nötige Einlagevolumen fehlt. Also werden sie den Zinssatz erhöhen, um die Haushalte zu vermehrtem Sparen zu bringen – das sie dann in zusätzliche Kreditvergabe umsetzen können. Dieses zusätzliche Sparen geht notwendigerweise zu Lasten des Konsums. Aber nicht nur Konsum wird verdrängt, sondern auch ein Teil der zinssatzabhängigen privaten Investitionen. Denn diese sinken mit steigendem Zinssatz.

Dies erkennt man an der Abb. 11.2, wenn man die an der Ordinate ablesbare Veränderung der Höhe der gleichgewichtigen Investitionen mit dem Umfang des staatlichen Investitionsprogramms (siehe die Abstandslinie zwischen den Investitionsfunktionen) vergleicht. Letztlich kann man also festhalten, dass expansive Fiskalpolitik im neoklassischen Grundmodell zu einer Verdrängung privaten Konsums und zinsabhängiger Investitionen genau in Höhe des fiskalischen Impulses führt, sodass die Höhe von Produktion und Beschäftigung unverändert bleiben. Ursächlich für die Verdrängung der privaten Nachfrage ist der durch die staatliche Nachfrageausweitung ausgelöste Zinssatzanstieg. Eine solche Verdrängung privater Nachfrage durch staatliche Nachfrage über den Zinssatzmechanismus bezeichnet man als crowding out. Kompensiert dieses crowding out den fiskalischen Impuls (wie hier im neoklassischen Modell) vollständig, so ist das speziell ein so genanntes totales crowding out.

11.3   Keynes: ein nachfrageseitiges Grundmodell

Der Kern des keynesianischen Grundmodells ist der Gütermarkt mit der im achten Kapitel schon angesprochenen Einkommensabhängigkeit des Konsums. Hinter dieser Einkommensabhängigkeit steht die Überzeugung, dass die meisten Haushalte – zumindest kurzfristig – nicht frei über ihr Arbeitsangebot und das resultierende Arbeitseinkommen entscheiden können. Vielmehr sind sie darauf angewiesen zu arbeiten und müssen hier zudem über Tarifverträge standardisierte Arbeitsverhältnisse mit festem Lohnsatz und vorgegebener Arbeitszeit akzeptieren.

11.3.1 Das IS-LM-Modell

Bei zumindest kurzfristiger institutioneller Fixierung von Lohnsatz und Arbeitszeit ist die Höhe des Einkommens eine dem Einzelnen exogen vorgegebene Determinante der Konsum- und Sparpläne. Dabei gilt für den Verlauf der keynesianischen Konsumfunktion

$$C = C(Y) \quad \text{mit} \quad 0 < \frac{\partial C}{\partial Y} < 1, \tag{11.10}$$

und damit für die zugehörige Sparfunktion

$$S = S(Y) \quad \text{mit} \quad 0 < \frac{\partial S}{\partial Y} < 1, \tag{11.11}$$

wobei gelten muss

$$\frac{\partial C}{\partial Y} + \frac{\partial S}{\partial Y} = 1.$$

Von jedem zusätzlichen Euro Einkommen wird ein Teil (der bei weitem größere) für zusätzlichen Konsum verausgabt, der Rest wird gespart.

Mit Blick auf die maßgebliche Determinante und den Verlauf der Investitionsfunktion folgte Keynes und folgen die meisten Keynesianer der Neoklassik: Die Investitionen sind zinssatzabhängig und ihre Höhe geht mit steigendem Zinssatz zurück. Es gilt also auch hier die Investitionshypothese Gl. 11.5:

$$I = I(i) \quad \text{mit} \quad \frac{\partial I}{\partial i} < 0.$$

Für den keynesianischen Gütermarkt ergibt sich damit die Gleichgewichtsbedingung

$$Y = C(Y) + I(i).$$

Dies lässt sich auch formulieren als

$$I(i) = S(Y), \tag{11.12}$$

was im keynesianischen Denken ebenfalls als Gütermarktgleichgewichtsbedingung gelesen werden kann. Denn infolge der Fokussierung auf die Güternachfrage wird Sparen primär als Nachfrageausfall am Gütermarkt (kein Konsum) interpretiert, und dieser Nachfrageausfall muss durch Investitionsnachfrage ausgeglichen werden, wenn der Gütermarkt im Gleichgewicht sein soll. Eigentlich handelt es sich um die Gleichgewichtsbedingung für den Primärkapitalmarkt, der aber im keynesianischen

Grundmodell nicht explizit modelliert wird. Da die Höhe der Investitionen und die Höhe des Sparens nicht von der gleichen Determinante abhängen, wird am keynesianischen Gütermarkt für sich gesehen keine volkswirtschaftliche Größe in ihrer Höhe festgelegt. Da das Sparen mit steigendem Einkommen steigt und die Investitionen mit steigendem Zinssatz fallen, kann man aber aus der Gleichgewichtsbedingung Gl. 11.12 immerhin ableiten, dass in einem keynesianischen Gütermarktgleichgewicht hohe Zinssätze (die zu niedrigen Investitionen führen) mit niedrigen Einkommen einhergehen (damit auch das Sparen niedrig ist) und umgekehrt. In einem Zinssatz-Einkommens-Diagramm ergibt sich also als geometrischer Ort aller Zinssatz-Einkommens-Kombinationen, die zu einem Gütermarktgleichgewicht führen, eine fallende Funktion. Diese Funktion bezeichnet man als IS-Funktion und meint damit I = S-Funktion. Sie ist keine Verhaltensfunktion, sondern der geometrische Ort einer sich auf der Basis von zwei Verhaltensfunktionen ergebenden Gleichgewichtsbedingung.

In der Abb. 11.3 haben wir eine solche IS-Funktion zusammen mit einer uns schon aus dem Abschn. 8.5.4 bekannten LM-Funktion eingezeichnet. Wie im Abschn. 8.5.4 geschildert, ist die LM-Kurve der geometrische Ort aller keynesianischen Geldmarktgleichgewichte, also als L = M-Funktion zu verstehen. Dabei ist das Geldangebot mit der Geldmenge M von der Zentralbank annahmegemäß fest vorgegeben – wie in der Neoklassik. Die Geldnachfrage ist bei Keynes allerdings nicht nur einkommensabhängig, sondern wegen der Spekulationskassenhaltung auch zinssatzabhängig:

$$L(Y, i) = L_{Tr}(Y) + L_{Sp}(i) \quad \text{mit} \quad \frac{\partial L_{Tr}}{\partial Y} > 0 \quad \text{und} \quad \frac{\partial L_{Sp}}{\partial i} < 0. \quad (11.13)$$

Wie in Abschn. 8.5.3 ausgeführt, halten die Privaten Geld als Wertaufbewahrungsmittel, wenn sie glauben, dass die Wertpapierkurse demnächst fallen bzw. der Zinssatz demnächst steigt. Da dies um so weniger glauben, je höher der Zinssatz schon ist, nimmt die

Abb. 11.3 Simultanes Güter-
und Geldmarktgleichgewicht
im IS-LM-Modell

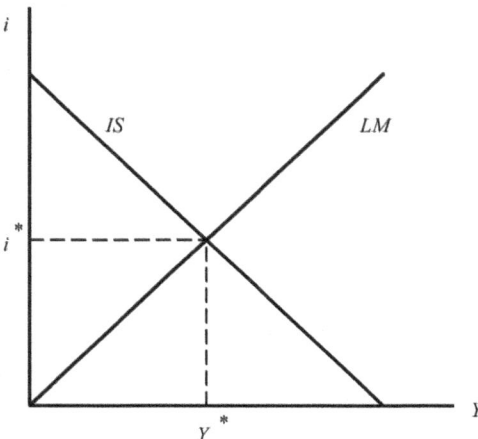

Spekulationskassenhaltung mit steigendem Zinssatz ab. Die Gleichgewichtsbedingung für den Geldmarkt lautet

$$M = L_{Tr}(Y) + L_{Sp}(i). \qquad (11.14)$$

Im Geldmarktgleichgewicht gehen hohe Einkommen mit hohen Zinssätzen einher und umgekehrt. Ein hohes Einkommen führt zu einer hohen Geldhaltung zu Transaktionszwecken. Bei gegebener Geldmenge bleibt dann wenig für die Spekulationskassenhaltung – der Zinssatz muss also hoch sein. Grafisch schlägt sich diese Gleichgewichtsbedingungslogik in einem steigenden Verlauf der LM-Kurve als geometrischem Ort aller Geldmarktgleichgewichte nieder.

Wie die Abb. 11.3 deutlich macht, sehen die Keynesianer Einkommen und Zinssatz im Zusammenwirken von Güter- und Geldmarkt determiniert, also auf der so genannten Nachfrageseite der Volkswirtschaft. Algebraisch gedacht bilden die beiden Gleichgewichtsbedingungen Gl. 11.12 für den Gütermarkt und Gl. 11.14 für den Geldmarkt ein Zwei-Gleichungs-System für die Bestimmung der beiden Größen Einkommen und Zinssatz.

Diese Formalisierung der weitgehend verbalen Ausführungen von Keynes in Form von zwei Gleichgewichtsbedingungen als IS-LM-Modell geht auf John R. Hicks zurück und ist bis heute die vermutlich am weitesten verbreitete Keynes-Interpretation. Vergleicht man sie mit dem neoklassischen Totalmodell, so sieht man schnell, dass sie noch einige Fragen offen lässt. Zum einen gibt es keine explizite Berücksichtigung des Arbeitsmarktes. Dies mag daran liegen, dass der Ausgangspunkt des keynesianischen Denkens das Vorliegen einer unfreiwilligen Arbeitslosigkeit als empirischer Fakt ist. Die Leitfragestellung des IS-LM-Modells war daher, wie man diese Arbeitslosigkeit durch Geld- und Fiskalpolitik beseitigen kann. Diese Art der Betrachtung werden wir in den nächsten beiden Abschnitten zu den Auswirkungen der Geld- und Fiskalpolitik übernehmen. Dort führt dann mehr Gütermarktnachfrage annahmegemäß stets zu mehr Beschäftigung und damit zu mehr Produktion und Einkommen. Ob dies so bleibt, wenn man den Arbeitsmarkt in das Modell aufnimmt, werden wir in den Abschn. 11.4 und 11.5 untersuchen. Ein zweiter offener Punkt des IS-LM-Modells ist die Rolle des Güterpreisniveaus. Auch dieses kommt im IS-LM-Modell explizit nicht vor. Dies ist ein Grund dafür, dass mehr Güternachfrage immer vollständig zu mehr Beschäftigung und Produktion wird und überhaupt keine Inflationseffekte hat. Ob dies so bleibt, wenn man die Preisniveaubestimmung in das Grundmodell aufnimmt, werden wir ebenfalls später noch zu klären haben.

11.3.2 Wirkungen der Geld- und der Fiskalpolitik

Anders als in der Neoklassik stehen die Wirkungen der Geld- und Fiskalpolitik im Zentrum des keynesianischen Denkens. Das IS-LM-Modell wurde wesentlich dazu geschaffen, die Wirkungen insbesondere expansiver Geld- und Fiskalpolitik in anschaulicher Weise demonstrieren zu können.

11.3.2.1 Wirkungen der Geldpolitik

Die Abb. 11.4 zeigt die Auswirkungen einer expansiven Geldpolitik auf das simultane Geld- und Gütermarktgleichgewicht des keynesianischen Grundmodells. Erhöht die Zentralbank die Geldmenge M, so erfordert ein neues Geldmarktgleichgewicht, dass diese zusätzliche Geldmenge auch gehalten wird. Im Normalfall wird die höhere Geldmenge teils in die Transaktionskasse und teils in die Spekulationskasse wandern. Dazu müssen das Gleichgewichtseinkommen höher und der Gleichgewichtszinssatz niedriger sein. Die LM-Kurve verlagert sich also nach rechts bzw. unten. Die Lage der IS-Kurve hängt nicht von der Höhe der Geldmenge ab. Dementsprechend kommt es zu einem neuen IS-LM-Gleichgewicht bei höherem Einkommen und niedrigerem Zinssatz. In diesem neuen Gleichgewicht sind das Sparen (wegen des gestiegenen Einkommens) und die Investitionen (wegen des gesunkenen Zinssatzes) in gleichem Maße gewachsen. Wie gegen Ende des Vorabschnitts ausgeführt, ist dabei implizit mitgedacht, dass diese Einkommenserhöhung auf dem Arbeitsmarkt durch die dazu notwendige Beschäftigungszunahme ermöglicht wird.

Die Umsetzung des ursprünglichen monetären Impulses in die Realsphäre der Wirtschaft kann man sich beispielsweise so vorstellen: Die Zentralbank erhöht die Zentralbankgeldmenge, indem sie den Geschäftsbanken bessere Refinanzierungsmöglichkeiten einräumt, sei es durch Senkung des Diskontzinssatzes, sei es durch Erhöhung der Rediskontkontingente. Die Geschäftsbanken nutzen dies zur zusätzlichen Geld- und Kreditschöpfung. Damit diese Kredite auch nachgefragt werden, müssen sie allerdings den Zinssatz senken. Dies führt zu mehr Investitionen und erhöht damit die Nachfrage am Gütermarkt. Annahmegemäß wird durch diese Mehrnachfrage eine Mehrproduktion in gleicher Höhe (und ohne Preisniveaueffekte) induziert, wodurch die Einkommen und in der Folge Konsum und Sparen steigen. Der gesunkene Zinssatz und das steigende Einkommen absorbieren die zusätzliche Geldmenge durch vermehrte Haltung von Spekulations- und

Abb. 11.4 Wirkungen expansiver Geldpolitik im IS-LM-Modell

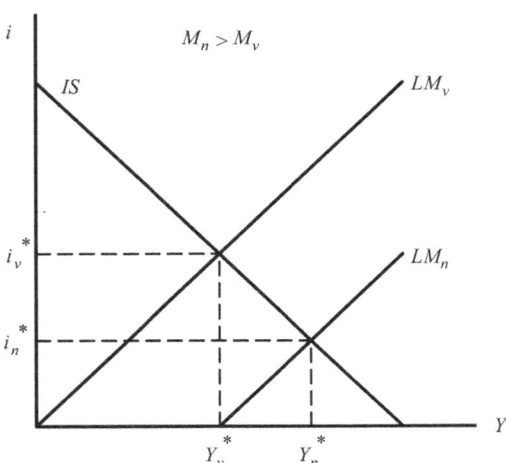

Transaktionskasse. Alternativ kann der auslösende Impuls hier auch über eine Offenmarkt-politik direkt mit den Nichtbanken erfolgen. Die Zentralbank kauft direkt von den Nicht-banken einschlägige Wertpapiere gegen Geld auf. Dadurch steigen die Kurse, der Zinssatz fällt. Anschließend geht es weiter wie oben: Fallende Zinssätze führen zu steigender Nach-frage nach Investitionsgütern und dies bringt mehr Beschäftigung.

Entscheidend für die Einkommens- und Beschäftigungswirkung der expansiven Geld-politik ist in jedem Fall, dass der Zinssatz fällt und dass daraufhin die Investitionen erhöht werden. Nur über diese zweistufige Wirkungskette führt der monetäre Impuls zu einer realwirtschaftlichen Wirkung. Allgemein bezeichnet man eine derartige Wirkungs-kette zwischen Geld- und Realsphäre als monetären Transmissionsmechanismus. Im hier geschilderten Normalfall des IS-LM-Modells funktioniert dieser Mechanismus. Keynes selbst hatte aber durchaus Zweifel, ob dies auch in einer schweren Rezession der Fall ist:

- Zum einen sind die Zinsen in einer solchen Rezession schon sehr niedrig bzw. die Wertpapierkurse relativ hoch. Die Wirtschaftssubjekte rechnen daher überwiegend mit Kursverlusten. Praktiziert die Zentralbank in dieser Situation eine expansive Offenmarktpolitik, so kann es sein, dass die Privaten ihr sehr bereitwillig Wert-papiere in großer Menge zum herrschenden Kurs verkaufen, sodass merkliche Kurs-steigerungen und damit Zinssatzsenkungen ausbleiben. Das von der Zentralbank in Umlauf gebrachte Geld verschwindet hier sozusagen ohne weitere Wirkung in der Spekulationskasse. Man spricht von einer Liquiditätsfalle. Diese Liquiditätsfalle ver-hindert die Transmission des monetären Impulses schon auf der ersten Stufe.
- Aber auch wenn es zur Zinssatzsenkung kommt, kann die Transmission noch auf der zweiten Stufe scheitern. Auch dies ist in einer schweren Rezession nicht aus-zuschließen. Denn in einer solchen Situation liegt typischerweise eine sehr geringe Auslastung des Kapitalstocks vor. Dann machen zusätzliche Investitionen auch bei sinkendem Zinssatz oft wenig Sinn. Springen jedoch die Investitionen nicht an, so kommt es zu keinem Güternachfrageimpuls und zu keiner Beschäftigungswirkung. Diese Situation bezeichnet man als Investitionsfalle.

11.3.2.2 Wirkungen der Fiskalpolitik

Die Möglichkeit des Vorliegens einer Liquiditätsfalle und/oder einer Investitions-falle lässt die Wirksamkeit einer expansiven Geldpolitik gerade dann als zweifel-haft erscheinen, wenn diese Wirksamkeit am wichtigsten wäre – nämlich in einem ungewöhnlich schweren Abschwung. In einer solchen Situation wird daher von den meisten Keynesianern eine direkt an der gesamtwirtschaftlichen Güternachfrage ansetzende expansive Fiskalpolitik favorisiert.

Die Abb. 11.5 zeigt die Auswirkungen einer Erhöhung der autonomen Investitionen des Staates im Zuge eines expansiven staatlichen Investitionsprogramms auf das simul-tane Geld- und Gütermarktgleichgewicht. Sind die autonomen Investitionen höher, so liegt die gesamte IS-Kurve weiter rechts bzw. weiter oben: Höhere Investitionen erfordern ein höheres Sparen und damit ein höheres Einkommen. Damit ist aber auch die

Abb. 11.5 Wirkungen
expansiver Fiskalpolitik im
IS-LM-Modell

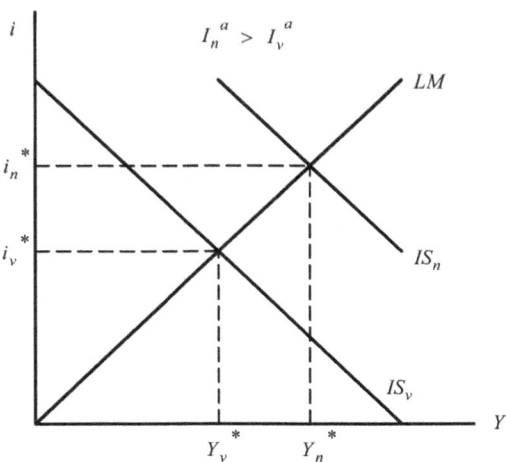

Transaktionskasse höher. Bei gegebener Geldmenge geht dies zulasten der Spekulationskasse. Damit diese sinkt, muss der Zinssatz steigen. Die Lage der LM-Kurve ist von dem
staatlichen Investitionsprogramm nicht betroffen. Dementsprechend ergibt sich das neue
Gleichgewicht bei einem höherem Zinssatz und einem höherem Einkommen – und damit
annahmegemäß bei einer höheren Beschäftigung. Der bei konstanter Geldmenge resultierende Zinssatzanstieg führt zu einem crowding out zinssatzabhängiger Investitionen.
Dieses crowding out ist hier jedoch, anders als im neoklassischen Modell, kein totales
crowding out. Denn die Gesamtnachfrage und damit die Gesamtproduktion steigen dennoch. Zum einen gehen die zinssatzabhängigen Investitionen um weniger zurück als die
autonomen Investitionen erhöht wurden. Zum zweiten steigt mit steigendem Einkommen
auch der Konsum.

Die Wirkung der Fiskalpolitik ist sehr direkt. Mit den staatlichen Investitionen wird
direkt eine gesamtwirtschaftliche Nachfragekomponente erhöht und dies führt direkt
zu mehr Beschäftigung, Produktion und Einkommen. Dies ist ein Vorteil im Vergleich zur expansiven Geldpolitik. Auf der anderen Seite steht der Nachteil des crowding out. Der Produktions- und Einkommensanstieg erfordert mehr Transaktionskasse
und diese Liquiditätsanspannung treibt den Zinssatz nach oben. Beispielsweise werden
sich die Wirtschaftssubjekte zusätzliche Liquidität für Güterkäufe durch die Auflösung
von Wertpapieranlagen besorgen. Dies führt zu fallenden Kursen und steigenden Zinssätzen. Steigende Zinssätze führen dann zum oben geschilderten crowding out, das die
Beschäftigungswirkung des Impulses schwächt.

Diese unerwünschte Nebenwirkung der direkten staatlichen Nachfrageerhöhung
könnte vermieden werden, wenn die Zentralbank den fiskalischen Impuls der Regierung
sozusagen monetär alimentieren würde. Wird parallel zu den autonomen Investitionen
auch die Geldmenge erhöht, so kann der Zinssatzanstieg verhindert werden. Diese Kombination von Fiskal- und Geldpolitik bezeichnet man als keynesianischen policy mix. Die

Abb. 11.6 Expansiver policy
mix im IS-LM-Modell

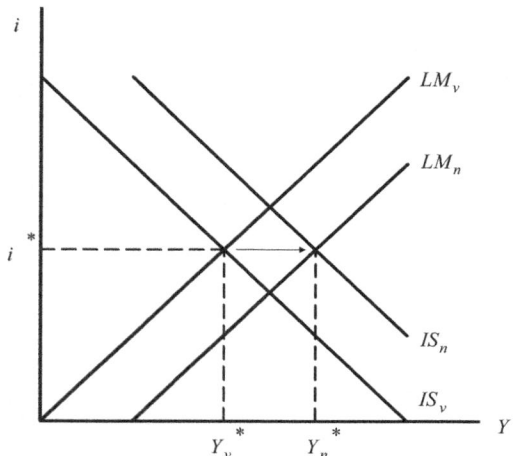

Abb. 11.6 verdeutlicht die expansive Variante dieser Strategie speziell für jenen Fall, in dem der Zinssatz genau unverändert bleibt. Dies kann die Zentralbank beispielsweise erreichen, indem sie die Wertpapiere welche die Wirtschaftssubjekte verkaufen, um an Geld für Gütertransaktionen zu kommen, über Offenmarktgeschäfte aufkauft, sodass das Fallen der Kurse und der Anstieg der Wertpapierverzinsung verhindert werden.

11.3.3 Die Gesamtwirtschaftliche Nachfragefunktion

In den beiden folgenden Unterkapiteln wollen wir das IS-LM-Modell um den Arbeitsmarkt und eine Erklärung des Preisniveaus ergänzen. Dazu ist zunächst zu klären, wie das IS-LM-Gleichgewicht auf Preisniveauänderungen reagiert. Die naheliegende Antwort ist, dass diese Reaktion genau umgekehrt ist wie bei einer Änderung der Geldmenge M. Denn für die Kassenhaltungswünsche ist die mit dem Preisniveau deflationierte Geldmenge M/P entscheidend. Steigt das Preisniveau, so brauchen alle Wirtschaftssubjekte nominal mehr Geld für ihre Transaktionen. Um an mehr Liquidität zu kommen, werden sie Wertpapiere verkaufen, was den Zinssatz steigen lässt. Dies führt zu geringerer Investitionstätigkeit, also einer verringerten Nachfrage und somit zu weniger Produktion und Einkommen.

Grafisch gesehen verschiebt sich damit die LM-Kurve unter einer Preisniveauerhöhung im Zinssatz-Einkommens-Diagramm nach links oben. Dies zeigt die Abb. 11.7 anhand dreier vorgegebener Preisniveaus. Den sich ergebenden negativen Zusammenhang zwischen dem Gleichgewichtseinkommen des IS-LM-Modells Y^*_{ISLM} und dem Preisniveau bezeichnet man als Gesamtwirtschaftliche Nachfragefunktion. Diese ist keine Nachfragefunktion im eigentlichen Sinne, sondern der geometrische Ort aller IS-LM-Gleichgewichtseinkommen in Abhängigkeit vom Güterpreisniveau. Die Lage

Abb. 11.7 Ableitung der
Gesamtwirtschaftlichen
Nachfragefunktion

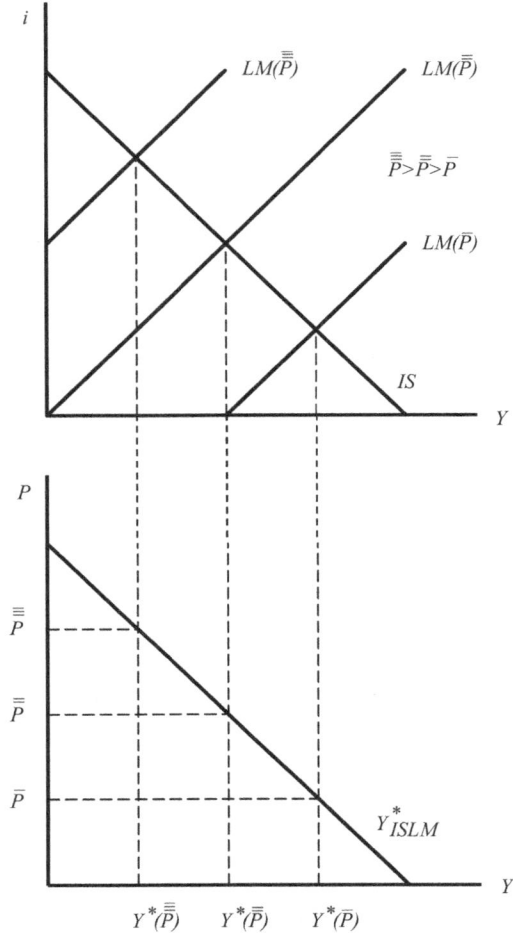

dieser Funktion ändert sich unter geld- und fiskalpolitischen Maßnahmen in gleicher Weise wie das Gleichgewichtseinkommen im IS-LM-Modell. Erhöhung der Geldmenge M bedeutet für jedes gegebene Preisniveau ein höheres Gleichgewichtseinkommen. Die Gesamtwirtschaftliche Nachfragefunktion verschiebt sich also nach rechts oben. Dasselbe gilt bei einer Erhöhung der autonomen Investitionen des Staates.

11.4 Die Neoklassische Synthese

Kombiniert man das IS-LM-Modell als keynesianische Variante der gesamtwirtschaftlichen Nachfrageseite mit dem neoklassischen Arbeitsmarkt aus Abschn. 11.2 als neoklassischer Angebotsseite für die kurze Frist, so resultiert die so genannte Neoklassische

Synthese. Dem Leser wird diese Art der Synthese nicht völlig zu Unrecht als erzwungene Zwangsvereinigung erscheinen. Besteht doch am neoklassischen Arbeitsmarkt ausschließlich freiwillige Arbeitslosigkeit, während die Prämisse der keynesianischen IS-LM-Analyse die Existenz unfreiwilliger Arbeitslosigkeit ist. Dennoch ist die Neoklassische Synthese ein sinnvolles Lehrbuchkonstrukt. Denn sie macht deutlich, dass man sich auf eine isolierte Analyse nur einer Seite der Volkswirtschaft nicht verlassen sollte. Außerdem zeigt sie, was passiert, wenn man freiwillige mit unfreiwilliger Arbeitslosigkeit verwechselt und versucht, erstere mit keynesianischer Geld- oder Fiskalpolitik zu reduzieren.

11.4.1 Das IS-LM-Modell mit neoklassischer Angebotsseite

Die Abb. 11.8 zeigt die Neoklassische Synthese im Zustand des totalen Gleichgewichts. Die rechte Seite ist die neoklassische „Angebotsseite", die linke Seite ist die keynesianische „Nachfrageseite" des Modells. Der neoklassische Arbeitsmarkt determiniert Beschäftigung und Reallohnsatz und damit bei gegebener Produktionsfunktion die Höhe des Einkommens. Das Güterpreisniveau bestimmt sich im Zusammenspiel von Angebots- und Nachfrageseite des Modells: Die Gesamtwirtschaftliche Nachfragefunktion zeigt den Zusammenhang von Preisniveau und Gleichgewichtseinkommen für das IS-LM-System Y^*_{ISLM} *(P)*. Es gibt nur ein Preisniveau, bei dem das IS-LM-Gleichgewichtseinkommen dem am Arbeitsmarkt determinierten Wert entspricht. Nur für dieses Gleichgewichtspreisniveau des Gesamtmodells ist die LM-Kurve eingezeichnet. Mit dieser auch insgesamt gleichgewichtigen LM-Kurve steht dann der Gleichgewichtszinssatz fest. Vom Preisniveau aus gibt es keine Rückwirkungen auf das Gleichgewicht des neoklassischen Arbeitsmarktes. Wie in Abschn. 11.2 geschildert, orientieren sich beide Seiten des Arbeitsmarktes ausschließlich am Reallohnsatz *w/P.* Preisniveauinduzierte Reallohnsatzänderungen induzieren hinsichtlich der Arbeitsmenge entgegengesetzte Reaktionen von Arbeitsanbietern und Arbeitsnachfragern mit der Folge, dass sich der Nominallohnsatz in gleicher Weise und in gleichem Maße ändert wie das Preisniveau.

11.4.2 Wirkungen der Geld- und der Fiskalpolitik

Da Geld- und Fiskalpolitik auf der Nachfrageseite ansetzen, die Beschäftigung und damit das reale Einkommen in der Neoklassischen Synthese aber auf der Angebotsseite determiniert werden, ist klar, dass beide Arten keynesianischer Politik in der Neoklassischen Synthese ausschließlich zu Preisniveaueffekten führen.

11.4.2.1 Wirkungen der Geldpolitik

Besonders deutlich ist der Fall expansiver Geldpolitik. Schaut man nur auf das IS-LM-Modell, käme es zur Rechtsverschiebung der LM-Kurve und damit zu einem höheren

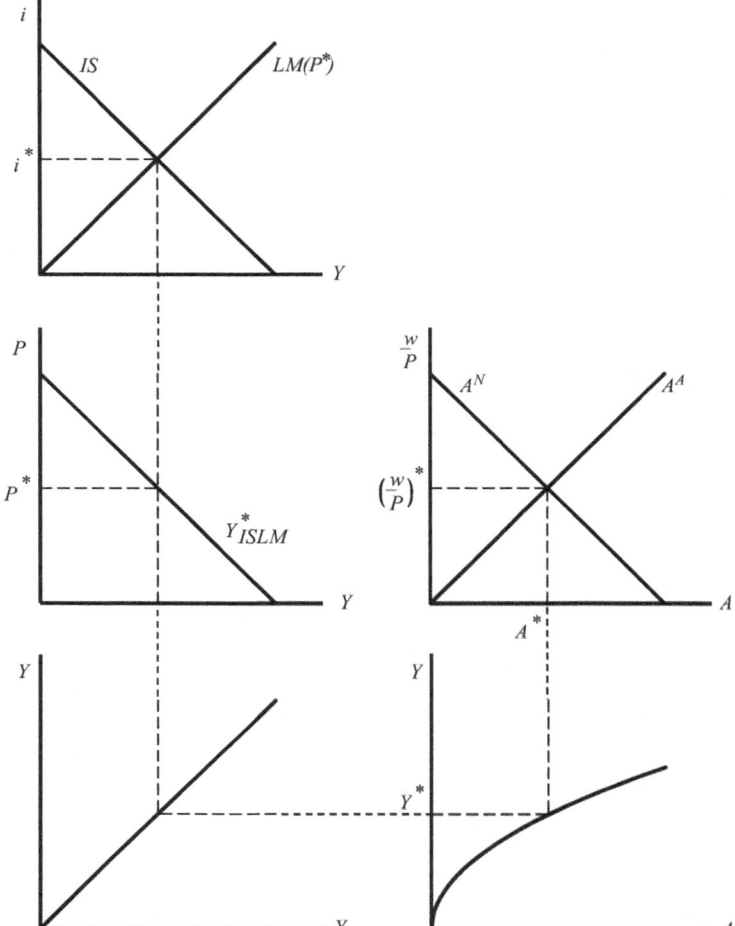

Abb. 11.8 Die Neoklassische Synthese

Einkommen, siehe die Abb. 11.4. Ursächlich dafür war, dass die geldmengeninduzierte Zunahme der Güternachfrage per Annahme in mehr Produktion und Beschäftigung umgesetzt wird. Dies funktioniert jedoch in der Neoklassischen Synthese nicht. Die Mehrnachfrage am Gütermarkt stößt dort auf ein gewinnmaximales Produktionsniveau als Güterangebot. Wie in Abschn. 11.2.2.1 zum neoklassischen Totalmodell dargelegt, reagieren die Gütermarktanbieter mit Preiserhöhungen. Würden diese Preiserhöhungen den Reallohnsatz anhaltend senken, so käme es zu positiven Beschäftigungs- und Einkommenseffekten. Dies ist aber im neoklassischen Arbeitsmarkt nicht der Fall. Stattdessen steigt nur der Nominallohnsatz, und zwar so lange, bis wieder der alte Reallohnsatz gilt. Die Folge ist ein rein neoklassisches Ergebnis: Expansive Geldpolitik verpufft mangels Reallohnsatzsenkung

in Preisniveauerhöhungen. Grafisch gesehen verschiebt sich lediglich die Gesamtwirtschaftliche Nachfragefunktion nach oben; hier kann man an der Ordinate das neue gleichgewichtige Preisniveau ablesen. (Der Leser stelle sich mit Blick auf die Abb. 11.8 eine höher
liegende Gesamtwirtschaftliche Nachfragefunktion vor.) Die LM-Kurve wurde durch die
Ausweitung der Geldmenge M zunächst nach rechts verschoben. Aber die sich einstellende
Preisniveauerhöhung kompensiert dies vollständig (M/P bleibt am Ende unverändert),
sodass sich die LM-Kurve wieder zurück in die Ausgangsposition verlagert hat.

11.4.2.2 Wirkungen der Fiskalpolitik

Schaut man nur auf das IS-LM-Modell, so führt eine Erhöhung der zinssatz-
unabhängigen staatlichen Investitionen zu einer Rechtsverschiebung der IS-Kurve und
damit zu mehr Einkommen, siehe die Abb. 11.5. Dahinter stand wieder die Annahme,
dass die Mehrnachfrage am Gütermarkt zu mehr Beschäftigung und Einkommen führt.
Aus den gleichen Gründen wie eben anhand der Wirkungen expansiver Geldpolitik
geschildert, ist dies im Rahmen der Neoklassischen Synthese jedoch nicht der Fall.
Hier verpufft die Gütermehrnachfrage wieder in Preisniveauerhöhungen, welche den
Reallohnsatz nicht senken können und daher keine Mehrbeschäftigung bringen. Während die Preisniveauerhöhungen bei expansiver Geldpolitik dazu führen, dass die Geldmenge real unverändert bleibt (und die LM-Kurve sich letztlich nicht verändert hat),
ergibt sich bei expansiver Fiskalpolitik durch den Anstieg des Güterpreisniveaus eine
Senkung der Geldmenge M/P. Grafisch bedeutet dies eine dauerhafte Linksverschiebung
der LM-Kurve. Der Zinssatz steigt und damit fallen die zinssatzabhängigen Investitionen
– und zwar genau in Höhe des auslösenden staatlichen Investitionsprogramms. Es liegt
also mit Blick auf die Investitionserhöhung des Staates ein totales crowding out privater
Investitionen vor. Staatsinvestitionen ersetzen Privatinvestitionen, ansonsten passiert real
nichts. Dies zeigt die Abb. 11.9.

Wie im Fall expansiver Geldpolitik liegt die Gesamtwirtschaftliche Nachfragefunktion höher, was bei unverändertem Arbeitsmarktgleichgewicht zu einem höheren
Güterpreisniveau führt. Neu im Vergleich zur Geldpolitik ist die durch diesen Preisniveauanstieg bewirkte Linksverschiebung der LM-Kurve bzw. das damit aufgezeigte
crowding out. Dieses totale crowding out kommt dadurch zustande, dass die Wirtschaftssubjekte wegen der Preisniveauerhöhung nominal mehr Geld für ihre Transaktionen
brauchen. Dieses besorgen sie sich durch Wertpapierverkäufe, wodurch die Kurse fallen,
der Zinssatz also steigt.

Die Neoklassische Synthese macht deutlich, dass der durch expansive Geld- oder
Fiskalpolitik bewirkte Nachfrageimpuls am Gütermarkt nur dann zu einem Anstieg
von Beschäftigung und Einkommen führen kann, wenn es zu Reallohnsatzsenkungen
kommt. Darüber hinaus zeigt sie auch schon auf, wie diese Reallohnsatzsenkungen
zustande kommen könnten. Der durch die Gütermehrnachfrage ausgelöste Preisniveauanstieg würde bei gegebenen oder lediglich unterproportional nachziehenden Nominal-
lohnsätzen für sinkende Reallohnsätze sorgen. In den neoklassischen Modellvarianten
scheitert dies allerdings an der Gegenreaktion der Arbeitsanbieter. Diese reduzieren

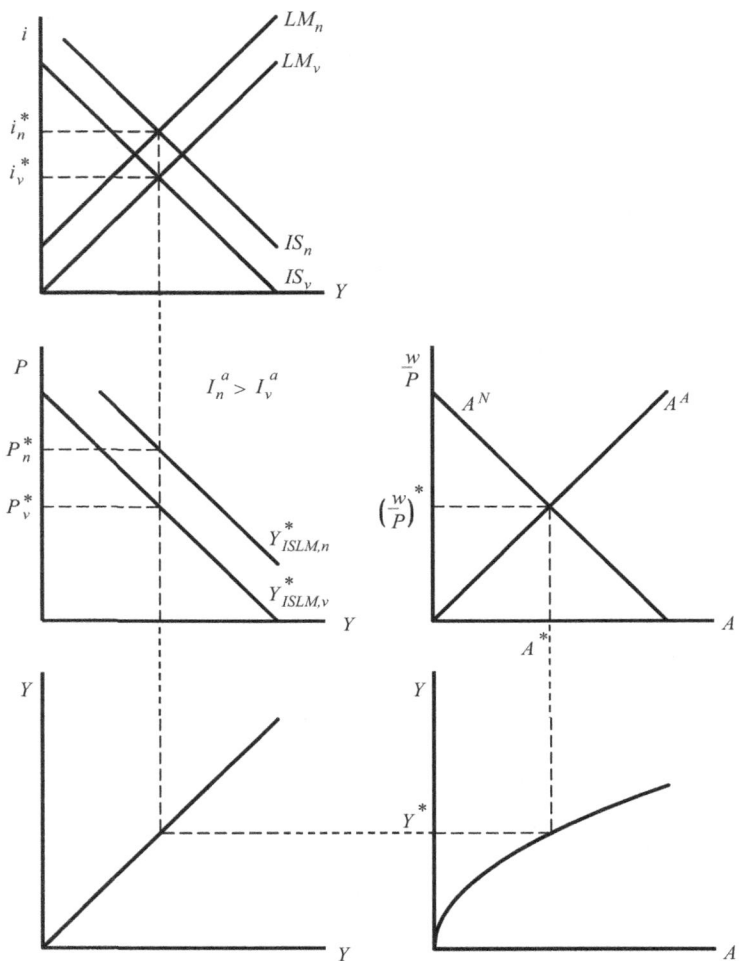

Abb. 11.9 Wirkungen expansiver Fiskalpolitik in der Neoklassischen Synthese

bei sinkendem Reallohnsatz das Angebot und der sich am Arbeitsmarkt ergebende Nachfrageüberschuss lässt die Nominallohnsätze so lange steigen, bis wieder der ursprüngliche Reallohnsatz gilt. Die Basis dieser (Nicht-)Reaktion des neoklassischen Arbeitsmarktgleichgewichts auf Erhöhungen des Güterpreisniveaus sind drei Annahmen, die sich aus der eher langfristigen Orientierung der Neoklassik ergeben:

- Die Nominallöhne sind flexibel.
- Die Arbeitsanbieter können die Höhe ihres Arbeitsangebots frei wählen.

- Bei der Anpassung der Arbeitsanbieter an Reallohnsatzänderungen dominiert der Substitutionseffekt: Da fallende Reallohnsätze eine Verbilligung von Freizeit und eine Verteuerung von Konsumgütern in Arbeitseinheiten gerechnet bedeuten, lassen sie das Arbeitsangebot sinken.

11.5 Das keynesianische Totalmodell

Anders als die Neoklassik schaut die keynesianische Einkommens- und Beschäftigungstheorie eher auf die kurze Frist, also maximal auf Jahresfrist. Dies sollte man beim Vergleich und der Würdigung der beiden Totalmodelle nicht aus dem Auge verlieren. Insbesondere ist der neoklassische Arbeitsmarkt eher für die Analyse längerfristiger Wirkungen geeignet, der keynesianische eher für die Analyse der zeitlich gesehen unmittelbaren Effekte der Geld- und Fiskalpolitik.

11.5.1 Lohnstarrheit und Gesamtwirtschaftliche Angebotsfunktion

In der auf die kurze Frist schauenden keynesianischen Einkommens- und Beschäftigungstheorie ist die Gültigkeit der am Ende des Vorabschnitts noch einmal zusammengefassten drei zentralen neoklassischen Verhaltenshypothesen bezüglich des Arbeitsanbieterverhaltens eher nicht gegeben. Hier dürften die folgenden drei auf Keynes zurückgehenden Annahmen zutreffender sein:

- Die Geldlohnsätze sind durch Tarifverträge im Wesentlichen festgeschrieben.
- Das Arbeitsangebot kann sich in Folge tariflicher Arbeitszeitregelungen nur in sehr engen Grenzen bewegen, ist somit kaum lohnsatzreagibel.
- Der Substitutionseffekt einer Reallohnsatzsenkung wird durch den gegenläufigen Einkommenseffekt mindestens kompensiert. Sinkt der Reallohnsatz, so sinkt das Realeinkommen. Wenn Arbeitsanbieter darauf mit ihrer Arbeitsangebotsmenge reagieren können, dann überwiegend derart, dass sie versuchen, den Einkommensrückgang durch Mehrarbeit zu verringern. Dieser Effekt steht dem von der Neoklassik in den Vordergrund gerückten Substitutionseffekt entgegen. Auch dies spricht für ein insgesamt wenig lohnsatzreagibles Arbeitsangebot.

Nach Keynes gibt es also kurzfristig Lohnstarrheit in zweierlei Sinne: Zum einen sind die Nominallohnsätze selbst starr weil tarifvertraglich festgelegt. Zum zweiten ist das Arbeitsangebot gegenüber Lohnsatzänderungen starr. Diese keynesianische Lohnstarrheit im doppelten Sinne macht nun zunächst einmal unfreiwillige Arbeitslosigkeit erklärbar. Führt der tariflich vereinbarte Nominallohnsatz bei gegebenem Güterpreisniveau zu einem Reallohnsatz, bei dem die Arbeitsnachfrage der Unternehmen das starre Arbeitsangebot der Haushalte übersteigt, so finden Teile des Arbeitsangebots keine Beschäftigung, obwohl sie zum herrschenden Reallohnsatz beschäftigt werden wollen. Dies illustriert die Abb. 11.10 in einem Nominallohnsatz-Arbeitsmengen-Diagramm anhand zweier alternativer Güterpreisniveaus und eines Tariflohnsatzes w_{Tarif}. Gilt das höhere Güterpreisniveau, so bedeutet das im Nominallohn-Diagramm relativ niedrige Reallohnsätze und daher liegt die Arbeitsnachfragefunktion relativ weit oben. Dies führt zu einem Schnittpunkt mit dem lohnsatzunabhängigen Arbeitsangebot genau beim Tariflohnsatz. Somit ergibt sich Vollbeschäftigung in dem Sinne, dass alle Arbeitslosigkeit freiwillige Arbeitslosigkeit ist. Wäre das Preisniveau noch etwas höher, ergäbe sich zudem eine übertarifliche Bezahlung. Dies ist offensichtlich nicht das keynesianische Krisenszenario. Ein solches resultiert im Falle des niedrigeren Güterpreisniveaus und der zugehörigen durchweg niedriger verlaufenden Arbeitsnachfragefunktion. Deren Schnittpunkt mit dem Arbeitsangebot liegt unterhalb des Tariflohns und ist damit irrelevant. Die tatsächlich realisierte Beschäftigung entspricht der Arbeitsnachfrage zum Tariflohnsatz. Dadurch kommt es nun zu einer unfreiwilligen Arbeitslosigkeit. Für Vollbeschäftigung ist der Tariflohnsatz bei gegebenem Güterpreisniveau zu hoch bzw. das Güterpreisniveau bei gegebenem Tariflohnsatz zu niedrig.

Eine Möglichkeit, diese unfreiwillige Arbeitslosigkeit zu beseitigen, wäre die Senkung des Reallohnsatzes durch Senkung des tarifvertraglich vereinbarten Nominallohnsatzes. Keynes war aber zu sehr Wirtschaftspolitiker, als dass er diese Lösung in Betracht gezogen hätte. Denn unter dem Aspekt der politischen Durchsetzbarkeit ist der alternative Weg viel einfacher: Beseitigung der unfreiwilligen Arbeitslosigkeit über eine Reallohnsatzsenkung, die durch Güterpreisinflation bei kurzfristiger Nominallohnsatzstarrheit bewirkt wird. Denn infolge der Lohnstarrheiten reagiert das keynesianische Arbeitsmarktgleichgewicht bei Unterbeschäftigung auf Güterpreisniveausteigerungen

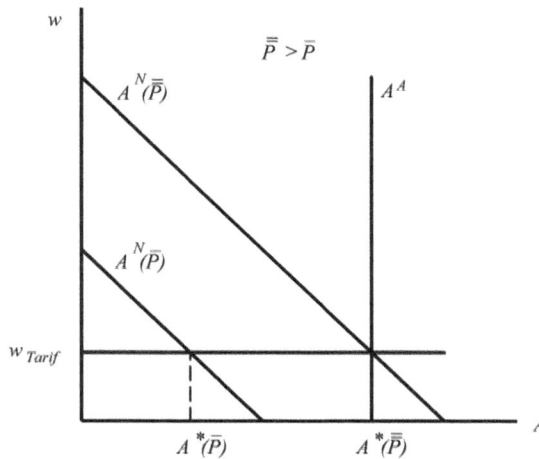

Abb. 11.10 Unfreiwillige Arbeitslosigkeit auf dem keynesianischen Arbeitsmarkt

mit mehr Beschäftigung, Produktion und Einkommen. Wie man diese Güterpreisinflation bewerkstelligt, wissen wir schon aus der Betrachtung der Neoklassischen
Synthese: durch auf expansive Fiskal- oder Geldpolitik zurückgehende Nachfrag-
erhöhungen am Gütermarkt. Den gleichgerichteten Zusammenhang zwischen dem
Güterpreisniveau und dem Einkommen, wie es sich über die Produktionsfunktion am
Arbeitsmarkt ergibt, bezeichnet man als Gesamtwirtschaftliche Angebotsfunktion Y^*_{AM}
(P) (mit „AM" für Arbeitsmarkt). Diese ist keine Angebotsfunktion im herkömm-
lichen Sinne, sondern der geometrische Ort aller in Einkommenshöhen umgerechneten
Beschäftigungsniveaus in Abhängigkeit vom Güterpreisniveau. Die Abb. 11.11 zeigt
die grafische Herleitung der Gesamtwirtschaftlichen Angebotsfunktion anhand von
drei beispielhaft herausgegriffenen Güterpreisniveaus. Im Bereich zwischen dem nied-
rigsten und dem mittleren Preisniveau herrscht in der Ausgangssituation unfreiwillige
Arbeitslosigkeit. Hier führen Preisniveauerhöhungen infolge der induzierten Reallohnsatzsenkungen (Verlagerung der Arbeitsnachfragefunktion nach oben) zu mehr
Beschäftigung und damit zu mehr Produktion und Einkommen. Es resultiert also auf
der Angebotsseite des Modells ein gleichgerichteter Zusammenhang von Preisniveau
und Produktion. Herrscht in der Ausgangssituation Vollbeschäftigung, so gibt es keine
realen Effekte mehr.

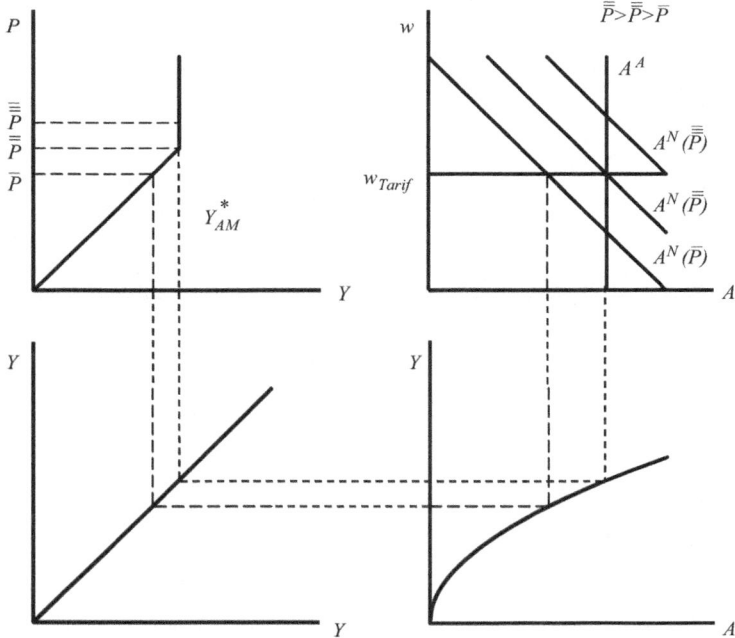

Abb. 11.11 Ableitung der Gesamtwirtschaftlichen Angebotsfunktion

11.5.2 Das um Lohnstarrheiten ergänzte IS-LM-Modell

Die Abb. 11.12 zeigt das keynesianische Totalmodell als Kombination des IS-LM-Modells mit dem keynesianischen Arbeitsmarkt mit vorgegebenem Tariflohnsatz und lohnsatzunelastischem Arbeitsangebot. Wir haben nur jenen Fall berücksichtigt, in dem in der Ausgangssituation unfreiwillige Arbeitslosigkeit herrscht. Denn nur für diesen Fall ist das Modell gedacht. Daher verläuft die Gesamtwirtschaftliche Angebotsfunktion durchweg preisniveauelastisch. Der Leser mache sich an der Abb. 11.11 noch einmal klar, dass hinter der Gesamtwirtschaftlichen Angebotsfunktion die sich für unterschiedliche Güterpreisniveaus am Arbeitsmarkt ergebenden unterschiedlichen Arbeitsnachfragefunktionen bzw. die aus letzteren resultierenden unterschiedlichen Arbeitsmarktgleichgewichte

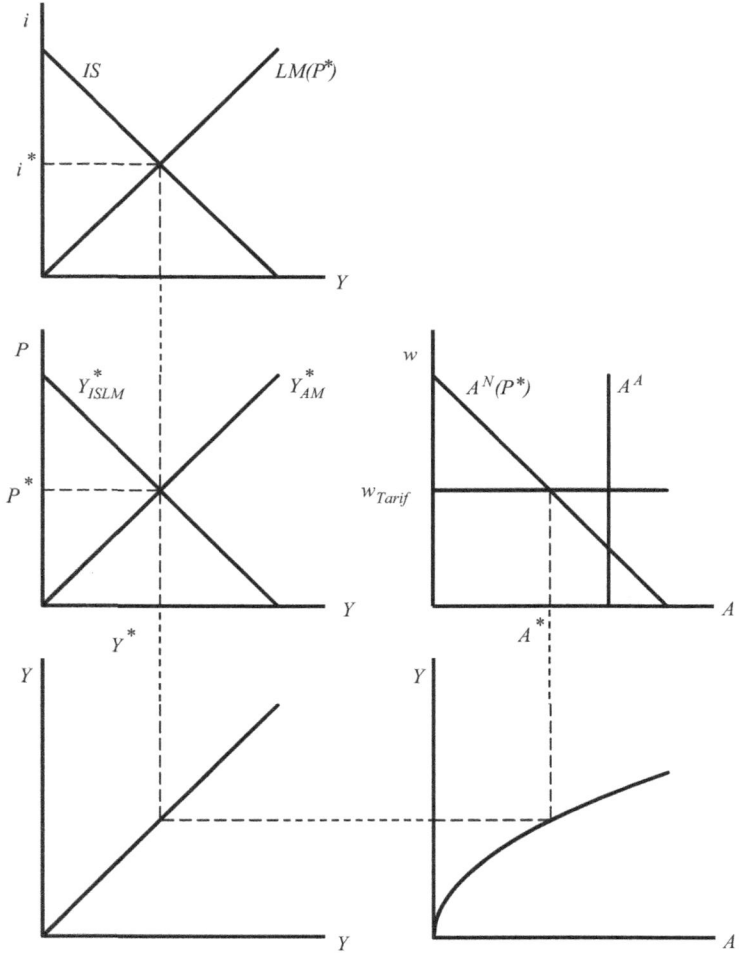

Abb. 11.12 Das keynesianische Totalmodell

stehen. Von all diesen Arbeitsnachfragefunktionen ist nur jene eingezeichnet, die zum sich im Gleichgewicht des Totalmodells ergebenden Güterpreisniveau gehört. Im für das Modell zentralen Quadranten ist der Gesamtwirtschaftlichen Angebotsfunktion die Gesamtwirtschaftliche Nachfragefunktion gegenübergestellt. In der Abb. 11.7 hatten wir sie grafisch aus dem IS-LM-Modell abgeleitet. Der Leser verdeutliche sich an der Abb. 11.7 noch einmal, dass hinter der Gesamtwirtschaftlichen Nachfragefunktion die sich für unterschiedliche Preisniveaus ergebenden unterschiedlichen LM-Funktionen bzw. die aus letzteren resultierenden unterschiedlichen simultanen Güter- und Geld-marktgleichgewichte stehen. Von all diesen LM-Funktionen ist nur jene eingezeichnet, die zum Gleichgewichtspreisniveau des Totalmodells gehört. Die Gesamtwirtschaftliche Nachfragefunktion verläuft fallend, da Güterpreisniveauerhöhungen eine Senkung der realen Geldmenge M/P bedeuten und daher auf das Einkommen genau umgekehrt wie eine Änderung der nominalen Geldmenge M wirken.

Anders als im Fall der Neoklassischen Synthese ist die Logik des keynesianischen Totalmodells vollständig interdependent. Die zentralen Variablen Beschäftigung und Einkommen werden simultan durch Angebots- und Nachfrageseite bestimmt. Grafisch wird dies an der zentralen Stellung des Quadranten mit der Gesamtwirtschaftlichen Nachfragefunktion und der Gesamtwirtschaftlichen Angebotsfunktion deutlich. Hier determiniert der Abgleich aller angebotsseitigen Partialgleichgewichte Y^*_{AM} mit allen nachfrageseitigen Partialgleichgewichten Y^*_{ISLM} die Höhe von Preisniveau und Ein-kommen. Daraus folgt auf der Angebotsseite der Reallohnsatz sowie die Beschäftigung und auf der Nachfrageseite der Zinssatz.

11.5.3 Wirkungen der Geld- und der Fiskalpolitik

Bei der folgenden Analyse der Wirkungen expansiver Geld- und Fiskalpolitik können wir an unsere diesbezüglichen Überlegungen im Kontext des IS-LM-Modells anknüpfen. Anders als dort wird nun aber deutlich werden, wie mehr Güternachfrage zu mehr Beschäftigung wird.

11.5.3.1 Wirkungen der Geldpolitik

Vor dem Hintergrund des IS-LM-Modells hatten wir uns überlegt, dass eine Erhöhung der Geldmenge M die LM-Kurve nach rechts und damit das IS-LM-Gleichgewicht in den Bereich höherer Einkommen und niedrigerer Zinssätze verschiebt. Auslöser können Wertpapierkäufe der Zentralbank oder die Senkung des Diskontsatzes sein. Funktioniert die Transmission in den realen Bereich, so kommt es über die Senkung des Zinssatzes zu einer Mehrnachfrage am Gütermarkt. Im IS-LM-Modell ist dann unterstellt, dass diese Mehrnachfrage auch zu mehr Beschäftigung führt. In der Neoklassischen Syn-these haben wir gesehen, warum das bei klassischer Angebotsseite nicht funktioniert. Dort führt die Gütermehrnachfrage nur zu Inflation bei unveränderten Reallohnsätzen und damit unveränderter Beschäftigung. Ergänzt man nun das IS-LM-Modell um einen

Arbeitsmarkt mit kurzfristig fixen Tariflohnsätzen und lohnsatzunelastischem Arbeitsangebot, so werden die Preissteigerungen am Gütermarkt den Reallohnsatz senken und
damit zu mehr Beschäftigung führen. Expansive Geldpolitik geht also im keynesianischen
Totalmodell zum Teil in die Preise, hat zum Teil aber auch reale Effekte. Dies verdeutlicht die Abb. 11.13. Die Geldmengenerhöhung schlägt sich in der Rechtsverschiebung
von LM-Kurve und Gesamtwirtschaftlicher Nachfragefunktion nieder. Da das Preisniveau
steigt, wird ein Teil der ursprünglichen Geldmengenerhöhung real wieder unterlaufen.
Am Ende bleibt M/P jedoch höher als vor dem monetären Impuls, weil durch die Preisniveauerhöhung auch der Reallohnsatz gesenkt und damit die Arbeitsnachfrage nach oben
verschoben wird, sodass die Beschäftigung steigt.

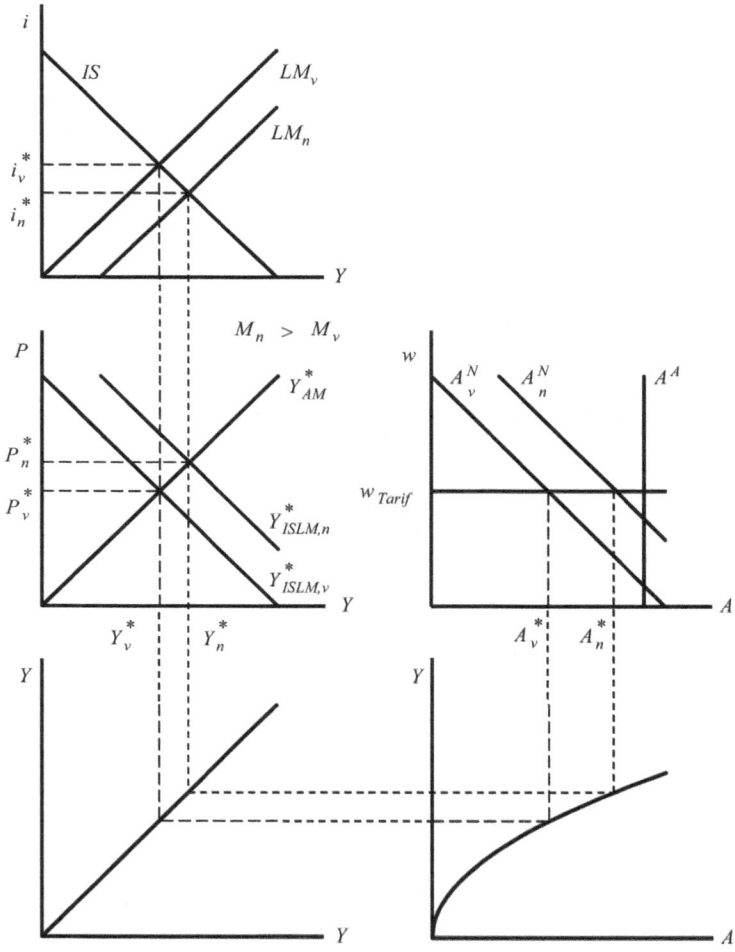

Abb. 11.13 Wirkungen expansiver Geldpolitik im keynesianischen Totalmodell

Die expansive Geldpolitik hat nur reale Wirkungen, wenn sie zu einer Inflation führt. Ohne Preisniveaueffekt gibt es keinen Beschäftigungseffekt. Dabei ist die Inflationierung der Reallohnsätze der entscheidende Punkt auf der Angebotsseite. Diese reale Abwertung der tarifvertraglich vereinbarten Geldlohnsätze funktioniert jedoch nur, wenn sie von den Arbeitsanbietern in den Tarifverhandlungen nicht antizipiert wird. Und selbst dann wird es in den Verhandlungen nach der Inflationierung zu Nachforderungen kommen, die den realen Effekt wieder zunichte machen können. Daran sieht man sehr deutlich den doch sehr kurzfristigen Charakter der keynesianischen Beschäftigungspolitik. Ihr Erfolg erfordert eine Täuschung (oder eine Selbsttäuschung) der Arbeitsanbieter. Das wird jedoch nicht wiederholt und dauerhaft gelingen können.

Die Wirksamkeit der Geldpolitik ist auf das Funktionieren der Transmission des monetären Impulses in den realen Bereich angewiesen. In einer starken Rezession können eine Liquiditätsfalle (es kommt zu keiner Zinssatzsenkung) und/oder eine Investitionsfalle (die Investitionen reagieren nicht auf die Zinssatzsenkung) reale Wirkungen verhindern. Zudem gehört die Geldmenge heute im Regelfall nicht in den Instrumentenkasten der Politik, da zumindest in der Euro-Zone die Zentralbank weisungsunabhängig ist. Diese muss also erst einmal davon überzeugt werden, dass die Entwertung der von ihr angebotenen Währung durch zu erwartende reale Effekte gerechtfertigt ist. Aus diesen Gründen bevorzugen Keynesianer meist die Fiskalpolitik. Auf diese haben die Regierungen direkten Einfluss und zudem setzen sie damit direkt an der Güternachfrage an, umgehen also die Gefahr eines nicht funktionierenden monetären Transmissionsmechanismus.

11.5.3.2 Wirkungen der Fiskalpolitik

Im Rahmen des IS-LM-Modells hatten wir schon gezeigt, dass eine Erhöhung der zinsunabhängigen Investitionen des Staates die IS-Kurve nach rechts und damit das simultane Geld- und Gütermarktgleichgewicht in den Bereich höherer Einkommen und höherer Zinssätze verschiebt. Dabei setzte sich dort der expansive Nachfrageimpuls per Annahme in mehr Produktion und Beschäftigung um. Da der Anstieg der Produktion zusätzliches Geld zu Transaktionszwecken erfordert, gibt es bei der expansiven Fiskalpolitik ein teilkompensierendes Feedback vom Geldmarkt: Das Geld für die zusätzlichen Gütermarkttransaktionen können sich die Wirtschaftssubjekte nur durch Wertpapierverkäufe besorgen, sodass die Zinsen wegen des erhöhten Liquiditätsbedarfs steigen. Dies führt zu einer Teilverdrängung zinsabhängiger Investitionen. An der Neoklassischen Synthese haben wir uns klargemacht, dass es bei klassischem Angebotsteil mangels Reallohnsatzsenkung zu keinen realen Effekten kommen kann. Hier steigt das Preisniveau am Gütermarkt so lange, bis die reale Geldmenge so weit gefallen ist, dass der fiskalpolitische Impuls durch ein totales crowding out komplett kompensiert ist. Grafisch zeigte sich das in einer entsprechenden Verschiebung der LM-Kurve nach links. Im keynesianischen Totalmodell generiert nun der Preisniveauanstieg über die induzierte Reallohnsatzsenkung auch Beschäftigungs- und Einkommenseffekte. Dadurch fällt die Inflation geringer aus als in der Neoklassischen Synthese, die reale Geldmenge sinkt weniger stark, der Zinssatz steigt weniger stark und das crowding out ist kein totales. Grafisch gesehen verschiebt sich die LM-Kurve auch nach links, aber nicht so stark, dass sie bezüglich des gleichgewichtigen Einkommensniveaus die Rechtsverschiebung der IS-Kurve kompensieren würde. Dies zeigt die Abb. 11.14.

Insgesamt gesehen ist die Inflationierung der Reallohnsätze also auch bei expansiver Fiskalpolitik eine notwendige Funktionsbedingung. Bezüglich dieser Funktionsbedingung darf man auf die längere Sicht skeptisch sein.

Ein kritischer Punkt bei der obigen Analyse der Wirkungen der Fiskalpolitik ist zudem die im Modell fehlende Budgetrestriktion des Staates. Woher kommen die finanziellen Mittel für das Investitionsprogramm? Kürzt man dafür Ausgaben an anderer

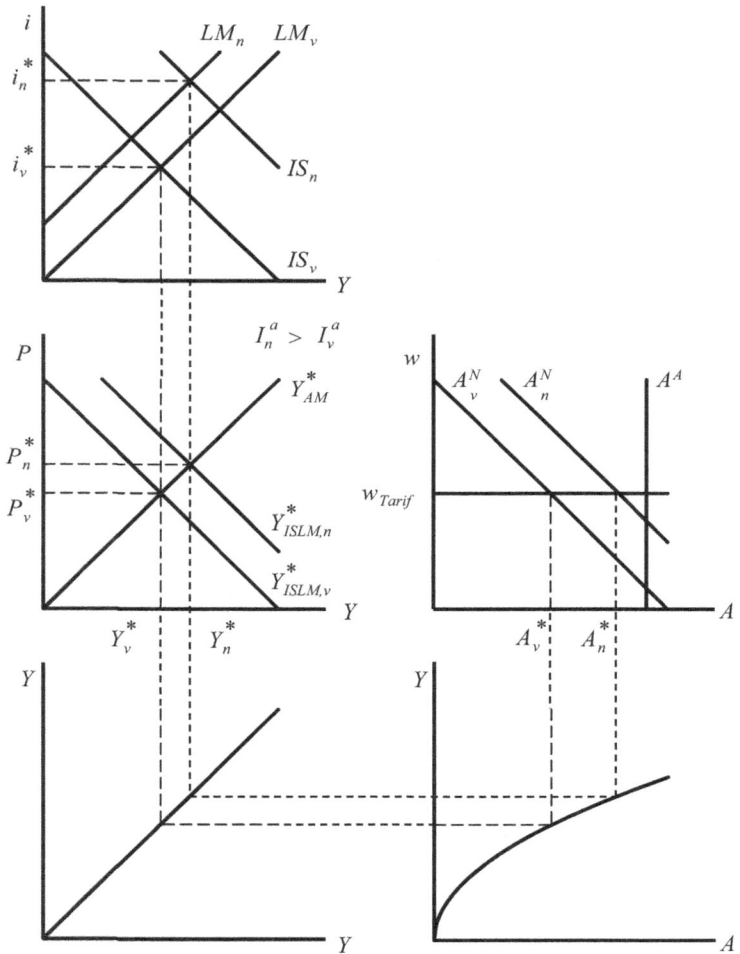

Abb. 11.14 Wirkungen expansiver Fiskalpolitik im keynesianischen Totalmodell

Stelle oder erhöht die Besteuerung der Privaten, so kommt es zu entsprechenden Entzugseffekten bei der privaten Nachfrage, die im Modell nicht gegengerechnet sind. Implizit wird im Modell eine Finanzierung über zusätzliche Verschuldung unterstellt. Aber auch diese hat Rückwirkungen, selbst wenn man unterstellt, die Privaten würden nicht mit einer Tilgung der Staatsschuld in der Zukunft rechnen. So wird ihnen doch zumindest klar sein, dass die alljährliche Zinslast des Staates mit dem Schuldenstand steigt und diese Zinslast über zukünftige Steuererhöhungen oder Ausgabensenkungen aufzubringen sein wird. Eine solche Antizipation zukünftiger Steuererhöhungen bzw. Ausgabensenkungen kann ein höheres aktuelles privates Sparen induzieren, das ebenfalls einen direkten Entzugseffekt auf der Nachfrageseite bewirkt.

Schließlich sei noch einmal darauf hingewiesen, dass die Einkommens- und Beschäftigungstheorie u. a. durch die Annahme eines vorgegebenen Kapitalstocks kurzfristig angelegt ist. Tatsächlich wächst der Kapitalstock jedoch sowohl bei expansiver Geldpolitik (über die infolge fallender Zinssätze steigenden Investitionen) als auch bei expansiver Fiskalpolitik in Form eines Investitionsprogramms schneller als zuvor. Insofern die Ursache der Rezession in einer Unterauslastung der Produktionskapazitäten infolge mangelnder Nachfrage besteht, wird diese Ursache durch die keynesianische Beschäftigungspolitik zwar kurzfristig via Nachfragesteigerung gelöst. Aber der Preis ist ein vielleicht noch größeres Auslastungsproblem als Folge der Beschleunigung des Kapitalstockwachstums in der Zukunft. Dann würde die Lösung einer Krise nur um den Preis einer noch größeren Krise in der Zukunft erfolgen. Diese Überlegung zeigt, dass man bei der Wirkungsanalyse keynesianischer Geld- und Fiskalpolitik nicht allein auf dem in der Beschäftigungstheorie etablierten und hier diskutierten kurzfristigen Modellrahmen vertrauen sollte, sondern diese Politiken auch im Rahmen von Wachstumsmodellen mit endogenem Kapitalstockwachstum und technischem Fortschritt einschätzen muss.

11.6 Zusammenfassung

1. Das neoklassische Totalmodell der kurzfristigen Einkommens- und Beschäftigungstheorie ist hinsichtlich seiner Verhaltensannahmen die makroökonomische Variante der neoklassischen Mikroökonomik. Beschäftigung, Produktion und Einkommen werden bei gegebener Produktionsfunktion und gegebenem Kapitalstock auf dem Arbeitsmarkt determiniert. Der primäre Finanzkapitalmarkt entscheidet über die Einkommensverwendung, also die Aufteilung der am Arbeitsmarkt determinierten Produktion auf Konsum und Sparen bzw. Investitionen. Auf dem makroökonomischen Geldmarkt schließlich resultiert für von der Angebotsseite vorgegebenes Produktions- und Einkommensniveau und von der Zentralbank fixierte Geldmenge das Güterpreisniveau. Somit gilt die neoklassische Dichotomie von Geldsphäre und Realsphäre.

2. Die Wirkung expansiver Geldpolitik erschöpft sich im neoklassischen Totalmodell gemäß der Quantitätstheorie des Geldes in Preisniveauerhöhungen. Es herrscht Neutralität des Geldes. Ursächlich dafür ist der neoklassische Arbeitsmarkt, auf dem

der Reallohnsatz bei Güterpreisinflation nicht fällt. Expansive Fiskalpolitik erschöpft sich in einer Veränderung der Einkommensverwendung bei unverändertem Einkommensniveau. Denn der induzierte Zinssatzanstieg verdrängt private Investitionen und Konsum in Höhe des staatlichen Investitionsprogramms (totales crowding out).

3. Im keynesianischen IS-LM-Modell sind auf dem Gütermarkt der Konsum einkommensabhängig und die Investitionen zinssatzabhängig. Auf dem Geldmarkt ist die Geldnachfrage nicht nur einkommensabhängig, sondern wegen der Spekulationskassenhaltung auch zinssatzabhängig. Damit werden Einkommen und Zinssatz simultan an beiden Märkten bestimmt. Annahmegemäß herrscht auf dem im IS-LM-Modell nicht explizit modellierten Arbeitsmarkt unfreiwillige Arbeitslosigkeit und setzt sich eine Nachfrageerhöhung am Gütermarkt in mehr Beschäftigung und Einkommen um.

4. Expansive Geldpolitik führt im IS-LM-Modell über den monetären Transmissionsmechanismus zu mehr Einkommen bei sinkendem Zinssatz. Damit die Transmission der Geldmengenerhöhung in eine reale Einkommenserhöhung funktioniert, darf es weder eine Liquiditätsfalle geben (der Zinssatz muss fallen) noch darf eine Investitionsfalle existieren (die Investitionsnachfrage muss bei fallendem Zinssatz steigen). Expansive Fiskalpolitik führt direkt zu einer Nachfrageerhöhung am Gütermarkt, induziert dabei jedoch infolge der zunehmenden Geldnachfrage zu Transaktionszwecken einen steigenden Zinssatz mit der Folge eines teilweisen crowding out.

5. In der Neoklassischen Synthese wird das keynesianische IS-LM-System mit einem neoklassischen Arbeitsmarkt kombiniert. Letzterer dominiert das Gesamtmodell. Ganz in neoklassischer Logik werden auf diesem Arbeitsmarkt die Beschäftigung und damit bei gegebener Produktionsfunktion das Einkommen bestimmt. Dem IS-LM-Untermodell bleibt nur die Bestimmung von Preisniveau und Zinssatz und damit der Einkommensverwendungsstruktur.

6. Expansive Geldpolitik erschöpft sich in der Neoklassischen Synthese in Preisniveaueffekten. Denn hier generiert eine am Gütermarkt induzierte Mehrnachfrage Preisniveausteigerungen, die ganz in neoklassischer Manier am Arbeitsmarkt keine Mehrbeschäftigung auslösen können. Dort steigen stattdessen nur die Geldlohnsätze an, bis wieder der ursprüngliche Reallohnsatz gilt. Das Güterpreisniveau steigt an, bis wieder die reale Geldmenge der Ausgangssituation vorliegt. Expansive Fiskalpolitik wirkt hinsichtlich der mangels Reallohnsatzsenkung nicht zustande kommenden Mehrbeschäftigung genauso. Hier bewirkt das Steigen des Güterpreisniveaus einen Rückgang der realen Geldmenge, der wiederum über den induzierten Zinssatzanstieg zu einem totalen crowding out führt.

7. Kombiniert man das IS-LM-Modell mit einem Arbeitsmarkt, auf dem der Geldlohnsatz tarifvertraglich festgeschrieben und das Arbeitsangebot lohnsatzunflexibel ist, so erhält man das keynesianische Totalmodell. Auf dessen Arbeitsmarkt kann es zu unfreiwilliger Arbeitslosigkeit kommen. Hier werden Güterpreisniveau und Beschäftigung simultan auf allen Märkten determiniert.

8. Im keynesianischen Totalmodell führen expansive Geld- und expansive Fiskalpolitik über eine inflationsbedingte Senkung des Reallohnsatzes zu mehr Beschäftigung und

Einkommen. Auslöser der Preisniveausteigerung ist wie in der Neoklassischen Synthese die Mehrnachfrage am Gütermarkt. Angesichts der Lohnstarrheiten ermöglicht der Preisniveauanstieg nun aber reale Effekte. Damit fällt im Falle expansiver Geldpolitik die reale Geldmenge nicht auf ihr Ausgangsniveau zurück und kommt es im Falle expansiver Fiskalpolitik zu keinem liquiditätsmangelbedingtem totalen crowding out (wie das jeweils in der Neoklassischen Synthese der Fall ist).

9. Die im kurzfristig angelegten keynesianischen Totalmodell der Einkommens- und Beschäftigungstheorie abgeleiteten Politikwirkungen gelten kaum oder gar nicht für die längere Frist. Denn wiederholt und längerfristig wird sich weder eine Inflationierung der Reallohnsätze noch eine schuldenfinanzierte Erhöhung der Gesamtnachfrage realisieren lassen.

11.7 Leseempfehlung

Mit Blick auf die Abbildung der eher angebotsseitigen Sichtweise einerseits und der eher keynesianischen bzw. nachfrageseitigen Sichtweise andererseits haben sich in der Lehrbuchliteratur gewisse Standardmodelle entwickelt. Bei allen Unterschieden in der Formulierung entspricht unser angebotsseitiges Grundmodell im Kern der im vierten Kapitel von Felderer und Homburg (2005) ausführlich behandelten Klassisch-Neoklassischen Theorie und kommen unsere drei nachfrageseitigen Varianten den einschlägigen Modellvarianten der Keynesianischen Theorie des dortigen fünften Kapitels nahe. Ein Charakteristikum der hier vorgestellten Keynes-Varianten ist die Verwendung einer LM-Kurve für die Geldmarktgleichgewichte, anhand derer man eine auf Geldmengensteuerung bedachte Geldpolitik der Zentralbank diskutieren kann. Andere Lehrbuch-Varianten stellen dagegen die Zinssatzsteuerung der Zentralbank in den Mittelpunkt ihrer geldpolitischen Überlegungen und benutzen daher anstelle einer LM-Kurve die so genannte Taylor-Regel. Diese Regel ist eine empirisch bewährte Funktion zwischen dem Zielzinssatz der Zentralbank einerseits und der Inflationslücke (Abweichung der tatsächlichen von der Zielinflationsrate) sowie der Produktionslücke (Abweichung der tatsächlichen Produktion vom Potentialwert) andererseits. Zu dieser Modelllinie siehe beispielsweise das vierundzwanzigste Kapitel in Bofinger (2015) und das zehnte Kapitel (insbesondere 10.5 und 10.6) in Burda und Wyplosz (2009).

Literatur

Bofinger, P.: Grundzüge der Volkswirtschaftslehre, 4. Aufl. Pearson, München (2015)
Burda, M.C., Wyplosz, C.: Makroökonomie, 3. Aufl. Vahlen, München (2009)
Felderer, B., Homburg, S.: Makroökonomik und neue Makroökonomik, 9. Aufl. Springer, Berlin (2005)

Stichwortverzeichnis

© Springer-Verlag GmbH Deutschland, ein Teil von Springer Nature 2019
B. Woeckener, *Volkswirtschaftslehre,* https://doi.org/10.1007/978-3-662-59222-9

The manufacturer's authorised representative in the EU is Springer
Nature Customer Service Centre GmbH, Europaplatz 3, 69115 Heidelberg,
Germany. If you have any concerns regarding our products, please
contact ProductSafety@springernature.com

Printed and bound by CPI Group (UK) Ltd, Croydon, CR0 4YY
24/04/2026
02096311-0013